DON CARLOS

ET

PHILIPPE II

DU MÊME AUTEUR

Raymond. Etude. 1 vol. in-12. Dentu, 1861.

Grands seigneurs et grandes dames du temps passé (Portraits historiques et littéraires). 1 vol. in-12. Dentu, 1862.

Le Roman d'un homme sérieux. 1 vol. in-12. Hachette, 1864.

Les Jeunes Ombres. Récits de la vie littéraire. 1 vol. in-12. Hachette, 1865.

Correspondance inédite du roi Stanislas Auguste et de Mme Geoffrin. 1 vol. in-8. Plon, 1875.

Lettres du Bosphore. 1 vol. in-12. Plon, 1879.

Discours sur l'Histoire de France. 1 vol. in-12. Hachette, 1885.

Lettres athéniennes. 1 vol. in-12. Plon, 1887.

Cte CHARLES DE MOÜY

Ambassadeur de France à Rome

DON CARLOS

ET

PHILIPPE II

OUVRAGE COURONNÉ PAR L'ACADÉMIE FRANÇAISE

TROISIÈME ÉDITION

PARIS
LIBRAIRIE ACADÉMIQUE DIDIER
PERRIN ET Cie, LIBRAIRES-ÉDITEURS
35, QUAI DES GRANDS-AUGUSTINS, 35
1888
Tous droits réservés

PRÉFACE

De la première édition (1862)

Il s'agit ici d'un des plus curieux, des plus romanesques, des plus obscurs épisodes que présente l'histoire du seizième siècle. La vie et la mort de don Carlos, prince d'Espagne et fils de Philippe II, ont de tout temps occupé les esprits. Cependant, jusqu'à ce jour, ces événements ont été abandonnés aux romanciers ou aux poètes. Les historiens de l'Espagne et de Philippe II n'ont jamais approfondi cette question. Les uns lui ont consacré quelques lignes, les autres quelques pages, et leurs brefs commentaires, écrits sans documents et sans critique, ne sauraient éclairer l'opinion. Prescott seul, après quelques recherches assez sérieuses, a consacré à don Carlos un chapitre d'une certaine étendue. Mais Prescott n'a pas connu la plus grande partie des pièces importantes. Il est donc extrêmement incomplet, très souvent inexact.

L'histoire de don Carlos méritait cependant d'être étudiée. Je me suis servi, pour la composition de ce livre, d'une méthode célèbre en philosophie et qu'on peut également appliquer à l'histoire. Je veux parler du *doute méthodique.* En présence d'un tel sujet, il faut se persuader qu'on ne sait absolument rien sur la question : j'ai dû me dégager de toute idée préconçue, dégager la question elle-même de l'appareil légendaire dont elle est enveloppée, consulter avec une attention scrupuleuse de nombreux documents inédits ou inconnus, en apprécier la valeur, les comparer entre eux, les discuter souvent, rejeter ceux-ci, accepter ceux-là dans une certaine mesure, déterminer le sens des expressions et leur portée, enfin élaborer longuement un récit dont il était nécessaire de contrôler sans cesse les éléments divers.

Ce livre a exigé plusieurs années de travaux préparatoires, mais il faut bien dire qu'il y a peu de mérite dans ce labeur, quand on songe à quelles études se sont livrés tant d'écrivains illustres, nos contemporains, les Augustin Thierry, les Guizot, les Thiers, les Mignet, avant de composer leurs ouvrages impérissables. Comment ceux qui ne peuvent suivre qu'à une grande distance de pareils maîtres, et qui ignorent les secrets de leur forme, ne s'efforceraient-ils pas du moins, non pas d'égaler leur science, mais d'en approcher ? Comment oseraient-ils se montrer avares de leur temps et de leurs peines quand de tels hommes, qui auraient pu se faire pardonner même la négligence, par l'éclat et la richesse de leur style, ont cru devoir consacrer leurs veilles aux recherches les plus arides ? D'ailleurs aujourd'hui il ne serait plus possible d'écrire l'histoire comme on l'écrivait autrefois. Les historiens se copiaient jadis volontiers les uns les autres : sans songer à remonter aux sources, à obtenir des documents et à les contrôler, ils acceptaient volontiers nombre d'erreurs pour des vérités. De là tant de récits accumulés en vain, tant de préjugés vivaces, tant de fausses idées sur les hommes et sur les choses. Alors un livre nouveau était uniquement un volume ajouté à d'autres, et non pas une nouvelle lumière. Maintenant on n'est plus admis à parler des événements passés, si l'on n'augmente point la somme de ce qui est déjà connu, ou bien si l'on ne rectifie quelque opinion erronée. Sinon, à quoi bon avoir écrit ? Dissiper les ténèbres dans lesquelles les faits sont enveloppés, c'est la mission de l'historien. Tel est l'exemple que nous ont donné les éminents écrivains de notre siècle.

Dans la mesure de mes forces, j'ai essayé d'imiter ces nobles exemples et, avant d'aborder la grande histoire, j'ai voulu, me défiant de moi-même, me renfermer dans le cadre d'un épisode. Mais plus mon sujet était restreint, plus j'ai cru convenable d'y apporter de soin et d'étude. J'ai donc employé bien du temps à des recherches, et j'ai pu recueillir un nombre de documents assez grand pour oser affirmer que nul, parmi ceux dont la curiosité s'est arrêtée devant ces dramatiques événements, n'a réuni jusqu'ici un tel ensemble de preuves.

Pour ne parler que des sources principales où j'ai puisé, je dois citer la collection des manuscrits de la Bibliothèque impériale, où j'ai trouvé les correspondances de l'ambassadeur de France et du nonce, plusieurs lettres de Philippe II à divers personnages, les relations des ambassadeurs vénitiens Badoero, Suriano, Tiepolo, le *Compendio della vita di Filippo II*, les *Papeles varios* sur l'histoire d'Espagne, les nombreux récits inscrits sous les noms de *Relazione curiosissima*, *Relazione di Spagna*, *Ordine della casa del re don Filippo*, *Ragguaglio della prigione*, etc., des poésies, des discours, des pièces curieuses relatives à la cour d'Espagne de cette époque, les procédures de l'inquisition réunies par Llorente. Dans la collection des *Documentos inéditos para servir á la historia de España*, j'ai rencontré un grand nombre de pièces des archives de Simancas, toute la correspondance diplomatique des cours d'Espagne, de Vienne et d'Édimbourg au sujet du mariage du prince, les comptes de sa maison, la lettre de Philippe II au duc d'Albe, diverses relations et papiers importants.

Les imprimés, bien que la plupart n'aient pas grande valeur à mes yeux, m'ont fourni quelques renseignements utiles. J'ai trouvé des documents intéressants dans les froids mais méthodiques annalistes des villes d'Espagne, entre autres Colmenares, Zuñiga, Cascales, dans le livre de Kircher, *Archetypoñ politicon*, dans les ouvrages de Strada, de Flores, de Cabrera, de Salazar, de Van den Hammen, de Ferreras, de Herrera, d'Illescas, enfin dans celui de Morejon, *Historia de la medicina española*.

Tous ces recueils, et d'autres que je crois inutile de nommer, ont été de ma part l'objet d'un long travail critique. Quelques-uns m'ont été indiqués par mon savant ami le docteur Guardia, que je nomme ici avec une sincère reconnaissance ; la plupart se sont successivement découverts à mes études. C'est ainsi que je suis parvenu à me former une conviction que je voudrais faire partager à mon lecteur.

Ce n'est point par intérêt pour la mémoire de Philippe II que j'ai pris la plume. Je plaindrais l'historien qui ressentirait la moindre sympathie pour sa politique ténébreuse. J'ai voulu seulement éclaircir un fait obscur, et, en somme, quelle que soit l'horreur que m'inspirent cette oppression universelle, cette subordination absolue des corps et des âmes à un pouvoir tout ensemble religieux et politique, l'histoire doit à tous la vérité.

PRÉFACE

De la troisième édition (1887)

En réimprimant aujourd'hui *Don Carlos et Philippe II*, dont les deux premières éditions sont épuisées, je n'ai pas voulu me borner à la simple reproduction de cet ouvrage ; j'ai soumis mon travail à une nouvelle étude, j'ai cherché à profiter des documents qui ont été publiés depuis l'époque déjà éloignée où il avait paru : j'ai fait le possible pour que, sur cette question historique, *Don Carlos* fût le livre définitif, au moins jusqu'au moment où l'on découvrirait — ce que je ne crois pas vraisemblable — des pièces authentiques contredisant mon récit et mes conclusions.

Lorsqu'en novembre 1862, je publiais, dans les premiers jours de ma carrière littéraire, *Don Carlos* à la Librairie Académique, j'avais pendant plusieurs années compulsé tous les documents manuscrits des archives de France et d'Espagne contemporains des événements, j'avais lu dans les Histoires générales ou dans les ouvrages relatifs au règne de Philippe II tous les passages qui font allusion à cet épisode, et je pouvais me rendre le témoignage que nulle pièce vraiment importante et décisive n'avait pu échapper à mes investigations. Je n'ai pas à reproduire ici l'énumération des sources que j'ai indiquées dans la préface de la première édition. L'Académie Française, en m'accordant au mois de juillet 1863 l'un des prix dont elle dispose, consacra par ce haut témoignage d'estime le succès qu'avait obtenu l'ouvrage : la critique me fut bienveillante, et je dus à ce livre les sympathies que depuis j'ai eu le bonheur de conserver dans le monde littéraire. Je dois ajouter que je lui ai dû encore mon premier avancement dans la diplomatie : je n'étais qu'attaché aux affaires Étrangères : M. Drouyn de Lhuys, alors ministre, me nomma peu de temps après, en considération du suffrage académique, troisième secrétaire d'ambassade, et m'ouvrit ainsi l'accès d'une carrière dont j'ai parcouru en vingt-quatre ans tous les degrés jusqu'au rang où je suis arrivé aujourd'hui.

Ce livre était publié depuis près d'un an, lorsqu'un incident faillit en compromettre l'avenir. Pendant mes longues années de travail, j'avais ignoré qu'un érudit Belge, honorablement connu par ses utiles recherches sur l'histoire des Pays-Bas et par de volumineuses publications de documents inédits du xvie siècle, plutôt il est vrai archiviste et compilateur qu'écrivain, M. Gachard, se livrait de son côté à de persévérantes études sur la vie et la mort de Don Carlos et préparait un ouvrage développé sur ce problème historique. Je n'appris ces intentions que six mois après l'impression de mon volume, pendant que l'Académie Française discutait mes titres à la distinction dont elle m'honora plus tard : je sus même que l'illustre Compagnie avait hésité à me couronner, l'un de ses membres ayant eu connaissance des études de M. Gachard et paraissant craindre que le livre futur du savant Belge n'apportât dans la question des éléments plus étendus et peut-être en opposition avec ceux que j'avais exposés. L'Académie passa outre, ne pouvant juger en définitive que de l'ouvrage placé sous ses yeux ; mais en effet, dans le cours de 1863, M. Gachard publia sous ce même titre de *Don Carlos et Philippe II* un volume considérable à tous égards et qui, avec pleine justice d'ailleurs, fut accueilli favorablement par le public et par la presse.

J'avais lieu de penser que M. Gachard imprimant son travail huit mois après le mien ferait quelque allusion, ne fût-ce que dans sa préface, à l'ouvrage de son devancier. Mais soit qu'il n'en ait pas eu connaissance, — ce dont j'aurais mauvaise grâce à me plaindre, puisque ses travaux, dont quelques fragments avaient été lus à l'Académie royale de Belgique, m'avaient cependant échappé, — soit qu'il ait préféré ne pas citer un livre paru avant le sien, M. Gachard s'abstint complètement de faire mention de mon travail ; plus tard, ce qui est un peu plus grave, lorsqu'il donna sa seconde édition, en 1866, lorsqu'il lui était impossible de n'avoir rien su d'un ouvrage couronné par l'Académie Française et dont tous les journaux avaient parlé, il persévéra dans ce silence. Nous avions d'ailleurs puisé aux mêmes sources et à tel point que, dans de nombreux passages, nos expressions et la disposition des idées se rencontraient avec exactitude ; nous arrivions en outre, par les mêmes voies, à une conclusion pareille : peu importait donc, au point de vue historique, l'antériorité de mon ouvrage, et je n'en parlerais pas aujourd'hui si je ne tenais, pour ma satisfaction personnelle, à ne pas tomber dans la même faute, à ne pas commettre le même oubli que le savant archiviste Belge.

Je ne crois pas qu'il ait pris quelque détail dans mon ouvrage avant de publier le sien, et cela pour deux motifs : d'abord il m'eût certainement cité, ensuite j'aime à reconnaître qu'il avait réuni trop de documents et que sa compétence était trop complète pour qu'il ait eu besoin d'emprunter quoi que ce fût à un autre : ce n'est point le défaut de pièces qu'on peut reprocher à son livre, et si sa composition et son style eussent été de même valeur que sa science, s'il avait aussi bien concentré que réuni ses matétériaux, il eût mérité tous les éloges. Au fond, ce n'était ni M. Gachard ni moi qui eussions dû raconter don Carlos, c'était le grand historien qui avait su donner tant de charme et de vie à l'érudition la plus exacte, c'était M. Mignet après son admirable livre d'*Antonio Perez*.

Je n'éprouve aucune difficulté à dire que si je n'ai servi à rien à M. Gachard, j'ai tâché au contraire, dans cette troisième édition, de profiter de son travail, d'abord pour reviser et compléter mes documents, ensuite pour discuter plus nettement certains faits ou certaines conjectures, enfin pour éviter autant que je l'ai pu les longueurs de sa narration. Cette édition n'est pas une œuvre nouvelle, mais une œuvre améliorée : non seulement le plan et les conclusions n'ont point varié, mais le développement est le même; je n'ai ajouté qu'un petit nombre de passages nécessaires à l'ensemble du récit, et je me suis borné en général, sauf pour ces additions qui ne modifient point l'aspect du travail, à revoir sévèrement le style en usant du peu d'expérience que j'ai acquise depuis l'époque où je débutais dans les lettres en écrivant *Don Carlos*.

Je dois même dire que plus j'ai examiné les textes qui m'ont servi ainsi qu'à M. Gachard (car nous avons eu en définitive tous les mêmes documents sous les yeux), plus j'ai étudié avec un esprit entièrement dépourvu de préjugés et de complaisance — après vingt-cinq ans, c'est assez facile — la thèse historique que j'avais soutenue en 1862, plus je me suis trouvé convaincu que j'étais dans le vrai, et que l'on ne peut juger autrement cet épisode sans entrer dans le domaine du roman ou de la fantaisie. Un écrivain Espagnol, don José Guell y Rente, a publié en 1878 un livre intitulé : *Philippe II et don Carlos devant l'histoire*, et dans lequel, tout en me donnant beaucoup de louanges que je ne mérite pas et en rendant à M. Gachard la justice dont l'éminent archiviste est assurément digne, il prétend démontrer que nos conclusions sont fausses et que Philippe II a fait périr son fils. D. José Guell y Rente avait devant les yeux, dans le livre de M. Gachard et dans le mien qu'il avait d'ailleurs très attentivement lus et relus, tous les documents contemporains qui existent : ne pouvant donc rien ajouter à cet ensemble de pièces concordantes et péremptoires, et d'autre part ne voulant point y subordonner ses convictions personnelles, il s'est lancé, avec beaucoup d'esprit d'ailleurs, dans le vaste champ des hypothèses, des conjectures gratuites, des dissertations sans base et des raisonnements aventureux. Il a accueilli sans critique les accusations de Guillaume d'Orange qui avait bien ses raisons pour se faire, de bonne foi peut-être, l'écho des rumeurs propagées contre son redoutable adversaire : il refuse d'admettre aucun témoignage, et déclare, sans produire aucune espèce de preuves, que don Carlos a été empoisonné sur l'ordre du roi par son médecin le docteur Olivarès. D'autres avaient dit avant lui, dans des écrits dénués de toute valeur historique et entièrement romanesques, que don Carlos avait été étranglé ou étouffé dans sa prison : ce sont des inventions puériles et l'on ne saurait attacher, au point de vue de l'histoire, plus de créance à ces affirmations gratuites qu'au drame de Schiller ou à l'opéra de Verdi. Dans l'ordre d'idées et avec la méthode singulière de M. Guell y Rente, tout le monde peut écrire une soi-disant histoire de don Carlos au gré de son caprice, prétendre ce que l'on veut, et arranger les événements comme des scènes de tragédie : qu'on se dise romancier ingénieux, j'y consens, mais historien, non pas.

Je ne connais, quant à moi, que deux partis à prendre en présence des faits historiques : ou suivre la vraie méthode qui consiste à s'entourer de tous les éléments de preuve, à les discuter les uns par les autres, à chercher la vérité d'après leur ensemble, à ne rien avancer qui ne soit appuyé sur des pièces sérieuses, à ne jamais inventer, à ne jamais produire d'hypothèses personnelles que rien ne justifie ; — ou bien, si l'on n'a pas de documents que l'on accepte et qui offrent quelque garantie, si l'on se refuse à croire aucun des témoignages qui existent, alors ne rien écrire, garder pour soi une opinion qu'on ne peut pas établir, et ne pas offrir au public pour des événements réels les fantaisies de son imagination.

Il me parait inutile d'insister sur ce point et j'en reviens à la conviction que je me suis faite en étudiant une seconde fois la vie de don Carlos. Je persiste à penser que son emprisonnement a été parfaitement motivé puisque le prince, s'il eût été laissé libre, eût suscité les plus grands troubles dans l'Etat et qu'il avait déjà tout préparé pour s'échapper d'Espagne : il n'y a pas un souverain qui eût hésité à s'assurer de sa personne en pareille circonstance et qui eût poussé la complaisance paternelle jusqu'à laisser un fils en démence devenir l'instrument de ses ennemis. Qu'on s'imagine don Carlos, dans l'état de surexcitation morale où il se trouvait au moment de son arrestation, en proie aux hallucinations d'un délire intermittent, empressé d'accueillir tout ce qui pouvait nuire à l'autorité paternelle ; qu'on se l'imagine lancé à travers l'Europe, encourageant par ses discours, par ses actes, par sa seule présence, tous les ennemis de Philippe II, soit en Italie, soit dans les Pays-Bas, et l'on s'expliquera sur-le-champ la rigoureuse détermination du roi d'Espagne. La légitimité de son emprisonnement paraît donc hors de cause : pas un souverain, pas un gouvernement sérieux n'auraient autrement agi.

Mais comment a-t-il été traité en prison? Comment est-il mort? Là est la véritable question. Elle se résume en deux mots : faut-il admettre les témoignages contemporains ou faut-il les rejeter? Tous sans exception déclarent que le prince est mort naturellement : pas un seul n'accuse Philippe II d'un crime. Les écrivains qui les repoussent prétendent, il est vrai, que leur unanimité prouve seulement avec quel art le roi a su détourner les soupçons, donner le mot d'ordre à son entourage par intimidation ou corruption, et veiller à ce que tous les indices vinssent corroborer l'opinion qu'il avait tout intérêt à accréditer dans le monde et à imposer à l'histoire. C'est possible, sans doute, bien que, même dans une cour aussi bien réglée que l'était alors celle de Madrid, il ne fût pas aisé de cacher absolument un forfait aussi énorme, et surtout de le dissimuler aux nombreux ambassadeurs, très bien instruits même des choses les plus secrètes et qui avaient bien des moyens de connaître la vérité. C'est possible, dis-je, mais alors il faut, en l'honneur de ce seul épisode, entrer dans la voie du scepticisme absolu contre tous les éléments de la méthode historique, car il n'est pas un événement passé qu'on ne puisse mettre en doute si l'on se permet de repousser tous les témoignages qui l'affirment. Il faut les peser sans doute et les comparer les uns aux autres, mais s'ils disent tous la même chose, si le plus grand nombre émane de personnes judicieuses, dignes de foi, bien informées, comment pourrions-nous les démentir, surtout quand nous n'avons rien à leur opposer? Sur quoi serait-il possible d'asseoir un jugement contraire? Je ne crois donc pas que, sur ce point-là, j'aie à insister. J'ai dû accueillir les témoignages contemporains, et déclarer, d'après eux, que don Carlos est mort naturellement à la suite des excès qui ont détruit sa constitution chétive et aussi des angoisses morales provoquées par la ruine de ses projets incohérents. Il reste en conséquence à apprécier seulement si Philippe II a pris toutes les précautions nécessaires pour éviter ou retarder un semblable dénoûment.

Ici une distinction est à faire. Si l'on se place au point de vue de notre temps, si l'on examine la captivité de don Carlos d'après nos principes d'humanité, d'après les progrès de la science des aliénistes modernes, évidemment on jugera que Philippe II n'a point décidé les mesures opportunes, efficaces, susceptibles d'atténuer au moins l'état mental de son fils et de le préserver des excès qui ont hâté sa fin. Il est certain qu'aujourd'hui le prince d'Espagne eût été traité avec plus de douceur, qu'on eût cherché à le distraire, qu'on eût veillé soigneusement sur son régime, qu'on lui eût permis de voir dans les instants lucides les personnes qui lui étaient chères, et que l'on eût ainsi prolongé sa vie, selon toute vraisemblance. Mais au XVIᵉ siècle, ces ménagements étaient inconnus : les fous étaient même en général soumis à des rigueurs barbares : on les regardait avec un mélange de terreur et de mépris, on ne supposait pas que leur guérison fût possible, et par conséquent on ne redoutait point un dénoûment qui était pour eux et pour leurs gardiens une véritable délivrance. Philippe II n'a pas eu, il est vrai, le mérite d'envisager autrement la situation de son fils : persuadé que la folie de don Carlos était irrémédiable (il le dit assez clairement dans plusieurs de ses lettres officielles ou intimes), avec un sentiment de honte que la plupart des familles, même de nos jours, ressentent en pareille circonstance, il désirait avant tout dissimuler l'état des choses, et toute curiosité lui était pénible et importune. Il s'est donc borné à enfermer le prince, à le faire garder étroitement pour qu'il ne pût s'échapper, et, suivant l'usage de son temps, il l'a à peu près abandonné à son sort. Là est sa faute sans doute, mais en thèse générale et non pas relativement aux mœurs du XVIe siècle ; je ne sais si alors tout père de famille, même beaucoup plus tendre que lui, n'eût pas agi de même. Don Carlos a donc pu se livrer à des actes de démence, manger avec excès, abuser de la glace, commettre les plus graves imprudences (qu'il eût été d'ailleurs bien difficile de réprimer sans provoquer de terribles scènes), et ces désordres ont assurément hâté sa fin. Pouvait-on le persuader par la douceur, lui refuser ce qu'il exigeait, était-il préférable de l'exaspérer? Ce sont là des questions que nous ne pouvons pas résoudre à la distance de trois siècles en l'absence de documents de détail et d'éléments d'appréciation sur les variations de l'état mental du prince. On doit cependant, il me semble, considérer que si l'on eût poussé don Carlos à des fureurs réitérées en contrecarrant sans cesse sa volonté, s'il eût, par ses cris et ses actes de violence, suscité l'émotion des officiers du palais, les commentaires eussent été bien plus graves encore : on eût supposé qu'il était victime de mauvais traitements, et les contemporains et la postérité eussent accepté, avec une apparence de preuve, les plus étranges erreurs.

Je ne suis donc pas surpris, je l'avoue, de l'aspect mystérieux que Philippe II a laissé à cet épisode, ayant vu bien souvent qu'en des cas analogues les familles sont fort discrètes, ne s'expliquent qu'en termes vagues et répugnent à tout entretien qui rappelle le malheureux aliéné ou détermine trop précisément son état : je ne m'étonne pas davantage que les gardiens du prince n'aient pas osé entrer en lutte contre ses fantaisies, et je ne crois pas me tromper en disant que si le roi n'a certes pas été un père indulgent, il ne s'est cependant pas écarté des règles admises de son temps à l'égard des personnes atteintes d'une folie dangereuse pour elles-mêmes ou pour les autres.

En résumé, aujourd'hui comme à l'époque où j'ai écrit ce livre, et après la révision que j'ai faite des documents de mon travail et de tout l'ouvrage lui-même, je garde la même conviction et je l'expose en deux lignes : Philippe II est pleinement justifié d'avoir enfermé son fils, et en ce qui concerne la mort du prince il ne l'a ni permise, ni ordonnée : notre science aliéniste actuelle l'eût retardée peut-être, mais en 1568 ces soins ingénieux étaient inconnus. Les romanciers, les poètes, les prétendus historiens qui dédaignent les témoignages n'ont à aucun degré voix au chapitre, et je suis convaincu que les conclusions que je donne resteront celles de l'histoire.

Rome, Palais Farnèse, Juillet 1887.

DON CARLOS

ET

PHILIPPE II

CHAPITRE PREMIER

NAISSANCE DE DON CARLOS. — SON ÉDUCATION. — SES MAITRES
SA PREMIÈRE ENFANCE
L'AUTO-DA-FÉ DU 21 MAI 1559 A VALLADOLID

Le 12 novembre 1543, Philippe, prince d'Espagne, épousait à Salamanque sa cousine germaine Marie, fille de Jean III, roi de Portugal, et de Catherine, quatrième sœur de Charles-Quint. Les fêtes données à l'occasion de ce mariage furent splendides, et durèrent pendant toute une semaine. L'historien des reines catholiques, Florès, décrit ces réjouissances avec enthousiasme [1]. « La fleur de la beauté castillane brilla dans les salons, dit Prescott, qui raconte aussi fort longuement ces merveilles ; la plus fière aristocratie de l'Europe lutta de magnificence aux banquets et aux tournois [2]. » Le 19 novembre, les jeunes époux partaient pour Valladolid,

1. Florès, *Reinas catolicas*, II, 883 et suiv.
2. Prescott, I, 55,

résidence accoutumée des rois d'Espagne à cette époque. L'infante ne devint enceinte qu'un an plus tard, et, le 9 juillet 1545, Philippe écrivait à son père : « Hier, à minuit, Notre-Seigneur a bien voulu délivrer la princesse : elle est heureusement accouchée d'un fils, et, bien que l'enfantement ait été laborieux, puisqu'il a duré près de deux jours, elle est demeurée en bonne santé. Plaise à Dieu que son état continue d'être tel que je le désire[1]. » Malheusement, les nouvelles que le prince d'Espagne donnait de l'infante à Charles-Quint reçurent, trois jours plus tard, un cruel démenti. La jeune mère, épuisée par les fatigues de l'enfantement, mourut le 12 juillet. Le 16, le grand commandeur de Castille dut écrire cet événement à l'empereur, qui se trouvait alors dans les Pays-Bas. Le mois suivant, il envoyait à son souverain le récit des funérailles. « Elles se sont faites, disait-il, avec la solennité accoutumée et toutes les justes démonstrations d'une douleur si vivement ressentie par tout le royaume. Cette perte a été extrêmement sensible à tout le monde, et l'on a vu combien la princesse était aimée. Son Altesse (Philippe) s'est retirée au monastère d'Abrojo depuis le jour de la mort jusqu'à lundi dernier... On a été vivement touché en Portugal de la mort de la princesse ; le roi et la reine ont montré un chagrin extrême, bien que, d'après une lettre

---

[1]. « Ayer á media noche plugo á N. S. alumbrarla con bien de un hijo, y aunque tuvo el parto trabajoso, porque duró cerca de dos dias, ha quedado muy buena; plegue á Él que se le continue como yo lo deseo. » Arch. de Sim. Estado, legajo 69.

de Lope Hurtado, ils soient déjà un peu consolés[1]. »
Ce malheur suspendit les préparatifs des fêtes qui
devaient saluer la naissance d'un héritier du trône ;
et, en présence d'un événement qui mettait la cour
en deuil, le prince d'Espagne ordonna que le baptême de son fils fût célébré sans aucun appareil[2].
Du fond du monastère où, selon la coutume des rois
espagnols, il avait été cacher sa douleur[3], lui-même
régla tous les détails de cette cérémonie. Il décida
que l'enfant, en mémoire de son aïeul, serait nommé
Carlos[4] ; les parrains désignés furent l'évêque de
Léon et don Alejo de Meneses, premier majordome
de la princesse ; la camarera mayor, dona Marga-
rita de Mendoza, fut marraine[5], et l'honneur de bap-
tiser le prince échut à Juan Martinez Siliceo, évêque
de Carthagène, qui, trois ans auparavant, avait été

---

1. « Las honras de la princesa se hicieron con la solemnidad
que se acostumbra, y con toda la demostracion de sentimiento
que era razon, y asi se hacen por todo el reyno, y generalmente
se ha sentido por todos esa pérdida, de manera que se mostraba
bien el amor que la tenian... S. A. estuvo en el Abrojo desde que
falleció la princesa hasta el lúnes pasado... En Portugal han sentido mucho como es razon la de la muerte de la princesa, y el rey
y la reina han hecho muy grandes extremos, aunque segun escribe
Lope Hurtado, ya estan algo consolados. » Lettre du grand commandeur de Castille à Charles-Quint. Valladolid, 13 août 1545.
Arch. Sim. Est., leg. 69. — Voy. aussi Colmenares, *Hist. de Segovia*,
XL, VIII, 505 : « Con gran sentimiento de Castilla y Portugal. »
2. « S. A. ordenó que fuese sin fausto « Lettre du grand commandeur, *ibid.*
3. Ce fut dans ce même monastère que se retira aussi pendant
quelques jours la princesse de Portugal, fille de Charles-Quint, à la
mort de son père. Lettre d'Osorio. Arch. Sim. Est., leg. 137.
4. « Fué nombrado Cárlos en memoria de su avuelo. » Colmenares, *Hist. de Segovia*, XL, VIII, 505.
5. Lettre du commandeur, déjà citée.

recevoir la princesse à son arrivée sur le territoire espagnol [1]. Le baptême eut lieu le dimanche 2 août 1545 [2] dans l'église du Saint-Rosaire, à Valladolid [3].

L'éducation du jeune prince devint bientôt l'objet de la sollicitude de son père et de son aïeul. Un éminent écrivain français, qui a consacré quelques pages au sujet qui nous occupe, a laissé échapper sur ce point un mot que l'histoire ne peut accepter : « Don Carlos, dit M. Mérimée, avait été systématiquement entouré d'imbéciles ou de coquins intéressés à le corrompre [4]. » Nulle accusation n'est plus grave, et il n'en saurait être de moins fondée. Tous les documents démontrent, au contraire, avec quelle affection attentive don Carlos fut élevé. Sa première enfance fut confiée à dona Leonor de Mascarenhaz, dame portugaise de haute piété, sous la direction

---

1. C'est par erreur que, dans son *Histoire de Philippe II*, Lorenzo Van den Hammen attribue au cardinal Tabera le baptême du prince : « Su bautismo fué celebrado por el cardenal Tabera. » La lettre du commandeur, écrite onze jours après le baptême, désigne Siliceo, et ce détail ne saurait être discuté. Nous trouvons le même fait dans Leti, *Hist. di Filippo II*, I, VIII, 338. — Juan Martinez Siliceo avait été précepteur de Philippe II et son confesseur. Le 25 octobre 1545, il fut promu de l'évêché de Carthagène à l'évêché de Tolède, par lettre de Charles-Quint datée de Gand [Ms. appartenant au duc d'Osuna. Doc. inéd. I, 151]. En 1542, il avait accompagné Marie de Portugal en Espagne [Ms. du XVIe siècle appartenant à don Pedro Pidal. Doc. inéd., III, 361]. Il mourut peu de temps après son élévation au siège de Tolède. Son successeur fut le fameux Carranza, son prédécesseur avait été Juan Tabera. Voy. Cascales, *Discursos historicos de Murcia*, in-fol., 1621.

2. Lettre du grand commandeur, déjà citée.

3. *Ibid.* — Lorenzo Van den Hammen ajoute que cette église devint plus tard la chapelle du palais royal : « Que hoy es del palacio real y ántes de N. S. del Rosario. » *Felipe el prudente*, p. 162.

4. *Revue des Deux-Mondes*, 1er avril 1859.

de ses tantes, les princesses Marie et Jeanne. Plus tard, comme on le verra, sa maison fut composée de seigneurs particulièrement dignes d'estime, et les précautions les plus grandes étaient prises pour qu'il ne fût imbu que de saines doctrines, ne reçût que de bons exemples, et fût soumis à une sévère discipline. Ses maîtres avaient été choisis parmi les érudits les plus distingués, et son père, aussi bien que son aïeul, qu'ils fussent présents ou éloignés, s'inquiétaient sans cesse de ses progrès dans ses études et dans la vertu. Brantôme, il est vrai, dans ses Mémoires, prétend que don Carlos avait eu pour précepteur un certain Bossulus, « François qu'on a vu depuis en France, l'un des sçavans et bien disans de son temps, et qui parloit aussy éloquemment plusieurs langues, de meschante vie pourtant, dont il luy en pouvoit faire de bonnes leçons [1]. » Il n'est question de ce Bossulus dans aucun des imprimés ou des manuscrits contemporains. S'il a réellement été attaché à la maison de don Carlos, ce n'a pu être que dans un emploi subalterne ; mais ce qui est bien certain, c'est qu'il ne fut jamais précepteur de l'infant. Nous connaissons non seulement l'homme illustre qui reçut ce titre, mais encore les principaux professeurs secondaires du prince. Il est étrange que Brantôme, après avoir vu la cour d'Espagne, ait osé affirmer qu'on eût confié à un Français obscur l'héritier de la monarchie et le petit-fils de Charles-Quint.

1. Brantôme, *Mémoires*. Londres, 1739, II, 102.

C'était une tradition chez les rois d'Espagne de donner aux infants des maîtres vénérés, et que leur science, leur âge, leurs hautes fonctions dans l'Église rendaient dignes d'occuper un poste si élevé. Des archevêques de Tolède, des évêques d'Avila, de Cuença, de Séville, de Jaen, ont été successivement appelés à cette charge éminente [1]. Adrien d'Utrecht, évêque de Tortose, puis pape sous le nom d'Adrien VI, et qui donna sur le siège de saint Pierre le rare exemple d'un ferme désir de réformes et de la haine du népotisme, avait été le maître de Charles-Quint. Le respectable Siliceo, évêque de Carthagène, puis archevêque de Tolède et primat des Espagnes, avait été chargé de l'éducation de Philippe II. Dès que don Carlos eut atteint sa huitième année, son père lui désigna pour précepteur Onorato Juan, disciple du fameux Vivès. Onorato était un des premiers humanistes du siècle : on peut dire sans exagération que sa renommée était européenne. Laïque alors, il entra depuis dans les ordres, fut élevé au siège épiscopal d'Osma, et don Carlos, reconnaissant de son zèle, demanda plus tard avec instance à la cour de Rome pour ce maître érudit et vertueux le chapeau de cardinal [2].

---

1. Voy. pour plus de détails le livre du savant antiquaire et historiographe Gil Gonzalés de Avila, intitulé *Theatrum granditatis et magnificentiæ*. On y lit, outre la liste des précepteurs royaux depuis les temps les plus reculés de la monarchie, les paroles suivantes : « Han tenido los reyes en gran veneracion à los maestros que han enseñado à sus hijos, honorando su vida y letras con los mayores premios de sus reynos. »

2. Onorato Juan naquit à Valence le 14 janvier 1507. Le savant jésuite Kircher, dans son livre intitulé *Archetypon politicon*, etc.,

Ce fut le 3 juillet 1554 que Philippe, sur le point de quitter l'Espagne pour aller en Angleterre épou-

fait remonter la généalogie d'Onorato à Michel-Jean, empereur d'Orient en 820. Quoi qu'il en soit, Onorato devint bientôt célèbre par sa science variée et profonde. En 1554, il était nommé précepteur de don Carlos ; peu de temps après, il prit les ordres et fut nommé évêque d'Osma en 1564. Il mourut le 30 juillet 1566. Sans parler de Kircher, dont le livre est un panégyrique étendu, j'appellerai surtout l'attention du lecteur sur les lettres de Charles-Quint et de Philippe adressées à Onorato. On verra en quelle haute et singulière estime ils tenaient le précepteur de l'infant, si bizarrement nommé l'Honorable Jean, dans l'*Hist. des Pays-Bas*, par M. Motley, qui a été trompé par l'expression italienne d'un ambassadeur vénitien : « l'Onorato Giovanni. » Il n'est guère permis cependant d'ignorer le nom de ce savant distingué. Tous les écrivains du temps qui rencontrent ce nom sous leur plume y ajoutent un éloge. Alvaro Nuñez de Vaca, dans sa *Descriptio fluminis argentei*, rappelle à don Carlos « les bons conseils que lui donne son maître ». Le docteur Villalpandus, dans l'épître qui précède son livre *des Conciles de Tolède*, vante « les rares et excellentes vertus d'Onorato ». Alfonso Ulloa, dans sa Vie de Charles-Quint, écrite en italien, cite Onorato Juan parmi les hommes illustres de l'Espagne à cette époque, « par sa connaissance des diverses langues et de leurs littératures. » Didacus Gratianus, dans la dédicace de son Histoire de Thucydide, traduite en castillan, célèbre l'évêque d'Osma, « cet homme si sage, de vertus signalées, d'une science rare et d'une irréprochable doctrine. » Les historiens d'Onorato parlent de lui dans les mêmes termes, et il en a eu un grand nombre. Onorato, je l'ai dit plus haut, était élève de Vivès : on a cru pouvoir conclure de cette circonstance qu'il avait des sentiments protestants et que peut-être il les avait inspirés à don Carlos. C'est là une erreur qu'il est facile de réfuter. D'abord Vivès était catholique, et fut comme tel choisi pour précepteur de Marie, fille de Henri VIII, depuis reine d'Angleterre : il fut mis en prison quand Henri VIII songea à répudier Catherine d'Aragon et, au sortir de prison, quitta l'Angleterre. Il fut l'ami d'Érasme et de Budé, mais ceux-ci ne furent jamais protestants. Quant à Onorato, son orthodoxie est incontestable. Je citerai plus loin une longue lettre de lui à don Carlos où éclatent les sentiments les plus sincèrement catholiques : enfin, dans son testament, il se proclame catholique romain. D'ailleurs comment supposer qu'en ce temps où l'on était si aisément suspect d'hérésie, un homme d'une foi même douteuse eût pu être placé auprès de l'héritier du trône et obtenir les dignités les plus élevées de l'Église ?

ser Marie Tudor, nomma Onorato Juan précepteur de son fils. « Notre amé Onorato, dit-il dans une missive datée de la Corogne où il devait s'embarquer, par ce que je connais de vos qualités et de votre science depuis le temps que vous êtes au service de l'Empereur et au mien, je vous ai choisi pour précepteur de l'infant don Carlos. Je vous remets le soin de ses progrès dans la vertu et dans les lettres : vous répondrez assurément à la grande confiance dont je fais preuve en vous nommant à charge de cette importance [1]. » Tous les témoignages contemporains s'accordent pour célébrer les talents du savant modeste auquel le prince devait toujours montrer un respectueux attachement, et certes Philippe II n'eût pas élevé un laïque à ce poste si la réputation d'Onorato n'eût été considérable et méritée. Outre la haute juridiction sur les études du prince, Onorato Juan se réserva l'enseignement spécial des langues et de la littérature. Par une lettre datée également du 3 juillet 1554, Philippe avait

---

[1] « Amado nuestro, por lo que tengo conocido de vuestra bondad y letras, del tiempo que aveis estado en servicio del Emperador y mio, os he escogido para maestro del infante don Carlos mi hijo... Yo os encargo mucho que trabajeis de sacarle tan aprovechado en virtud y letras como lo deveis á la gran confianza que yo de vos he hecho en nombraros para cargo de tanta importancia. » De la Coruña, á 3 de Julio 1554. Arch. de Sim. Est., leg. 143. Cette lettre est aussi citée par Kircher, *loco cit.* On voit par là quelle est l'erreur de Prescott : « Avant de quitter Valladolid, dit-il, Philippe confia l'éducation de son fils à Luis de Vivès, qu'il ne faut pas confondre, ajoute-t-il naïvement, avec le savant précepteur de Marie d'Angleterre. » Il serait difficile de confondre, car le **précepteur de Marie était mort à Bruges quatorze ans auparavant, en 1540.**

nommé son prédicateur ordinaire, fray Juan de Muñatones, comme répétiteur de latin auprès de don Carlos [1]. Don Pedro de Castro, évêque de Salamanque, premier chapelain de Philippe, fut son professeur de théologie. Le soin de lui enseigner la jurisprudence et le droit civil fut remis à trois hommes éminents : le docteur Scudero, conseiller de l'Empereur, le docteur Michel Terza, régent de Catalogne, le docteur Francisco Minciaca, l'un des juges de la cour de l'Empereur [2].

Quant à la maison du prince, la surintendance en fut confiée d'abord à don Antonio de Rojas, d'une des plus anciennes familles de l'Espagne [3]. Il mourut

1. « Viendo que el infante mi hijo se va haciendo de edad para poder aprender latin, he nombrado à Onorato Juan, para que se lo enseña y que vos le sirvais. » Lettre de Philippe à Fr. Juan de Muñatones. Arch. Sim. Est., leg. 143.
2. « Nella teologia lo seguiron don Pietro de Castro, vescovo di Salamanca, cappellano maggior di Sua Altezza ; nella jurisprudenza ejus civile il dottore Scudero, consigliero dell'Imperador, uomo integro e di singolar bontá, prudenza et ingegno, il dottore Michel Terza, regente di Catalogna, il dottore Francisco Minciaca, che fu giudice della corte dell'Imperatore. » — Alfonso Ulloa, *Vita di Carlo Quinto*, lib. IV, 143 ; Venise, 1560, in-4.
3. Don Antonio de Rojas, premier majordome et gouverneur de don Carlos. Il mourut en 1557. Plusieurs membres de cette famille furent attachés à la personne du prince. Outre don Antonio, je trouve mentionné dans une lettre de Charles-Quint (Arch. Sim. Est., leg. 509) Hernandez de Rojas, comme chargé de lui donner des nouvelles du prince. Ce même Hernandez était admis à l'honneur de jouer avec don Carlos, car il est mentionné dans les *Contadurias generales* de Simancas comme lui ayant gagné deux écus d'or le jour de Pâques 1556 (1ᵉ época, leg. 1110). Enfin, dans le testament de don Carlos, don Cristobal de Rojas, évêque de Cordoue, est désigné comme exécuteur testamentaire. (Arch. de Sim. Testamentos y codicilos reales, leg. 2.) — Salazar de Mendoza vante la sagesse de don Antonio : « Tuvo el principe por mayordomo mayor à don Antonio de Rojas, cavallero tan acuerdo y acertado como convenia para aquel ministerio. » *Dignidades seglares*, p. 165.

peu d'années après sa nomination et fut remplacé dans son poste de majordome et de gouverneur par don Garcie de Tolède, frère du duc d'Albe, qui jouissait d'une considération méritée et que ses vertus avaient désigné aussi bien que sa naissance [1]. Le second gouverneur de don Carlos et son alcade de cour fut don Hernan Suarez, corrégidor de Grenade, « oydor » de la chancellerie de Valladolid et conseiller du roi, homme plus honnête et plus pieux que riche, et que nous trouverons plus tard mêlé aux plus lugubres circonstances de la vie du prince pour en adoucir l'amertume par ses affectueuses paroles et ses religieux conseils [2]. Luis Quijada, qui avait élevé don Juan d'Autriche, fut nommé premier écuyer. Don Diego de Acuña, don Gomez de Sandoval, comte de Lerme, don Rodrigue de Mendoza et autres jeunes gens de bonne maison, furent gentilshommes de sa chambre [3]. Francisco Osorio fut aumônier [4], et les

1. Don Garcie de Tolède fut nommé, en 1557, gouverneur de don Carlos, après la mort d'Antonio de Rojas. Il mourut le 29 janvier 1564. Il fut remplacé comme majordome par Ruy Gomez de Silva, prince d'Eboli.

2. Nous avons emprunté les détails qui suivront sur Suarez aux documents cités par M. de Castro, *Historia de los protestantes españoles*.

3 « Luis Quijada, caballerizo mayor de S. A... D. Diego de Acuña, gentilhombre de su cámara... » *Relacion de la herida y enfermedad del principe D. Carlos*, citée par Morejon, *Historia de la medicina española*. — « Gomez de Sandoval, conde de Lerma, gentilhombre de su cámara. » *Dignidades seglares*, déjà cité.

4. Il y avait plusieurs membres de la famille Osorio attachés au palais : Francisco Osorio, aumônier de don Carlos, qui fut remplacé à sa mort par don Diego de Chaves; Alonso Osorio, neveu de l'aumônier, employé dans la maison du roi; enfin Garcie Alvarez Osorio, d'abord *ayuda de cámara* du prince, puis grand maître de la garde-robe, plus tard destitué, et devenu dans la dernière année

grands maîtres de la garde-robe et des joyaux furent successivement Ortega de Bribiesca, Garcie Alvarez Osorio, Estevez Lobon et Diego de Olarte [1]. J'ai cité ces divers noms que nous rencontrerons dans la suite ; je passe sous silence, pour éviter une énumération désormais inutile, les autres officiers de la maison du prince : ils étaient en général de familles distinguées, et les plus dignes d'estime qu'on avait pu rencontrer [2]. D'après ceux que j'ai nommés, dont les documents vantent le caractère et le mérite, on voit avec quel soin avaient été choisis les hommes qui devaient diriger la conduite du prince, ou seulement vivre auprès de lui. L'intention du père et de l'aïeul est évidente, et Charles-Quint l'affirmait encore dans ses lettres à don Antonio de Rojas : « Je vous recommande spécialement, lui dit-il, de le tenir dans la retraite [3]. » « J'écris à don Garcie, dit à son tour Philippe II, pour l'avertir de faire la plus grande attention à ceux qui approchent le prince [4]. »

---

de don Carlos son plus intime confident. Nous le retrouverons plus loin.

1. Ortega de Bribiesca fut grand maître de la garde-robe jusqu'à sa mort, arrivée en décembre 1560. Osorio lui succéda dans cette charge et la conserva jusqu'en 1563. Il fut alors remplacé par Lobon et Diego de Olarte, qui eurent l'un la garde-robe, l'autre les joyaux. On lira plus loin le bizarre épisode où figurent ces divers personnages.

2. « Cosi eccellente ogni uno nella sua facoltá quanto al mondo si potevano trovare. » Ulloa, *loco cit.*

3. « Os encargo mireis mucho por su recogimiento. » Lettre de l'Empereur, du 10 janvier 1555, à Antonio de Rojas (Arch. de Sim. Est., leg. 509). — « Mire mucho los que tratan y communican con el principe. » Lettre de Philippe II, du 31 mars 1559, à Onorato (citée par Kircher, *loco cit.*).

4. M. Gachard (p. 9) paraît ignorer les noms des officiers de la

Il était impossible à des hommes préoccupés des grands intérêts du monde et qui furent, l'un et l'autre, pendant les années décisives de l'enfance de don Carlos, éloignés de lui par les impérieux devoirs de la politique, de montrer un intérêt plus actif et plus tendre à l'enfant remis en des mains étrangères. Antonio de Rojas et plus tard don Garcie de Tolède, Onorato Juan, l'aumônier Osorio, durent envoyer fréquemment à Charles-Quint et à Philippe des nouvelles du prince ; l'Empereur, aussi bien que son fils, répondaient exactement à ces lettres, en demandaient d'autres, et envoyaient, avec des ménagements qui témoignent de leur confiance, les plus prudents conseils à ces maîtres vigilants. Le peu de lettres qui restent de cette correspondance font voir que ni les soins du gouvernement, ni ces grandes cérémonies où se déployait l'ostentation de la plus riche maison souveraine du siècle, ne pouvaient faire oublier à l'aïeul et au père le jeune héritier de leur immense monarchie. Philippe était parti pour l'Angleterre en juillet 1554. Moins de quatre mois après, le 4 novembre, au milieu même des splendeurs et des soucis qui suivirent son mariage avec Marie Tudor, il écrivait de Londres au précepteur de son fils : « J'ai reçu votre lettre du 25 août et me suis réjoui d'apprendre que vous étiez en bonne santé et que vous aviez commencé vos lectures à l'infant. J'espère que vous les ferez avec tant de discrétion et

maison du Prince, n'en ayant pas trouvé la liste dans les archives de Simancas. Les ouvrages contemporains indiquent cependant les principaux et il n'était pas difficile de reconstituer ce document.

de jugement qu'il y trouvera plaisir et profit. Agissez toujours de la sorte et avertissez-moi exactement de toutes les circonstances qui se pourront présenter : je serai toujours satisfait de les apprendre. Je suis heureux de ce que vous me dites dans votre lettre : je reconnais là votre bonne volonté pour mon service[1]. » Par le même courrier, il avait écrit au gouverneur de don Carlos, car il ajoute : « Pour le surplus vous l'apprendrez de don Antonio[2]. » En janvier de l'année suivante, l'Empereur écrivit de Bruxelles : « Don Antonio de Rojas, gouverneur et grand majordome du très illustre infant don Carlos, mon petit-fils, j'ai reçu vos lettres, et don Hernando de Rojas m'a plus particulièrement informé de la santé de l'infant. J'ai appris ainsi des détails que je suis très content de connaître. J'aime à savoir qu'il ne refuse pas le travail et qu'il est assujetti à une exacte discipline. Je vous suis reconnaissant de ces soins et les considère comme un service personnel. Bien que, grâce à votre attention et à votre zèle en toutes choses, il soit inutile de vous en parler, je vous recommande surtout de faire tous vos efforts pour l'a-

---

1. « Vuestra carta de 25 de agosto he recebido y holgado de entender que tuviessedes salud y que huviessedes començado à leer al infante. Yo espero que lo haceis con tanta discrecion y tan buena manera que él venga á tomar gusto en ello y aprovechar como deseo ; assi os encargo que lo hagais y que me aviseis particularmente de lo que se ofreciere, porque holgaré de entenderlo. Lo que acerca de esto en vuestra carta decis, os agradesco mucho que siempre conoci lo mismo de vuestra buena voluntad y obras en mi servicio. » Lettre de Philippe II, alors prince d'Espagne, du 4 novembre 1554, à Onorato Juan (citée par Kircher, *loco cit.*).

2. « Lo que mas avria que decir entendereis de don Antonio. » Même lettre, *ibid.*

doucir et le modérer, de ne pas le laisser aussi libre que par le passé, car j'ai entendu dire qu'il l'a été à l'excès. Voyez ce qui est à faire sur ce point, et, particulièrement à l'âge qu'il a, écartez-le autant que possible de la société des femmes [1]. » Cette lettre si sage fut bientôt suivie d'une autre que Philippe écrivit de Hampton-Court à Onorato, où il entre dans des détails plus minutieux sur les travaux de l'infant : « Je suis satisfait de ce que vous m'apprenez sur le commencement des études de mon fils. J'en approuve l'ordre et la distribution. Mon avis sur ce point est que, pour débuter, il serait bon de le mettre sur les auteurs les plus faciles, de peur que la difficulté ne l'épouvante et ne lui fasse prendre les lettres en dégoût. Mais je m'en remets entièrement à ce qui vous paraîtra le meilleur : vous savez ce que comportent son intelligence et son âge et vous agissez en conséquence d'après votre bon jugement. ... Bien que don Antonio m'écrive souvent, toutefois je me réjouirai toujours de savoir ce qui se passe par des lettres venues de vous [2]. » L'année suivante

---

[1]. « Don Antonio de Rojas, ayo y mayordomo mayor del Ilº infante don Cárlos mi nieto, vuestras cartas he recibido, y don Hernando de Rojas me ha hecho relacion mas particularmente de la salud del infante y otras particuralidades que he holgado de saber, y asi de que se tenga tal órden que no rehuse al estudio, y esté tan bien corregido y disciplinado, lo cual os agradesco y tengo en servicio ; y aunque no será menester segun el cuidado y diligencia que en todo poneis, os encargo mireis mucho por su recogimiento, enderezando que sea templado y moderado y no tan libre como hasta aqui, que me dicen que ha sido demasiado, pues veis lo que en ello va, especialmente teniendo los años que tiene, apartándole lo que se sufriere de la communicacion de las mugeres. » Lettre de l'Empereur (citée par Kircher, *loco cit.*).

[2]. « Holgaré de entender de la cuenta particular que me dais del

(1556) il écrit encore : « Je suis heureux des nouvelles que vous me donnez au sujet des études du prince mon fils. Il n'est chose qui me pût causer plus de joie[1]. » Onorato reçut alors diverses gratifications et se trouvait en 1558 posséder, outre ses appointements, une pension de deux mille ducats sur les évêchés de Léon et de Tarragone[2]. Il l'avait demandée en février par l'entremise du comte de Mélito et du marquis de Cortés[3] : en octobre de la même année, il remerciait le roi, qui, malgré son économie ordinaire, ne marchanda point la récompense due à des services dont il connaissait le prix. Bien que nous n'ayons pas les lettres de Philippe à Onorato de 1557 et de 1558, il est hors de doute que plusieurs aient été écrites et que le prince d'Espagne, devenu roi par l'abdication de son père, ne cessa point de prendre aux études

principio de los estudios del infante y del discurso y orden que pensais tener en ello ; lo que me parece sobre ello es, que por aora à los principios le deveis poner en los autores mas fáciles, porque la dificultad no le espante, ó le haga aborrecer las letras Pero en todo me remito à lo que os mejor pareciere, pues sabeis lo que á su edad y ingenio cumple y lo mediteis con vuestro buen juizio.. aunque don Antonio me escrive siempre, todavia holgaré de saber por vuestras cartas lo que en esto huviere. » Hampton-Court, á 6 de mayo 1555. Lettre de Philippe à Onorato (citée par Kircher, *loco cit.*).

1. « Holgué con ella (carta) por las nuevas que me dais de los estudios del principe mi hijo, que no avia cosa que me pudiese dar mayor contentamiento. » Lettre de Philippe à Onorato. Bruxelles, 2 mai 1566 (citée par Kircher, *loco cit.*).

2. « A cumplimiento de 2000 ducados con los setecientos que antes V. M. me habia señalado sobre Leon. » Lettre d'Onorato à S. M. Valladolid, 30 octobre 1558. Arch. Sim. Est., leg. 129.

3. « He acordado de escribir al conde de Melito y al marqués de Cortés lo que en él pasa para que lo representen à V. M. » Lettre d'Onorato Juan à S. M. 15 février 1558. Arch. Sim. Est., leg. 129.

de don Carlos le même intérêt que par le passé. Onorato, don Garcie de Tolède et l'aumônier Osorio entretenaient souvent du jeune prince soit Philippe II, alors à Bruxelles, soit le vieil Empereur au monastère de Yuste.

Jusqu'en 1558, les lettres de don Garcie et d'Onorato Juan à Charles-Quint et à Philippe expriment en général une certaine satisfaction. Nous n'avons qu'un très petit nombre de ces dépêches, mais par celles de l'Empereur et du roi que nous avons citées plus haut il est aisé de voir que le précepteur et le gouverneur se louaient de leur élève. Ils ne cachaient pas sans doute quelques âpretés de caractère que Charles-Quint veut voir adoucies, mais il n'y avait là rien en somme qui pût éveiller de sérieuses inquiétudes. Les études se continuaient avec calme, et parfois, sans entrer dans le détail, Onorato s'en remettait à quelque seigneur qui venait de voir l'infant et qui allait trouver Charles-Quint ou Philippe : « Le prince se porte bien, écrit-il le 2 août 1557 à l'Empereur, bien qu'il ait eu un peu de rhume, et, pour son travail, le marquis de Las Navas vous en donnera des nouvelles [1]. » Mais en 1558, bien que l'aumônier Osorio continue à envoyer des lettres pleines d'éloges, le langage de don Garcie et d'Onorato change complètement. Le premier écrit à l'Empereur, le 13 avril : « Ses études n'avancent pas comme je voudrais, et cependant on ne saurait mettre plus de

---

[1]. « El principe esta bueno, aunque estos dias ha tenido un poco de romadizo, y estudia como allá dirá el marqués de las Navas. » Lettre d'Onorato Juan à l'empereur. Arch. Sim. Est., leg. 509.

soin à l'instruire. Bien que son Altesse ait pour moi, je le vois bien, le respect et la crainte qu'on peut penser, ni mes paroles, ni la discipline, bien qu'elle soit sévère, ne produisent les effets qu'elles devraient produire. Il serait nécessaire que Votre Majesté le vît de temps en temps et sans retard. » A la fin de sa lettre, il insiste encore sur l'utilité de cette entrevue: évidemment sa responsabilité l'effraye: « Je désirerais beaucoup que Votre Majesté permît au prince de l'aller voir, pour qu'en présence des obstacles que nous rencontrons et qui tiennent à l'âge, Votre Majesté ordonnât ce qu'il serait opportun de faire et de changer, car pour moi je ne l'ai encore pu découvrir [1]. » Don Garcie redoute non seulement sa propre insuffisance en des questions si graves, mais encore les faux rapports que pourraient faire à l'Empereur des courtisans trop zélés, et il l'avertit, dans la même lettre, de se méfier « des récits différents que pourraient faire à Votre Majesté des gens qui n'observent pas le prince d'aussi près et avec autant de soin que moi [2] ». C'était une allusion évidente à la correspondance de l'aumônier Osorio.

---

1. « No va tan adelante como yo querria... no hacen mis palabras ni la disciplina, aunque lo escuece mucho, el efecto que debrian... paréceme muy necesario que V. M. le viese... deseo mucho que V. M. fuese servido que el principe diese una vuelta por allá para verle, porque entendidos los impedimentos que en su edad tiene, mandase V. M. lo que fuera de la orden con que yo le sirvo se deba mudar en la cual hasta agora no hallo qué. » Lettre de don Garcie à l'empereur. Arch. Sim. Est., leg. 129.

2. «... Quien diferentemente pueden informar á V. M. del principe los que no le miran del lugar y con el cuidado que yo. » Même lettre. *ibid*.

Nous avons un certain nombre de lettres de ce personnage qui me semble avoir été particulièrement tourmenté du vif désir de faire connaître à Philippe II la fidélité de sa famille à ses rois, et plus occupé de son avancement ou de celui des siens que des dispositions manifestées par le jeune prince. Dans ses longues épîtres, il raconte les plus insignifiants détails de la cour avec une puérile exactitude; en revanche il ne donne aucun développement à ses notes sur don Carlos, et se borne à répéter dans chaque lettre un éloge banal invariablement exprimé en ces termes : « Son Altesse gagne en religion, en vertu, en bonté, en intelligence, autant que Votre Majesté peut le désirer [1]. » On sent combien ces paroles vagues, répétées comme de parti pris, ont en réalité peu d'importance. Elles ne nous apprennent rien de particulier ni de caractéristique. Ce sont les compliments d'un flatteur et non pas les jugements d'un maître attentif et consciencieux. Deux fois seulement Osorio s'étend un peu davantage sur le prince : la première, c'est pour apprendre au roi avec quelle piété don Carlos et la famille royale ont assisté à l'édifiant spectacle d'un auto-da-fé [2]; la seconde, pour rapporter une politesse

---

1. « ... Que V. M. se acordase de mi. » Lettre d'Osorio au roi, 26 oct. 1555. Arch. Sim. Est., leg. 114. — « ... Fidelidad que siempre estará en esta casa de los Osorios. » Lettre d'Osorio au roi, 30 oct. 1558, ibid., leg. 137. — « ... Cada dia gana en cristiandad, bondad, virtud y entendimiento todo lo que se puede desear. » Lettres d'Osorio au roi, des 13 mars 1558, 30 octobre 1558, 10 janvier 1559, 23 avril 1559, 17 mai 1559. Arch. Sim, Est., leg. 129, 137 et 139.

2. « El auto del S°. Of°. de la inquisicion se hizo el domingo de la Trinidad... donde se hallaron SS. AA. con todos los grandes y pre-

de l'infant adressée au chef de la maison Osorio, le marquis d'Astorga. Cette action fort simple semble si admirable à l'aumônier, qu'il la cite au roi comme une rare preuve de bonne grâce et d'esprit : « Le prince ayant su, dit-il, que doña Beatrix de Tolède, fille du duc d'Albe, était accouchée d'un fils, me donna ordre d'aller voir le marquis d'Astorga [1], et de le féliciter de sa part. Son Altesse me chargea aussi de lui faire remarquer que tant que don Alvaro Osorio, son fils, était en sa disgrâce, doña Beatrix n'était pas devenue enceinte, et qu'elle le fut au contraire dès que don Alvaro eut regagné la faveur paternelle [2]. » Cette observation, naïve peut-être chez un prince de quatorze ans, est cependant assez singulière, et il est bizarre qu'elle ait trouvé place dans la correspondance d'un aumônier.

Don Garcie n'avait donc pas tort de redouter ces flatteries intéressées qui pouvaient égarer l'opinion de l'Empereur et du roi. Son témoignage, où l'on sent une vive sollicitude, la prudence d'un gouverneur et la gravité de l'homme chargé d'une mission délicate et austère, a une autre valeur que celui d'O-

---

lados que aqui se habia. » Lettre d'Osorio, de mai 1559. Arch. Sim. Est., leg. 137. Nous parlerons plus loin de cet auto-da-fé célèbre.

1. Le fils du marquis d'Astorga, don Alvaro Osorio, avait épousé doña Beatrix de Tolède.

2. «... Teniendo aviso que doña Beatrix de Toledo, hija del duque d'Alba, habia parido un hijo, me mandó que visitase al marqués de Astorga, y le diese la enhorabuena de parte de S. A., del nieto, y que le dijese que todos los dias que don Alvaro Osorio, su hijo, andaba en su desgracia, no se habia empeñado su mujer, y que luego que don Alvaro estuvo en su gracia y en su casa, se empreñó y le dió un hijo. » Lettre d'Osorio au roi, du 17 mai 1559. Arch. Sim. Est., leg. 137.

sorio. Il serait confirmé d'ailleurs, s'il avait besoin de l'être, par celui d'Onorato Juan. Ces deux hommes éminents, qui surveillaient de si près leur élève, ont été, à la même époque, saisis d'une inquiétude pareille, et n'ont pas craint de l'exposer l'un et l'autre à l'Empereur et au roi. Ils connaissaient le prince mieux que personne, et leurs lettres, où ils expriment tour à tour tantôt leur satisfaction, tantôt leurs craintes, portent l'empreinte irrécusable de la vérité. Un mois après avoir écrit à l'Empereur la lettre que j'ai citée, don Garcie chercha à se rassurer : le prince avait montré sans doute plus d'attention et de calme : « L'amélioration n'est pas bien grande, dit le gouverneur ; mais je vois qu'il désire mieux faire, et cette disposition, aidée de nos secours, pourra être d'importance [1]. « C'est vers cette époque que la santé de l'infant, jusqu'à ce jour assez bonne, d'après les rapports de ses maîtres, et d'après de longues lettres de don Garcie de Tolède à l'Empereur en date de 1557 et de 1558, commençait à s'ébranler, et il était déjà sujet à ces fièvres tierces, légères alors, mais dont il devait plus tard tant souffrir [2].

Don Garcie s'était félicité trop vite des bons sentiments de son élève. Peu de mois après qu'il eut entrevu cette espérance, Onorato Juan écrivait à

---

[1] « ... Aunque no es mucha la mejoria en lo que se occupa, veo que desea acertar, que es parte que con la continuacion de procurallo podra valer mucho. » Lettre de don Garcie à l'empereur, 22 mai 1558. Arch. Sim. Est., leg. 129.

[2] « ... Ha habido tercianas de que no ha peligrado nadie. » Lettre de don Garcie à l'Empereur, 8 juillet 1558, *ibid*.

Philippe II une lettre profondément triste et dont les termes ambigus révèlent en lui une émotion vive et un certain découragement. Dans ces expressions pleines d'hésitations et de réticences, on aperçoit non pas la colère du pédagogue qui se plaint, mais la douleur respectueuse du sujet fidèle et du maître, que l'importance de sa responsabilité a vivement préoccupé. Ce même jour, 30 octobre 1558, où l'aumônier Osorio envoyait à Philippe II sa phrase ordinaire : « Le prince gagne en toutes choses plus que je ne pourrais dire [1], » Onorato Juan écrivait de son côté cette lettre sombre et bizarre : «... Son Altesse se porte bien, grâce à Dieu ! Je fais pour ses études ce que je puis, et plus peut-être que ne feraient d'autres maîtres. Je regrette qu'il n'avance pas autant que je le désire. La cause que j'attribue à ce retard, Votre Majesté l'apprendra sans doute quelque jour en voyant Son Altesse ; elle saura aussi que, parmi des difficultés qui n'ont pas été petites ni de peu d'importance, je me suis toujours efforcé de la bien servir. Je suis affligé jusqu'au fond de l'âme de ce que les progrès de Son Altesse ne soient plus en rapport avec les commencements et avec les premières années. Mais je ne veux pas aujourd'hui attrister davantage Votre Majesté, d'autant plus qu'à mes yeux ceci et beaucoup d'autres choses ne se peuvent remédier avant son retour et avant que Votre Majesté voie elle-même

---

1. «... Y cada dia gana en todo lo que no sé significar. » Lettre d'Osorio au roi, 30 octobre 1558. Arch. Sim. Est., leg. 137.

ce qu'il convient de faire[1]. » Après ces paroles mystérieuses, il ajoute, comme s'il eût été effrayé des inquiétudes qu'il avait laissé voir : « Je supplie Votre Majesté de me pardonner ma hardiesse et d'avoir la bonté de faire détruire cette lettre. Mon intention est qu'elle ne soit vue que de Votre Majesté[2]. »

Déjà, en effet, des bruits étranges avaient commencé à se répandre, et l'on parlait à la cour de fâcheuses prédispositions manifestées par don Carlos. Je ne crois pas que, avant cette époque, rien ait pu les faire deviner à Philippe II. Le jeune prince, comme tous les enfants, pouvait avoir ses mouvements d'humeur et de violence; mais en somme, on l'a vu, ses maîtres se louaient de son assiduité au travail et ne se plaignaient pas de son caractère. Souvent même il montrait une aimable sensibilité. Lorsqu'en 1552 il dut quitter sa tante, la princesse Jeanne[3], qui allait épouser le prince de

---

[1]. « ... S. A. esta bueno, bendito Dios, y yo hago en sus estudios lo que puedo y harto mas de lo que otros maestros quizá hicieran... pésame que no aproveche tanto este como yo deseo, la causa de donde yo pienso que esto procede, entendera por aventura V. M. de S. A. algun dia.. y lo que con estas dificultades que no han sido pocas ni de poco momento, me he esforzado siempre en servir à V. M. y á S. A. Pésame en el alma que el aprovechamiento de S. A. no sea al respecto de como comenzó y fué los primeros años .. pero yo no entiendo d· dar en esto mas pesadumbre á V. M... teniendo por cierto que esta y otras muchas cosas no se pueden bien remediar hasta la venida de V. M. y hasta que V. M. mismo vea lo que conviene que se haga para el buen asiento de todo ello. » Lettre d'Onorato Juan au roi, 30 octobre 1558. Arch. Sim. Est., leg. 129.

[2]. « ... Y suplico á V. M. me perdone este atrevimiento, y sea servido de mandar romper esta, porque mi intencion es que solo V. M. la lea. » Même lettre, *ibid*.

[3]. Jeanne d'Autriche, fille de Charles-Quint, mariée en 1552 au

Portugal, il ne put cacher une douleur vraie et charmante dans son expression enfantine. Philippe était en Aragon pour les cortès, et don Carlos, âgé de sept ans, accompagna sa tante d'abord à Tordésillas où elle allait prendre congé de Jeanne la Folle, son aïeule, puis à la frontière [1]. La séparation de l'infant et de la princesse de Portugal fut déchirante : tous deux passèrent trois jours dans les larmes ; don Carlos témoignait son chagrin par des paroles touchantes. « Bien que ce soient des enfantillages, écrivait don Luis de Mendoza à l'Empereur, je ne laisserai pas de les rapporter à Votre Majesté : Pauvre enfant ! (s'écriait-il en parlant de lui-même) il va donc rester seul ici sans père ni mère ! L'aïeul est en Allemagne et le père à Monzon [2]. » Lorsque plus tard Philippe partit pour l'Angleterre et confia son fils à don Antonio de Rojas et à Onorato Juan, il ne semble pas qu'il ait rien soupçonné, et on a vu que ses lettres des premières années aussi bien que celles de l'Empereur indi-

---

prince de Portugal, veuve l'année suivante, mère du roi de Portugal dom Sébastien. Elle revint en Espagne après son veuvage et y passa le reste de sa vie sans revoir son fils. Il fut plusieurs fois question d'un second mariage, mais les divers projets échouèrent, et elle mourut en Espagne dans un âge avancé.

1. « ... Escribí à V. M. de como S. A. habia ido à Tordesillas à despedirse de la reina su agüela. » Lettre de don Luis Sarmiento de Mendoza à S. M. Elvas, 24 novembre 1552. Arch. Sim. Est., leg. 376.

2. « Fué cosa grande su despidimiento del infante que tuvo tres dias el llorar del uno y del otro... aunque sean niñerias, no dejaré de decir quel decia : « El niño (que asi se nombra él à sí mismo) cómo ha de quedar aquí solo sin padre ni sin madre, y teniendo el agüelo en Alemania y mi padre en Monzon ! » Lettre de Sarmiento de Mendoza, déjà citée.

quent une parfaite sécurité. Ce fut donc seulement vers 1558 que le caractère du prince étonna d'abord, puis alarma ses maîtres : il entrait dans sa treizième année, et nous avons cité les lettres où don Garcie de Tolède et Onorato se déclarent impuissants devant des circonstances imprévues, en appellent l'un à Charles-Quint, l'autre à Philippe II, et attendent avec impatience soit des instructions nouvelles, soit le retour du roi d'Espagne retardé dans les Pays-Bas.

Philippe avait remis, il est vrai, la haute surveillance de son fils aux régents d'Espagne pendant son absence, l'archiduc Maximilien, son cousin, qui fut depuis empereur d'Allemagne, et sa sœur, la princesse Jeanne, veuve du prince de Portugal, après une courte union. Tous deux semblent avoir beaucoup aimé don Carlos : on verra plus loin que, lorsqu'il fut question de marier l'infant, Maximilien, en insistant pour sa propre fille avec vivacité, montra lui avoir conservé un souvenir affectueux. Quant à la princesse, l'épisode de son départ que je viens de citer et l'intérêt tendre qu'elle prit plus tard aux malheurs de son neveu révèlent la vivacité de ses sentiments. Néanmoins l'un et l'autre n'apportèrent à l'éducation de l'infant qu'une attention distraite. Maximilien était absorbé par les soins du gouvernement; la princesse, étrangère dans sa propre patrie, où les défiances de la politique portugaise l'avaient reléguée après son veuvage, séparée de son fils au berceau, d'un caractère sombre et un peu bizarre [1],

---

[1]. La princesse Jeanne paraît avoir été, comme la plupart des

vivait au fond de ses appartements silencieux et mornes, renfermée dans sa majesté mélancolique. D'ailleurs ceux-là mêmes qui entouraient l'infant et qui étaient chargés plus spécialement de son éducation étaient agités par de pénibles incertitudes. Il ne faut pas s'étonner que Maximilien et la princesse soient demeurés dans l'ignorance et n'aient pris aucun parti décisif, lorsqu'on voit qu'après tout, et quels qu'aient été leur tristesse et leurs pressentiments, don Garcie et Onorato ne s'étaient encore formés sur l'infant aucune conviction précise. Il se présentait en effet la complication d'un naturel affectueux, sincère, et de violences excessives, de cruautés soudaines qui semblaient accuser parfois, dans la raison du prince, un vertige mystérieux.

Les historiens contemporains sont remplis à ce sujet de détails contradictoires qui portent également, dans une certaine mesure, l'empreinte de la vérité, et ceci s'explique aisément par la lutte de deux inclinations opposées. Strada, entre autres, reproche à don Carlos un caractère farouche : « Ce défaut, ajoute-t-il, fut reconnu dès son enfance. Lorsque parfois à la chasse on lui apportait des lièvres vivants, il leur coupait lui-même la gorge et prenait plaisir à les voir palpiter et mourir. J'ai lu dans une relation qui fut envoyée au sénat de Venise

---

membres de la famille de Charles-Quint, sujette à certains égarements d'esprit. Quand elle recevait des ambassadeurs, elle portait un voile, puis leur demandait : Ne suis-je pas la princesse ? Elle écartait alors un instant son voile, puis se couvrait de nouveau le visage jusqu'à la fin de l'audience. (Voy. ces détails dans Prescott, I.)

par l'ambassadeur de cette république, qu'il avait remarqué cette action de don Carlos. En effet, il donnait témoignage tous les jours, par ses mœurs cruelles et immodérées, qu'on n'en faisait pas de vaines conjectures, et l'archevêque de Rossano, nonce du pape, en écrivit la même chose au cardinal Alessandrini [1]. » L'auteur d'une vie manuscrite de Philippe II, Orazio della Rena, et le manuscrit d'un envoyé vénitien rapportent le même fait, ajoutant que don Carlos faisait souvent rôtir tout vivants les animaux pris à la chasse, et qu'un jour tenant à la main une couleuvre apprivoisée qu'il s'amusait à faire souffrir et qui lui mordit légèrement un doigt, il lui trancha tout à coup la tête avec les dents [2]. L'histoire sérieuse n'accorderait pas grande importance à ces détails, exagérés peut-être, si l'ambassadeur de Venise, Tiepolo, ne les eût confirmés en rappelant que le prince avait manifesté dès longtemps une disposition à la colère et à la cruauté [3]. L'affirmation d'un homme aussi grave, jointe aux récits

---

1. Strada, *de Bello belgico*, VII, 352 (trad. de du Ryer, de l'Académie française).

2. « Nella prima gioventù, che essendoli tal volta portato de la caccia diversi animali, di nessun cosa gustava più che di vederli arrostiti vivi, e tenendo alcun giorno in mano una di quelle serpi domestiche e irritendola con i tormenti, ella gli prese così leggieramente un dito, e egli, in un subito, con i proprii denti, gli troncó la testa. » *Compendio della vita di Filippo II* da Orazio della Rena. 1600. Mss. B. 1. 10,232. — « Alle volte che da la caccia li viniva portato lepre o simili animali, si diletta di vederli arrostiti vivi. Et essendoli donato una biscia scodarella molto grande, et essa havendole dato un morso a un dito, egli subitamente co' denti gli spiccó la testa. » *Relazione di Badoero*. Ms.

3 « Facilmente s'adira, e nell'ira ha dato segno d'esser crudele. » *Relazione di Tiepolo*. Mss. B. I. 794.

des historiens et aux expressions tristes des gouverneurs, me semble tout à fait péremptoire. On peut regarder comme certain que, dès l'enfance, don Carlos avait révélé, par ses actes, un naturel violent et des inclinations perverses [1]. Les témoignages de divers diplomates, Badoero, ambassadeur vénitien, Duarte de Almeida, ambassadeur de Portugal, signalent en outre chez le prince « un orgueil sans égal ». Le Vénitien prétend même qu'il « ne pouvait souffrir de rester longtemps en présence de son père ni de son aïeul, le bonnet à la main ».

Quand Charles-Quint, après avoir solennellement abdiqué à Bruxelles, revint en Espagne, il ne paraît pas toutefois qu'il ait trouvé rien à blâmer dans la conduite de son petit-fils. Mais il ne le vit que quinze jours, et dans un si court espace de temps, il est clair qu'il lui était impossible de le bien juger. Le 28 septembre 1556, il débarqua à Laredo en Biscaye. Le 2 octobre, on avait reçu à Valladolid la nouvelle de son arrivée, et don Carlos désira vivement se rendre immédiatement auprès de son aïeul : « Le prince s'est tellement réjoui en apprenant le retour de Votre Majesté, écrit don Garcie de Tolède, que si on le laissait agir à son gré, nul ne viendrait avant lui baiser les mains de Votre Majesté. Pour le retenir, je n'ai trouvé d'autre moyen que de lui représenter combien il serait peu convenable de rien résoudre sans votre aveu. Il envoie donc don

---

[1]. C'est dans ces termes que s'exprime un savant historien espagnol, M. Lafuente : « Sus malas inclinaciones, su indole aviesa, su tendencia á la crueldad. » *Historia general de España*, XIII. 192.

Pedro Pimental avec une lettre que Son Altesse a composée et écrite de sa main, sans l'aide de personne. Il se porte très bien, grâce à Dieu [1]. » A ce message était joint le billet suivant, le plus ancien qui nous reste de don Carlos, et dont je traduis fidèlement les expressions naïves (le prince avait alors onze ans) : « J'ai su que Votre Majesté était en sûreté, et je m'en suis réjoui infiniment, et à ce point que je ne saurais rien exagérer. Je supplie Votre Majesté de me faire savoir si je dois partir pour l'aller recevoir ; et c'est pourquoi j'envoie don Pedro Pimental, gentilhomme de ma chambre et mon ambassadeur. Je supplie Votre Majesté de lui ordonner ce que je dois faire, pour qu'il me l'écrive. Je baise les mains de Votre Majesté [2]. » L'Empereur, qui allait se mettre en route, jugea ce voyage inutile : il s'avança à petites journées vers Valladolid, où il comptait s'arrêter avant d'aller enfouir dans la

---

1. « El príncipe se ha alegrado tanto con la nueva de la buena venida de V. M. que, á dejalle hacer lo que quiziera, ninguno creo yo que llegará primero que S. A., á besar las manos de V. M., y para detenelle no habido otro remedio sino decille que tan gran desacato seria determinar nada sin saber la voluntad de V. M., y para eso envia á don Pedro Pimental con la carta que S. A. ha notado y escrito de su mano sin ayudarse de nadie. Esta muy bueno á Dios gracias, » etc. Lettre de don Garcie de Tolède à l'Empereur. Valladolid, 3 octobre 1556. Arch. Sim. Est., leg. 113.

2. Je conserve l'orthographe de la lettre du prince : « Ya e sabido q. v. mt. esta en salvamento, y e holgado dello infinitamente tanto q. no lo puedo mas encarecer, suplico a v. mt. q. me haga saber si e de salir a reçebir a v. mt. y adonde ay va don pedro pimental gentilhombre de mi camara y mi embaxador al qual suplico a v. mt. mande lo q. en esto se ha de hazer para q. el melo escriva, beso las manos de v. mt. en vallid ij de otubre. Muy humilde hijo de v. mt. el principe. » Arch. Sim. Est., leg. 114.

solitude de Yuste sa grandeur morose et son génie
désabusé. Il arriva le 21 octobre, et y reçut les hom-
mages de la cour et du peuple. Le connétable de
Castille, le comte de Benavente, le marquis d'Astorga, l'amirante, les ducs de Najera et de Sesa, de
nombreux grands d'Espagne, les prélats présents
dans la ville, le corrégidor et une foule immense,
vinrent saluer et accompagnèrent jusqu'au palais [1]
leur souverain de la veille, qui leur apparaissait sans
autre prestige que sa grandeur passée. L'Empereur,
accompagné de sa sœur Éléonore, veuve de François Ier [2], fut reçu sur le seuil par la princesse Jeanne
sa fille, l'infant don Carlos, auquel il avait accordé
la veille une entrevue au bourg de Cabezon, à deux
lieues de Valladolid, et la reine Marie de Bohême,
femme de son neveu Maximilien [3]. Il fit le plus
aimable accueil à son petit-fils et parut charmé de
le voir [4]. Après avoir donné quinze derniers jours

1. C'est à tort que Cabrera (II, 90, XI) indique ici la maison du
comte de Melito. L'aumônier Osorio, témoin oculaire et très exact
pour ce genre de détails, dit simplement « le palais, » c'est-à-dire
le palais royal.
2. Éléonore d'Autriche, fille de Philippe le Beau et de Jeanne la
Folle, veuve en premières noces d'Emmanuel, roi de Portugal,
épousa en secondes noces François Ier. Après la mort de son mari,
elle se retira dans les Pays-Bas, puis en Espagne, où elle mourut
en 1558.
3. Marie, femme de Maximilien, roi des Romains, de Bohême et
de Hongrie. Elle avait accompagné son mari en Espagne ; elle
retourna avec lui en Allemagne et devint impératrice. Elle étais
mère de la princesse Anne de Bohême, que nous retrouverons plut
loin.
4. « Entró S. M. en esta villa miércoles en la tarde que fueron
veinte y uno deste mes y sale con los grandes que aquí esperaban
à S. M. al camino à besar los piés à S. M. que fueron el condestable y conde de Benavente, etc... y fué S. M. recebido con muy

au monde, il partit pour le monastère qu'il ne devait plus quitter. On a prétendu que pendant ce court séjour à Valladolid, il fut profondément attristé de la conduite de son petit-fils. Je ne trouve ce détail que dans Strada, et dans le manuscrit d'un chanoine Gonzalès cité par M. Mignet. L'Empereur aurait même dit à la reine Eléonore : « ses manières et son humeur ne me plaisent pas, je ne sais ce qu'il pourra devenir un jour. » Ce témoignage que nul autre ne confirme m'est assez suspect. En vérité, à cette époque, don Carlos n'avait que onze ans et n'avait encore donné lieu à aucune plainte. Il n'y a donc pas à présumer que, pendant son court séjour à Valladolid, l'Empereur ait pu concevoir sérieusement ces sinistres pressentiments. Prescott me semble avoir légèrement accueilli ces indications assez vagues [1]. Sans doute, il est poétique de se représenter cet auguste vieillard, se souvenant de sa malheureuse mère, reconnaissant dans son petit-fils d'effrayants symptômes et ne pouvant dissimuler son inquiétude en présence de cette maladie héréditaire qui semblait peser comme une malédiction sur sa race ; mais il faudrait ici des informations plus précises. D'autres documents parlent au contraire de l'excellente im-

---

grande alegría, y llegaron SS. MM. al palacio... y la princesa mi señora bajó el patio con el principe nuestro señor... En gran manera S. M. se huelga con el príncipe y me dicen que tiene muy grande contentamiento de S. A. » Lettre d'Osorio au roi. Valladolid, 26 octobre 1556. Arch. Sim. Est., leg. 114.

1. « Son regard perspicace vit assez clair, dit-on, dans la conduite du prince pour lui inspirer les plus sinistres appréhensions. » Prescott, *Histoire de Philippe II*, trad. Renson et Ithier, I, 35.

pression de Charles-Quint. L'ambassadeur vénitien Badoero représente même l'Empereur se complaisant dans ses entretiens avec son petit-fils, et lui racontant ses campagnes. Il ajoute même qu'un jour, Charles-Quint rappelant le souvenir de la fuite d'Inspruck, don Carlos s'étant écrié à plusieurs reprises que jamais il n'aurait fui, l'Empereur s'amusa fort à discuter sa conduite en riant et en admirant l'énergique obstination du prince [1].

Quoi qu'il en soit de ce détail, il est certain qu'à côté de ces mauvais instincts signalés par divers écrivains, il y avait place dans l'âme de don Carlos pour de très bons sentiments; qu'à cette époque les premiers étaient encore peu développés, et que les seconds semblaient le fond de son caractère. Tiepolo, après avoir parlé de la cruauté précoce manifestée en diverses circonstances par l'infant, ajoute qu'on remarquait en lui toutefois beaucoup de franchise, de piété et un cœur charitable [2]. Ses maîtres, ses médecins et un grand nombre de ses familiers paraissent, comme nous le verrons plus tard, lui avoir été très attachés et avoir trouvé en lui des qualités heureuses. Sa générosité, dont parle Tiepolo, se fit connaître dès cet âge par un fait qui ne manque pas d'une certaine grâce. Son alcade de cour, Hernan Suarez était pauvre, et ne savait comment doter ses

---

1. « Reiteró con riso di S. M. che egli mai non sarebbe fuggito. » *Relazione di Badoero*. Ms.
2. « È amico de verità.. è religioso.. e pietoso ai poveri, dandone segno con eleemosina che sempre eccede la mediocrità.. e è splendidissimo in tutte le cose quando vuol beneficar qualch'uno. » *Relazione di Tiepolo*. Ms. déjà cité.

filles. Le jeune prince, auquel on ne donnait pas alors la libre disposition d'un grand revenu, voulait cependant faire un don à ce fidèle serviteur : il lui remit donc, le 12 août 1547, la cédule suivante : « Je déclare par ce billet signé de mon nom et scellé de mes armes que je vous donnerai à vous, le docteur Suarez, mon très grand ami, dix mille ducats, *quand je pourrai*, pour le mariage de vos trois filles [1]. » Nous devons donc admettre tout ensemble les témoignages contraires et les témoignages favorables au prince. Ces actes de violence très réels, et que nous verrons suivis de beaucoup d'autres plus clairement établis, ne me font aucune illusion. Je n'y vois pas le fond de cette nature, plus bienveillante en vérité qu'on ne se l'imagine, mais seulement les premiers indices du trouble de l'esprit. Ils sont isolés, ils ne se rattachent à aucune des grandes

---

[1]. « Digo el principe don Cárlos que por esta cédula firmada de mi nombre y sellada con mi sello, os daré à vos, el doctor Suarez, mi grandísimo amigo, diez mil ducados para quando pudiere, para casamiento de vuestras tres hijas. De Madrid, á doce de agosto 1557. » Alf. Guerra, en las anotaciones con que aumentó la istoria de Talavera inédita en la Bibl. del Arc° de Toledo. — L'auteur d'un livre sur les protestants espagnols, M. de Castro, qui cite ce document, en conclut l'avarice de Philippe II, qui laissait son fils sans argent. Nul cependant ne peut être surpris qu'un enfant de douze ans n'ait pas eu la libre disposition d'une somme aussi considérable. Il est vrai que M. de Castro échappe à cet argument en déclarant que *vraisemblablement* il y a erreur dans la date et qu'il faut lire 1567. Voilà ce qu'il serait bon de démontrer. Le style du billet est au contraire celui d'un enfant qui dit *quand je pourrai* (quando pudiere) comme il aurait dit *quand je serai grand*. D'ailleurs, nous avons des documents qui établissent qu'en 1567 l'infant jouissait d'une pension assez considérable, et que, précisément en août 1567, qui serait, selon M. de Castro, la date de la cédule, ses revenus furent portés de soixante mille à cent mille écus.

lignes du caractère : ce ne sont encore que des incidents et non des habitudes. La suite de ce récit démontrera de plus en plus l'exactitude de ces conjectures.

Reprenons le cours des événements. Le 21 mai 1559, dimanche de la Trinité, le saint-office de l'inquisition donna au peuple et à la cour le spectacle d'un auto-da-fé. L'étiquette prescrivait à la princesse Jeanne, régente, et au prince don Carlos d'assister à cette horrible fête [1]. Une estrade fut donc dressée sur la grande place de Valladolid pour la cour, en face de l'échafaud et des bûchers réservés aux hérétiques. La cérémonie fut précédée par un incident assez curieux. A sept heures du matin le cortège royal arriva : la princesse monta les degrés ; auprès d'elle se tenait l'infant, et une foule de prélats et de seigneurs les entouraient. Tous les officiers du palais et tous les membres du conseil étaient présents : on remarquait parmi les membres du haut clergé l'archevêque de Santiago et l'évêque de Placencia; parmi les grands, le connétable et l'amirante de Castille, les marquis d'Astorga et de

---

[1] « En veinte y uno de mayo, fiesta de la Sanctisima Trinitad, se celebro en Valladolid un auto de inquisicion asistiendo la princesa Joana y el principe don Carlos. » Colmenares, *Historia de Ségovia*, XLII, § 3. 521. — « ...El auto del santo officio se hizo el domingo de la Trinitad, y en la plaza, donde se hallaron SS. AA. con todos los grandes y prelados que aqui habia y los consejos y hizóse muy solene. Comenzóse à las siete de la mañana y acabóse à las cinco de la tarde. » Lettre d'Osorio à Philippe II, mai 1559. Arch. Sim. Est., leg. 137. — « En veinte y uno dias del mes de mayo del año del señor de 1559, en Valladolid, en la plaza mayor della, se hizo auto público de la fé. » Illescas, *Historia pontifical*, in-fol., 1602.

Denia, les comtes de Miranda, d'Oserno, de Saldaña et don Garcie de Tolède : le comte de Buendia tenait l'épée nue. Des massiers et rois d'armes marchaient en avant du cortège [1]. Au moment où la princesse Jeanne arrivait sur l'estrade, un enfant inconnu, amené par Magdalena Ulloa, femme de Luis Quijada, premier écuyer de don Carlos, vint à sa rencontre, d'après ses ordres. La princesse, à qui il était présenté pour la première fois, lui fit le plus gracieux accueil, le nomma son frère et le traita d'altesse. Cet enfant était ce futur vainqueur qui remplit le monde de son nom, et refoula en Orient la puissance ottomane, don Juan d'Autriche, fils naturel de Charles-Quint. La régente le fit asseoir à ses côtés avec une affectueuse bienveillance, et présenta à don Carlos l'enfant interdit de tant d'honneurs et qui, dit-on, regardait parfois avec des yeux pleins de larmes Magdalena Ulloa qu'il avait longtemps crue être sa mère. Mais le prince d'Espagne, raconte le vieux chroniqueur auquel j'emprunte ces détails, fut blessé d'entendre la régente, sa tante, traiter de frère et d'altesse cet inconnu. Il ne souffrit qu'avec peine de le voir assis à ses côtés sur l'estrade, et ressentit une vive jalousie en voyant un autre admis à des honneurs qui jusqu'à ce jour lui avaient été exclusivement réservés [2]. Il témoigna une froideur hau-

---

1. « ... Vino acompañada de todos sus criados, oficiales y ministros de palacio, de los maceros y reyes de armas, del arzobispo de Santiago, del condestable y almirante de Castilla, de los marqueses de Astorga, etc., de don Garcia de Toledo y del conde de Buendia que llevaba el estoque desnudo. » Lorenzo Van den Hammen, *Vida de don Juan de Austria.*

2 « ... Llamóle hermano y tratóle de alteza ; ambas cosas disgus-

taine à cet enfant qui allait devenir le compagnon de ses jeux et de ses études, et qui, après avoir acquis parmi les hommes une renommée que don Carlos ne devait jamais connaître, était destiné à mourir comme lui d'une mort mystérieuse et prématurée.

Pendant cette petite scène, chacun prenait place en bon ordre, les ministres du saint-office se rangeaient autour de l'échafaud et les pénitents arrivaient revêtus de costumes lugubres et bizarres [1]. Il y en avait environ trente, presque tous gens de marque [2]. Le principal était Caçalla, prêtre, autrefois prédicateur ordinaire de l'Empereur, devenu depuis disciple du célèbre hérésiarque Carlos de Sesa, et qui passait pour l'un des hommes les plus éloquents de son temps [3]. Plusieurs de ses frères venaient ensuite, convaincus d'hérésie et condamnés comme lui. Derrière eux on

taron grandemente al príncipe y mas que todo quererle llevar al trono para sentarle á su lado. » Lorenzo Van den Hammen, *loco cit.*

[1] « ... Llególe al cadalso con los ministros del santo oficio y los penitentes. » *Ibid.*

[2] « ... Y como treinta personas de lustro mas... quemaron quince con hombres y mugeres, y los demas se condenaron á carcel perpetua. » *Ibid.*

[3] Caçalla es un des plus célèbres protestants d'Espagne. Disciple de Carlos de Sesa, qui fut brûlé cinq mois plus tard en présence de Philippe II, il avait embrassé les principes de Luther et il recevait chez lui, la nuit, les partisans des nouvelles doctrines. Il fut pris par les suppôts de l'inquisition à Valladolid. Ses frères avaient adopté ses idées religieuses : ils périrent en même temps que lui, à l'exception d'un seul qui monta sur l'échafaud dans l'auto-da-fé suivant (octobre 1559), avec Carlos de Sesa : « Prendiéronse con grandisimo secreto y con singular diligencia en Valladolid el doctor Caçalla con cinco hermanos... Entre otras cosas pareció por verdad que en las casas de Caçalla se hazian de noche conventículos y ayuntamiento satánico y abominables adonde se predicava la secta luterana. » Illescas, *Historia pontifical*, déjà citée.

portait les ossements de leur mère, doña Leonora de Vivero, qu'on avait arrachée à la tombe pour la livrer aux flammes avec les malheureux qu'elle avait enfantés [1]. On remarquait encore des hérétiques fameux alors, Maestro Perez, Sotelo, le bachelier Herreçuelo [2], et un certain nombre de religieuses très jeunes et très belles, dit le chroniqueur, et qui, « non contentes d'être luthériennes, avaient cherché à répandre cette doctrine maudite [3]. » D'autres pénitents plus obscurs avaient été joints à ceux-là, et quinze en tout, hommes et femmes, devaient être brûlés ; les autres étaient condamnés à la prison perpétuelle et à diverses peines graduées selon la gravité de leurs crimes.

Lorsque tout fut disposé pour que la cérémonie eût lieu avec un éclat et une solennité dignes des hauts personnages présents, Fernando de Valdès, archevêque de Séville [4], grand inquisiteur, s'avança vers le trône, accompagné de l'un des inquisiteurs de Val-

---

1. « Eran estos Caçalla, sus hermanos, los huesos de doña Lenora de Vivero, su madre. » Lorenzo Van den Hammen, *ibid*. — « El doctor Caçalla, y los huessos de doña Lenora de Vivero, su madre, y otros dos hermanos suyos. » Illescas, *Historia pontifical*, déjà citée.

2. Maestro Perez, de Valence, élève de Carlos de Sesa, Sotelo, né à Zamora, élève de Caçalla, Herreçuelo, né à Toro, élève aussi de Caçalla. Ce dernier avait été saisi à Toro. On va voir avec quel courage il mourut. Sa femme, Léonor de Cisneros, également protestante, avait échappé aux poursuites. Elle fut prise plus tard et périt dans l'auto-da-fé du 26 septembre 1568, avec un indomptable courage : « Se dejó quemar viva sin que huviese para convencerla diligencia ninguna. » Illescas, *loco cit*.

3 « Algunas monjas, bien mozas y hermosas, que no contentas con ser luteranas, avian sido dogmatizadoras de aquella maldita doctrina. » Lorenzo Van den Hammen, *loco cit*.

4. Don Hernando de Valdés, archevêque de Séville, président du conseil suprême de l'inquisition ; il mourut en décembre 1568.

ladolid et d'un secrétaire du saint-office. La princesse Jeanne et don Carlos se levèrent : le prince se découvrit. L'archevêque portait la croix, l'inquisiteur un missel, le secrétaire un parchemin où était écrite la teneur d'un serment. La princesse et l'infant, étendant la main sur la croix et sur le missel, répétèrent l'un après l'autre ces paroles solennelles : « Je jure, comme prince catholique, d'user de tout mon pouvoir, et cela durant toute ma vie, pour défendre, conserver et accroître la foi catholique de la sainte mère l'Église apostolique de Rome, de poursuivre les hérétiques et les apostats ses ennemis, de donner toute aide et toute faveur nécessaires au saint-office de l'inquisition, pour que les hérétiques, perturbateurs de la religion catholique, soient punis et châtiés selon les décrets et canons apostoliques, sans exception aucune et sans acception de personnes [1]. » Lorsque ces paroles eurent été prononcées, le secrétaire monta à une petite chaire, et dit : « Écoutez, voici le serment des sérénissimes princes,

---

[1] « ... El arzobispo de Sevilla subió al trono con uno de los inquisidores de Valadolid y un secretario... Hevantáronse los príncipes de sus sillas y estando en pié y don Carlos quitada la gorra sobre una cruz y misal juraron : « que como católicos príncipes defenderian con su poder y vidas la Fé católica que tenia y crea la santa Madre Iglesia apostólica de Roma y la conservacion y aumento della, perseguirian los hereges y apóstatas enemigos della, darian todo favor y ayuda necesaria al santo oficio de la inquisicion y à sus ministros para que los hereges perturbadores de la religion cristiana fuesen punidos y castigados conforme á los decretos apostólicos y sacros canones sin que huviese omision de su parte ni acepcion de persona alguna. » Tuvieron en sus manos, miéntras el juramento se hizo, la cruz el arzobispo y el misal el **inquisidor**. Lorenzo Van den Hammen et Illescas, *loco cit.*

nos seigneurs, » et il en lut la formule à l'assemblée. L'archevêque alors dit à haute voix : « Que Dieu protège Vos Altesses et leurs royaumes. » Cela fait, on lut l'énoncé des charges qui pesaient sur chaque pénitent et la sentence du saint-office; puis ils furent abandonnés au bras séculier [1].

Caçalla, qui devait être exécuté le premier, ne montra devant la mort ni dignité ni courage. Comme il était prêtre il fut dégradé par don Pedro Gasca, évêque de Placencia, qui assistait l'archevêque de Séville, puis on lui mit la corde au cou et la *coroça* sur la tête. Dès qu'il fut coiffé de cette mitre redoutable, ce même homme qui avait abandonné avec tant d'éclat les principes de l'Église catholique, et que son éloquence avait fait le chef des réformés de Valladolid, fut saisi, en présence de la mort, de ce délire qui étourdit les consciences timides et ne laisse plus sensibles à l'âme que les épouvantes de la chair. Il s'écria, au milieu d'un torrent de larmes, qu'il avait agi par malice et par ambition, qu'il avait rêvé les triomphes de Luther, et dans ce seul but avait mis en avant des opinions nouvelles : il se tourna vers son disciple Herreçuelo et s'efforça de le convertir [2]. Sa rétractation enfin

1. « ... Entónces el arzobispo en voz alta dijo en agradecimiento y satisfaccion : Prospere Dios á Vuestras Altezas y sus Estados. Hecho esto, y aviéndose leido las culpas de todos y sus sentencias, fueron relajados al braço seglar. » *Ibid.*

2 « ... Degradado primero por don Pedro Gasca, obispo de Placencia, que asistia como ordinario al auto... luego que Caçalla se vió con la coroça en la cabeça y dogal al cuello... confesó públicamente averle hecho desvanecer ambicion y malicia, y que su lintento avia sido turbar el mundo, pareciéndole seria en medio de a inquietud pública sublimado y adorado de todos en España como

fut complète, et peut-être espérait-il arracher par la pitié sa grâce aux impassibles spectateurs de son désespoir : ses paroles sur l'échafaud lui valurent seulement une mort plus douce ; il ne fut point brûlé vif, mais étranglé par le garrot, et ses restes furent livrés aux flammes. Ajoutons que le vieux chroniqueur, considérant combien la miséricorde de Dieu est grande, nous laisse espérer que Caçalla fut sauvé dans l'autre monde [1]. L'exemple de cette fin toucha, paraît-il, les autres condamnés, qui témoignèrent du repentir et évitèrent comme lui le supplice du feu, bien qu'ils fussent, dit le soupçonneux historien, plus effrayés que convaincus [2]. Seul, Herreçuelo demeura ferme : il résista aux discours de Caçalla, dont il dut considérer la faiblesse avec un superbe mépris, et fut brûlé vif sans qu'on vît s'émouvoir un seul instant sa volonté implacable [3]. « Je me trouvais si près de lui, raconte un témoin oculaire, que je vis tous ses mouvements. Il ne put parler, parce qu'à cause de ses blasphèmes, il avait été bâillonné ; mais, bien qu'il ne se plaignît pas et ne manifestât pas sa douleur, il mourut ayant sur le visage la plus étrange expression de désespoir que j'ai jamais vue [4]. »

en Saxonia Lutero... procuró convertir despues deste al miserable Herreçuelo. » *Ibid.*

1. «... Sino á juzgar, mediante la misericordia de Dios, se salvó.» Lorenzo Van den Hammen, *ibid.*
2. « Todos se retrataron á voces, aunque algunos lo hicieron mas por temor del fuego que por otro buen respeto. » *Ibid.*
3. « ... Solo el bachiller Herreçuelo estuvo pertinacisimo y se dexó quemar vivo con la mayor dureza que jamas se vió. » Illescas, *loco cit.* Lorenzo Van den Hammen, *loco cit.*
4. « Yo me hallé tan cerca del que pudo ver y notar todos sus

Quand l'auto-da-fé fut terminé, il était cinq heures du soir. Il y avait dix heures entières que la famille royale, les ministres, les chefs de la noblesse, les plus éminents prélats et une foule considérable se repaissaient de ce spectacle monstrueux. Il y avait dix heures que les cris des victimes, leurs larmes, leur agonie, l'agitation de l'assemblée, les clameurs, les lueurs des flammes, toute cette cérémonie lugubre s'imposaient à l'esprit de l'enfant royal, maigre, pâle, débile, assis sous le dais de velours et promenant des regards mornes sur la place où triomphait dans le feu et le sang le redoutable esprit du siècle. Que sentait-il, que pensait-il à cette vue? Question insoluble que, malgré soi, l'historien se pose : joie sinistre? pitié cachée? indifférence sombre? Autour de lui, et consacrant ces meurtres par leur présence, tous ceux qu'il devait aimer et respecter, sa tante, les conseillers de la couronne, ses gouverneurs; en face de lui, des tortures imméritées qu'on lui disait justes, et des bourreaux qu'on lui représentait comme bénis par Dieu. Quel bouleversement des notions du vrai et du bien dans ce jeune esprit incertain au milieu de ces ténèbres!

Si du reste le peuple de Valladolid avait pris goût à ce spectacle, il dut être satisfait. L'inquisition lui en promit un autre pour un temps prochain [1]. Le

---

mencos. No pudo hablar, porque por sus blasphemias tenia una mordeza en la lengua... Noté mucho en él que aunque no se quexó ni hizo extremo ninguno con que mostrasse dolor, con todo eso murió con las mas estraña tristeza en la casa de quantas yo he visto jamas. » Illescas, *loco cit.*

1. Il eut lieu après le retour du roi, le 8 octobre de la même

saint tribunal, encouragé par la cour, devait agir désormais avec un redoublement d'énergie. Osorio, dans la lettre où il rendait compte au roi de l'auto-da-fé du 21 mai, se flatte qu'un tel châtiment et ceux qui suivront purifieront le royaume d'Espagne. Il ne peut que féliciter grandement l'archevêque de Séville, les inquisiteurs et les prélats : ils ont fait leur devoir avec beaucoup de zèle ; ils ont *travaillé* vigoureusement, comme il convenait au service de Dieu et du roi [1]. Quant à la famille royale, après avoir pieusement assisté à ce spectacle, elle passa la semaine en exercices religieux. Le jour de la Fête-Dieu, le prince et sa tante accompagnèrent la procession du saint sacrement. Le dimanche de l'octave, 28 mai, ils entendirent à Saint-Paul le sermon solennel avec leur dévotion accoutumée [2].

---

année. L'année suivante (1560) il y en eut encore quelques autres de moindre importance à Valladolid. Illescas, *loco cit.*

1. « Hará de hacer otro auto presto de algunos que quedan presos... esto castigo terná fuerza para que estos reynos tengan la limpieza que V. M. desea .. lo han hecho muy bien y trabajado grandemente como convenia al servicio de Dios nuestro Señor y al de V. M. » Lettre d'Osorio à Philippe II, mai 1559. Arch. Sim. Est., leg. 137.

2 « ... El dia de Corpus Christi fueron SS. AA. à la iglesia mayor y acompañaron el santisimo sacramento toda la procesion, y el domingo de la otava hicieron el mismo oficio à San Pablo, donde se hizo una solene procesion, y hubó un solene sermon, y à todo se hallaron SS. AA. con la devocion y amor que suelen. » Lettre d'Osorio, *ibid.*

CHAPITRE II

RETOUR DE PHILIPPE II. — SON MARIAGE. — ISABELLE DE VALOIS
LE SERMENT DE TOLÈDE

Nous sommes arrivés à l'année 1559. Philippe II, veuf une seconde fois après la mort de Marie Tudor, songeait à regagner l'Espagne qu'il n'avait pas revue depuis qu'il était roi. Le pays que l'absence prolongée de Charles-Quint avait livré à l'inertie et au despotisme des administrations subalternes désirait vivement le retour du souverain dont toutes les prédilections et tous les sentiments étaient Espagnols. Les préparatifs du départ se poursuivirent pendant les mois de juillet et d'août. Le 22 août, après avoir réglé les affaires des Flandres et pris congé des États généraux, le Roi était à Flessingue, sur le point de s'embarquer, et il écrivait cette nouvelle à son oncle l'empereur Ferdinand [1] dans ces termes vagues

---

[1]. Ferdinand, empereur d'Allemagne, frère puiné de Charles-Quint, proclamé empereur après l'abdication de son frère en 1556, mourut en 1564.

familiers à sa correspondance : « Ma présence, lui disait-il, est nécessaire en Espagne. D'abord, il y a bien des années que j'en suis éloigné, et la mort de l'empereur est survenue dans cet intervalle [1] ; puis il s'est présenté bien des affaires qui me réclament. Dans le but d'accomplir ces devoirs pressants et de porter à diverses choses le remède qu'elles exigent, j'ai cru devoir ne pas différer davantage mon retour [2]. » Le 6 septembre, il débarquait à Laredo, dans le golfe de Gascogne ; et peu de jours après, le 14, il arrivait à Valladolid. Il offrit à son fils, comme cadeau de bienvenue, le collier de la Toison d'or [3], qui lui avait été conféré en 1556, et pour témoigner à l'inquisition ses sentiments de royale bienveillance, donna ordre de hâter, en sa faveur, l'auto-da-fé qu'elle avait annoncé. Cette nouvelle exécution eut lieu le 8 octobre, en présence d'une foule immense et avec la plus grande solennité, sur la même place où avait eu lieu celle du 21 mai [4]. Les

---

1. Il était mort le 21 septembre 1558.
2. « ..... En sustancia es haber muy gran necesidad de mi presencia en aquellos reynos, así por haber tantos años que yo estoy ausente dellos, como por haber sucedido en este tiempo la muerte del Emperador.... y por otros negocios muy importantes y forzosos que se ofrecen, de manera que por cumplir con lo que soy obligado y acudir á proveer y remediar muchas cosas que lo han menester, me ha parecido no dilatarlo mas. » (Extrait de la correspondance entre Ferdinand et Philippe II, qui se trouve dans la bibliothèque du duc d'Osuña). Doc. inéd., II.
3. Il en existe un reçu avec la signature autographe du prince à Simancas (*Contadurias generales*, primera época, 1051).
4. « Detuvo algunos dias en Valladolid... mandó que se hiciese en su presencia otro auto publico de la inquisicion para castigo de los presos que quedaron en la cárcel. Hizóse en el mismo lugar á 8 dias del mes de otubre. » Illescas, *Hist. pontif.*, déjà citée.

principales victimes, cette fois, furent le fameux Carlos de Sesa, un frère de Caçalla et un domestique de cet hérésiarque, nommé Juan Sanchez. Tous moururent sans se rétracter, avec un indomptable courage [1].

Ce devoir accompli, Philippe II reprit la direction des affaires politiques de la Péninsule, et en même temps songea à tout préparer en Espagne pour la célébration définitive de son mariage. Il faut ici reprendre les événements de plus haut.

Philippe revenait des Flandres triomphant : ses lieutenants, vainqueurs à Saint-Quentin et à Gravelines (1557 et 1558), avaient brillamment inauguré son règne, et sa diplomatie lui avait ménagé le traité de Cateau-Cambrésis. A la suite de ce traité, et comme gage du nouvel accord des maisons de France et d'Autriche, les deux puissances contractantes avaient fiancé Isabelle, fille de Henri II, au jeune don Carlos. Au moment où l'on commençait à négocier cette union, Philippe espérait épouser Élisabeth d'Angleterre. Mais celle-ci, jalouse de son autorité, redoutait de se donner un maître. D'ailleurs, l'exemple de sa sœur Marie lui avait fait comprendre clairement quel était, sur cette question, le sentiment de l'Angleterre : elle avait vu avec quelle répugnance le peuple et même la cour avaient accepté l'immixtion d'un prince espagnol dans le gou-

---

[1] « ..... Dexáronse quemar vivos con estraña pertinacia don Cárlos de Sesa y Juan Sanchez, criado que avia sido de Caçalla... muriö aqui tambien otro hermano del mismo doctor. » Illescas, *Hist. pontif.*, déjà citée.

vernement de l'État et jusqu'à sa présence à Londres [1]; le souvenir des troubles suscités par la prédominance des opinions politiques et religieuses représentées par Philippe II était présent à son esprit. Décidée à suivre, sans contrôle, une ligne de conduite diamétralement contraire à celle que Marie Tudor avait adoptée, elle ne pouvait envisager soit une lutte de tous les jours contre un époux impérieux dont elle eût obstinément froissé les idées et dédaigné les conseils, soit une intervention volontairement acceptée ou péniblement subie. Mais telle était alors la grandeur de la maison d'Autriche, que la fière Élisabeth n'osait pas refuser ouvertement le fils de Charles-Quint. Repousser brusquement les prétentions du roi d'Espagne, c'était s'exposer à un ressentiment dangereux. Elle n'était pas alors si solidement affermie, si parfaitement assurée du succès de l'œuvre religieuse qu'avec l'aide du parlement elle voulait entreprendre, qu'elle ne tînt à ménager un si puissant adversaire. Elle prit le parti de traîner en longueur, et cependant le parlement adoptait les mesures qui préparaient le rétablissement définitif de la religion réformée. Élisabeth, se sentant plus forte, et comprenant de plus en plus qu'elle pouvait compter sur l'appui de son peuple, montra bientôt au roi d'Espagne une froideur significative, et lui laissa pressentir une réponse qu'elle

---

1. « ..... Siccome fu con alterazione grande degli animi populari d'Inghilterra come quelli che in generale si trovavano mal'affetti verso la buona religione. » Campana, II⁰ p., lib. VI, p. 106. — Voy. aussi Prescott, I, 11.

jugea inutile d'exprimer en termes précis. Il était clair dès lors que Philippe renoncerait à sa main et se hâterait même de prendre les devants : c'est ce qu'il fit avec une insouciance calculée, dont l'amour-propre d'Élisabeth n'avait pas à souffrir. Toute l'Europe savait que le roi d'Espagne lui avait offert sa main, et elle craignait peu que l'opinion publique prît le change. C'est pourquoi, par un raffinement d'habileté, elle simula devant le duc de Féria, ambassadeur d'Espagne, à la nouvelle prévue de la résolution de Philippe II, une colère dont elle savait bien que personne ne serait dupe. De la sorte, le roi d'Espagne se trouvait refusé sans pouvoir se plaindre, et bien plus, Élisabeth, gardant l'avantage jusqu'au dernier acte de cette comédie, forçait le duc de Féria d'excuser son maître d'une décision qu'elle-même avait provoquée [1].

Philippe, n'espérant plus rien du côté de l'Angleterre, résolut d'épouser cette même princesse Isabelle de France, destinée d'abord à don Carlos. Le mariage fut décidé au commencement de 1559, et le duc d'Albe fut envoyé à Paris avec mission d'épouser par procuration, au nom du roi d'Espagne, la fille de Henri II. La cérémonie eut lieu, le 24 juin, à Notre-Dame, et la jeune reine demeura en France plusieurs mois encore, sans avoir même vu son époux. Celui-ci était alors dans les Pays-Bas, et ne devait recevoir sa femme qu'en Espagne. Du moins eut-il soin de

[1]. Voy. pour tous les détails de cette négociation les lettres du duc de Féria et de Philippe II, dans les *Memorias de la real academia*, VII, p. 260 et suiv.

tout disposer pour qu'elle y arrivât peu de temps après lui. Le 3 août, il écrivait de Gand au cardinal archevêque de Burgos, don Fr. de Mendoça, et l'avertissait de se tenir prêt à partir pour aller prochainement à la frontière au-devant d'Isabelle : « J'ai résolu, dit-il, que la reine vienne bientôt dans mes royaumes ; et, désirant qu'elle y entre accompagnée comme il est convenable, c'est vous que j'ai choisi pour aller à sa rencontre [1]. » Le duc de l'Infantado fut également désigné pour cette mission [2], et parmi les dames de la cour, ce fut la comtesse de Urueña qui fut appelée à l'insigne honneur de présenter la première, à l'entrée du territoire espagnol, son hommage à la jeune souveraine [3].

Isabelle arriva à Bayonne vers la fin de novembre 1559. Le roi François II et Catherine de Médicis l'avaient conduite jusqu'à Poitiers : à partir de cette ville, elle fut escortée par le roi de Navarre, le cardinal de Bourbon, le prince de la Roche-sur-Yon et Marguerite de la Marck, comtesse d'Aremberg [4] ; elle fut

---

1. « ... He determinado que vaya á estos reynos con brevedad, y para que entre en ellos con el acompañamiento que es razon, os he querido elegir para este efecto. » Lettre de Philippe II à l'archevêque de Burgos. Gand, 3 août 1559. Mss. de l'Escurial. Doc. inéd.

2. « El señor duque del Infantado creo que tendrá V. S. por compañero. » Lettre de Ruy Gomez à l'archevêque de Burgos. 15 août 1559, Valladolid. Même Ms.

3. « ... En Pamplona donde tambien se juntará el duque del Infantado y la condesa de Urueña. » Lettre de Philippe II à l'archevêque de Burgos. 19 octobre, Aranjuez. Même Ms.

4. *Mémoires de Marguerite de Valois*, p. 152. « ... La comtesse d'Aremberg, qui est celle qui avoit eu l'honneur de conduire ma sœur aisnée au roy d'Espaigne son mary. »

reçue à Roncevaux par les envoyés de Philippe II, qui l'amenèrent à Guadalajara, où s'était rendu le roi d'Espagne. Le 31 janvier 1560, les noces eurent lieu dans le palais du duc de l'Infantado [1]. Don Carlos fut l'un des témoins de son père à cette cérémonie, bien qu'il fût tourmenté par un accès de fièvre [2], et l'archevêque de Burgos célébra le mariage [3]. S'il faut en croire les chroniqueurs, Isabelle, à sa première entrevue avec Philippe II, le considéra longuement avec attention, et le roi, choqué de l'insistance de ce regard, lui dit d'une voix sévère : « Que regardez-vous ? si j'ai des cheveux blancs [4] ? » Quoi qu'il en soit de cette anecdote, du moins n'est-elle pas invraisemblable. Isabelle n'avait que quinze ans; le roi en avait trente-trois; la distance d'âge était assez grande pour que Philippe ait craint une réflexion défavorable, et mal interprété ce qui était seulement peut-être la naïve curiosité d'une jeune femme. Quant aux écrivains qui s'amusent à nous représenter l'émotion mutuelle de don Carlos et de la reine en cette journée solennelle et la passion

1. « En Guadalajara, en 31 dias de el mes de enero de 1560, en las casas de el duque de el Infantado. » Salazar de Mendoça, *Dignidades seglares*, IV, 163. — « Al principio del año de 1560, celebró en Guadalajara sus bodas con madama Isabel de Valois. » Colmenares, *Hist. de Segovia*, déjà citée. — La reine était en Espagne depuis un mois, mais le mariage avait été retardé à cause de la mort de François II, arrivée le 5 décembre 1559.
2. «... Siendo el príncipe don Cárlos uno de los padrinos en la boda, nonobstante estar afligido por unas calenturas interpoladas. » Villalobos, *Problemáticos, etc.*, Zamora, 1643.
3. «... Y el ministro don Francisco de Mendoça, cardenal obispo de Burgos. » Salazar de Mendoça, *loco cit.*
4. Brantôme, *Mémoires* déjà cités. — « Que mirais ? si tengo canas ? » Mss. Bibl. Imp., 2632. *Papeles varios.*

subite qu'ils ressentirent l'un pour l'autre, ils ont oublié sans doute d'abord de fournir les preuves d'un tel récit, ensuite l'âge du prince, qui n'avait guère plus de quatorze ans, et qui, malade, disgracié de la nature, encore enfant au physique et au moral, ne pouvait évidemment ni ressentir de l'amour ni en inspirer. Ces légèretés, qu'il faut laisser aux romanciers et aux poètes, sont au-dessous de la discussion [1].

Notre récit serait plus intéressant peut-être s'il nous était permis de le parer de ces détails attrayants,

---

[1]. « La regina istessa parve non so come sorpresa da un sentimento di malinconica passione alla presenza d'un giovine principe, *molto ben fatto.* » Leti, *Hist. di Philippo II*, I, 345. Plusieurs historiens ont été frappés de l'invraisemblance de ces détails, et ont soutenu que la reine ne pouvait avoir pris d'amour pour un prince fiévreux. Ce n'est pas assurément ainsi qu'elle doit être défendue, et un écrivain espagnol récent, M. A. de Castro, dit, non sans raison, qu'il faudrait d'abord établir qu'il soit impossible d'avoir de l'amour pour un homme fiévreux. Je n'ai pas à discuter ici cette question physiologique : je me borne à déclarer : 1° que dans aucun écrivain du temps, dans aucun imprimé, dans aucun manuscrit, je ne rencontre cette accusation, inventée beaucoup plus tard pour l'agrément des lecteurs par des écrivains romanesques ; 2° qu'une accusation de cette importance ne peut être admise sans preuves ; 3° que le caractère bien connu d'Isabelle proteste contre le sentiment incestueux qu'il a plu à des romanciers d'imaginer ; 4° que la figure même de don Carlos, qui n'était rien moins que séduisante, ne prête guère à cette fiction ; 5° que Leti, prétendant que le prince était très bien fait, *molto ben fatto*, nous révèle par ces paroles sa complète ignorance de la question et de ses détails ; 6° que si l'on peut avoir vu des exemples d'amour inspiré par un homme fiévreux, je ne crois pas qu'on ait vu d'amour inspiré par un enfant de quatorze ans, malingre, chétif, très laid et contrefait ; 7° que je n'aurais pas même rapporté ces suppositions puériles, indignes de cette étude, si un drame célèbre de Schiller ne les avait popularisées. Ajoutons que l'infant était d'une constitution si faible qu'à trois ans de là, en 1563, il ne paraissait pas être encore un homme formé. Une dépêche du secrétaire de Philippe II (Arch. de Sim., leg. 651), une autre de l'ambassadeur de France (juillet 1566) ne laissent sur ce point aucun doute. Je les citerai toutes deux en leur lieu.

mais la passion réciproque de la jeune reine et du prince n'est évidemment qu'une fable. Pas un document sérieux et contemporain ne la suppose même ; le caractère de la princesse, l'âge du prince, son extérieur, ses dispositions intellectuelles et morales la démentiraient s'il était nécessaire. Isabelle de Valois ne fut mêlée que secondairement aux aventures de don Carlos : on ne la rencontre que de loin en loin dans les documents relatifs à cette histoire. Douce, délicate, timide, asservie à une étiquette qui réprimait toute initiative, elle a passé rapidement dans ce sombre palais de Madrid, sans laisser aucune autre trace que le souvenir vite effacé de ses grâces et de ses vertus. Elle a sa poésie, sans qu'il soit nécessaire de lui rien prêter du prestige qui s'attache aux passions ardentes et persécutées : elle a le charme des femmes qui sont mortes jeunes après une vie morose, des mères que leurs enfants n'ont pas connues, des reines qui ont accueilli les grandeurs humaines et la mort avec le même sourire mélancolique et résigné. Elle fut, durant sa courte vie, l'objet de cette affection respectueuse et profonde dont l'âme des peuples est avare et que la flatterie n'imite pas : elle obtint le même sentiment d'une cour fascinée par son affable douceur plus encore que par sa beauté. Il n'y a qu'une voix dans les historiens du temps pour rendre hommage à cette majesté modeste qui inspirait tout ensemble la sympathie et le respect. Assujettie à une obéissance souvent pénible, elle accomplit ses devoirs sans un murmure ; accoutumée aux brillantes fêtes de la cour des Valois, au riant aspect de cette vie « plaisante » si chère aux souvenirs de Marie Stuart, elle sut, sans montrer de regret, et cela dès l'extrême jeunesse, se faire à la grave discipline du palais de Philippe II. Elle ne désira point connaître les secrets de l'État, comme l'espérait Catherine de Médicis [1], ni s'immiscer dans les questions politiques, et connut seulement l'art aimable de représenter entre les deux cours la paix et l'union. Elle suivit fidèlement cette ligne de conduite, que peu de temps après son arrivée à Madrid elle s'était tracée avec une maturité au-dessus de son âge, et ne cessa point d'user de son influence à l'Escurial et au Louvre pour calmer les ambitions et les colères. Elle ne sortait de l'ombre où s'écoulait son existence illustre et oubliée que pour prononcer des paroles pacifiques, et si elle se départait quelquefois de cette fierté inaccessible que lui imposait la jalouse susceptibilité des mœurs espagnoles, c'était pour donner avec un sourire, ce « sourire accoutumé, » dit un témoin oculaire [2], quelque marque de bienveillance dont son attitude aug-

[1]. Voyez dans les dépêches manuscrites de Forquevaulx, ambassadeur de France (Mss Bibl. Imp., 225), les lettres inédites de Catherine de Médicis. Ces lettres et les dépêches de l'ambassadeur du 3 novembre 1565 font pleinement connaître le désir de la reine mère. Elle espérait être bien instruite par sa fille des projets de la cour d'Espagne. La jeune reine montra tout ensemble beaucoup de loyauté et d'esprit. Elle répondit à ces insinuations en termes respectueux, mais évasifs, qui, sans blesser sa mère, n'engageaient la reine d'Espagne à aucune démarche dangereuse pour le roi son mari.

[2]. « Sa Majesté avoit la parole bonne et le sourire accoustumé. » Dépêches manuscrites de Forquevaulx, 15 août 1566.

mentait le prix [1]. C'est ainsi qu'elle fut chère à tous ceux qui l'ont connue : Don Carlos vit en elle une amie compatissante qui s'était attachée à lui précisément à cause de ses infirmités et de sa faiblesse, et dont la sensibilité féminine, émue en sa présence d'une pitié affectueuse, avait un accent plus pénétrant que celui des hommes les plus doux, et trouvait en soi-même le secret d'une exquise délicatesse. Lui qui avait toujours ignoré l'amour d'une mère, il fut séduit par la bonté d'une femme qui unissait en elle à ses yeux la majesté et le rang d'une mère avec l'âge et la grâce d'une sœur, Il lui voua un de ces sentiments étranges que les situations exceptionnelles font naître dans le cœur de l'homme, sentiment à la fois filial et fraternel, austère et attendri, auquel venait se joindre cette gratitude infinie des êtres débiles pour ceux qui s'intéressent à leurs douleurs. L'ambassadeur de France ne s'y était point

---

[1]. Dans les premiers jours de son mariage, Isabelle n'était point formée encore à cette parfaite réserve en politique, qu'elle connut si bien plus tard, et que les correspondances diplomatiques font ressortir. J'ai retrouvé dans les papiers de l'évêque de Limoges, ambassadeur en Espagne en 1560, une lettre autographe de la jeune souveraine. Je la donne telle qu'elle est, et sans rien changer à sa bizarre orthographe. On y verra que, à peine séparée de sa famille (c'était dans l'année qui suivit son mariage), elle n'avait pas encore compris la discrétion nécessaire à sa dignité de reine espagnole. Elle envoie à son frère une lettre secrète : « Monsieur l'ambassadeur, j'escris deux let à la royne et une au roy mon frère ; celle que je vous envoy avec le memoyre, vous l'envoires comme vous soules : l'autre, vous la poures bailler à Marc-Antoyne : celle du roy mon frère, anvoires aussi secretement à la royne afin que personne ne la voye. Vous poures voir par le memoyre comme je n'en ay iamais faict, car je croy qui va le plus sotement faict du monde. **Mandes moy commant vous portes et bonsoir.** »

mépris : il exposait à Catherine de Médicis la sympathie réciproque de don Carlos et de la reine avec une parfaite assurance [1] : ce n'était un mystère pour personne ; toute la cour la connaissait comme lui ; le prince ne craignait point de faire à sa belle-mère de petits présents qui exprimaient sa reconnaissance et dont elle se parait avec joie [2], et personne n'avait supposé qu'il y eût entre eux d'autre sentiment qu'une de ces affections pures entre toutes, honorées des hommes et bénies par Dieu.

Je reviens à mon récit. Le mariage avait eu lieu le 31 janvier. Philippe ne voulut pas tarder davantage à faire reconnaître, conformément à la coutume espagnole, dans une imposante cérémonie, don Carlos pour héritier de la couronne de Castille [3]. Ce fait prouve clairement qu'à cette époque, soit que l'amour paternel l'eût aveuglé, soit plutôt qu'il n'eût été qu'imparfaitement éclairé sur les véritables dispositions de son fils, Philippe II était loin de supposer don Carlos incapable de régner. La cour se rendit de Guadalajara à Tolède, où les cortès de Castille étaient assemblées depuis le 9 décembre précédent, ayant été ouvertes ce même jour par le Roi accompagné du Prince d'Espagne. Le chapitre royal de cette ville fut prévenu que cette cérémonie tout ensemble politique et religieuse, où devait se déployer un faste

---

[1]. « Vu qu'aussi le prince l'aime merveilleusement. » Dépêches mss. de Forquevaulx, 19 janvier 1568.
[2]. « Una sortija de un rubí que S. A. mandó dar à la reina nuestra señora. » Arch. de Sim., Contad gener. 1ª ép., leg. 11, 10.
[3]. Colmenares, *loco cit.* — Ferreras, *Hist. de España*, IX, 415. Cabrera de Cordova, *Felipe Segundo*, V, VII.

jusqu'alors inconnu en Espagne [1], aurait lieu le jeudi 22 février 1560, fête de la Chaire de Saint-Pierre, dans la cathédrale. Le prince avait alors quatorze ans et sept mois.

On prépara donc cet acte solennel, bien que la jeune reine, malade de la petite vérole, qui l'avait surprise peu de jours après son mariage, ne dût pas y assister [2]. Les prélats, les grands, les gentilshommes, les *ricos hombres*, les gouverneurs de villes et de provinces, les députés aux cortès furent officiellement convoqués. L'église et le chœur, par les soins du chapitre métropolitain, furent ornés avec une splendeur digne des hôtes illustres qu'ils allaient recevoir [3]. Le cortège royal quitta le palais, précédé de nombreux gardes et maîtres de cérémonies. Le prince de Parme Alexandre Farnèse, l'amirante de Castille, les grands, s'avançaient les premiers, magnifiquement vêtus, couverts de broderies, de joyaux et de colliers : même les housses de leurs chevaux étaient brodées de pierres précieuses. Don Carlos, comme tous les enfants, aimait l'éclat de ces pompes [4]. Il venait à la suite de ces illustres personna-

---

1. « Con la mayor solenidad que jamas vió España. » Lorenzo Van den Hammen, *Felipe el Prudente*, 162.

2. Lafuente, *Hist. de España*, déjà citée.

3. Y porque su juramento fuese solenizado con la autoridad de la santa madre Iglesia ordenó al real cabildo de la de Toledo se previniese para la celebracion en el dia 22 de Hebrero, jueves, fiesta de la catedra de San Pedro, en el catorceno año de la edad del príncipe, siete meses y trece dias. El cabildo previno su capilla mayor con tanta grandeza, riqueza, autoridad, etc. » Cabrera, V, vii, 246.

4. « Delante iba el príncipe de Parma, el almirante de Castilla, los condes y otros muchos títulos con ornamento tan rico y luzido.... Contentando el príncipe que gustaba mucho dello. » Cabrera, *ibid*.

ges, sur un cheval blanc harnaché d'or et couvert
d'une housse resplendissante; son vêtement, d'une
élégante richesse, était orné de boutons de perles et
de diamants; mais lui-même, le héros de cette fête,
était pâle et paraissait comme épuisé par la fièvre
qui depuis longtemps ne l'avait pas quitté [1]. A sa
gauche se tenait le jeune don Juan d'Autriche, dont
le grand air et la grâce attiraient tous les yeux. Son
habit de velours cramoisi était brodé de ces filets
d'or et d'argent que les Espagnols nomment *cañutillo*. La princesse Jeanne les suivait dans une litière:
elle était vêtu de noir, n'ayant pas encore quitté le
deuil de l'infant de Portugal, son époux; sa coiffure
et ses mains étaient ornées de perles et de pierre-
ries, et jamais les dames de sa suite n'avaient déployé de plus merveilleuses parures. Enfin, précédé
de quatre rois d'armes, de quatre arbalétriers et
massiers, paraissait Philippe II à cheval; son vêtement, d'un jaune sombre, était couvert de broderies
gris de fer et jaunes : une large fourrure de martre
et des boutons de diamants ornaient son manteau de
velours noir. Auprès de lui, le comte d'Oropeza
portait l'épée nue [2]. Les gardes fermaient le cortège.

1. « Con mal color de quartanario. » Cabrera, *ibid.*
2. « A su siniestra le acompañaba don Juan d'Austria, con ropon
y vestido de terciopelo carmesí bordado de cañutillo de oro y plata,
airoso y luzido... la princesa de Portugal vino en litera, vestida de
negro con alguna guarnicion de piedras y perlas en el tocado y
manos, y las damas nunca salieron tan costosamente vestidas y
preciosamente enjoyadas... El rey con ropon de terciopelo negro
forzado en martas y con muchos botones de diamante y el vestido
amarillo bordado con cordonzillos pardos y amarillos, venia á cavallo precediéndole los cuatros reyes de armas y cuatro ballesteros

L'archevêque de Tolède, Carranza, ayant été depuis plusieurs mois arrêté et emprisonné par l'Inquisition, ce fut Don Francisco de Mendoça, cardinal archevêque de Burgos, qui dit la messe. Il fut reçu à l'autel par les archevêques de Séville et de Grenade, les évêques d'Avila et de Pampelune, revêtus de leurs habits pontificaux. La cérémonie fut imposante : la musique de la chapelle royale et de la cathédrale retentit durant tout l'office. Lorsqu'il fut terminé, au milieu d'un grand silence, un des rois d'armes dit à haute voix : « Que ceux qui doivent prêter serment à Son Altesse prennent leurs places, » et le comte d'Oropeza avertit la princesse Jeanne qu'elle devait, la première, jurer fidélité au prince d'Espagne [1]. Le licencié Menchaca, oydor de la chambre du roi, lut la formule du serment. La princesse se leva, puis, accompagnée du roi et de l'infant, elle s'avança vers le cardinal, s'agenouilla, et, posant la main sur le crucifix et sur l'Évangile, jura d'obéir à don Carlos et de le tenir pour légitime héritier du trône ; elle voulut ensuite baiser la main du prince. Mais celui-ci, sans y consentir, la releva, l'embrassa

---

y maceros y el conde de Oropeza, mas cercano á S. M. con el estoque al ombro descubierto. » Cabrera, *ibid.*

[1]. « El cardenal don F. de Mendoza, que havia de decir la misa, en altar halló los arzobispos de Sevilla y Granada, y los obispos de Avila y Pamplona, vestidos de pontifical... celebrada la misa con la solenidad de música y instrumentos y voces de la capilla real y iglesia, dixo el rey de armas en alta voz : Los que han de jurar á S. A. vayan á sus asientos... El conde de Oropeza dixo á la princesa avia de ser la primera en jurar á S. A. » Cabrera *ibid.* — « La principessa donna Giovanna, che fu la prima a giurarlo e conoscerlo per legitimo successor del padre. » *Compendio de la vita di Filippo II.* Mss Bibl. Imp., 10232. — Ferreras, IX, 415.

et la reconduisit à la place qu'elle venait de quitter.
Menchaca, élevant de nouveau la voix, appela au serment « l'illustrissime don Juan d'Autriche, fils naturel
de l'Empereur, roi d'Espagne. » Don Carlos ne se
laissa baiser la main par son jeune oncle, devenu son
ami, qu'après une gracieuse résistance. Les prélats,
les grands, les députés des États vinrent tour à tour
selon leur rang [1]. Le duc d'Albe, qui avait dirigé
toute la cérémonie, étant grand maître de la maison
du roi, se présenta le dernier au serment; mais, soit
oubli, soit orgueil, il ne s'avança point pour baiser
la main du prince [2]. Cette infraction aux règles de
l'étiquette blessa vivement don Carlos, qui lui jeta
un regard indigné. Le duc comprit sa faute et fit
immédiatement ses excuses, mais l'infant les reçut
avec hauteur, et, dépassant le but, répondit avec
une telle insolence que le roi, dit-on, dut intervenir
et commanda au prince de donner satisfaction au
duc d'Albe. Don Carlos vit qu'il fallait céder, et,
dissimulant sa rancune, embrassa le vieux général [3].
Don Juan d'Autriche, après cet incident, se leva,
et lut à son neveu la formule du serment des rois.
Don Carlos jura de garder les lois et fueros des
royaumes espagnols, de les maintenir en paix, de

---

[1]. « ... Fué a besarle la mano, y él la embraçó y no se la quiso
dar... illustrissimo don Juan de Austria, hijo natural del Emperador
rey de España... Luego juraron los prelados y el príncipe no les
quiso dar la mano. » Cabrera, *ibid.* — Ferreras, *ibid.*

[2]. « El duque de Alva que avia gobernado el acto fué el postrero
en jurar y olvidado de ir a besar la mano. » Cabrera, *ibid.*

[3]. « Le miró con enfado... fué y dió su disculpa... y le abraçó
S. A. » Cabrera, *loco cit.* — Lafuente, *loco cit.*

rendre à ses sujets bonne et exacte justice, de défendre de sa personne et de toutes ses forces la foi catholique dans ses États [1].

Ainsi se termina cette cérémonie, qui fut, pour ainsi dire, le point culminant de la vie de don Carlos. Mais la fortune sembla ne lui avoir accordé cette belle journée que pour rendre plus sensibles les malheurs qui devaient la suivre, et ne l'avoir tant élevé que pour le précipiter de plus haut. La santé de la reine étant devenue meilleure, les fêtes du mariage, interrompues par sa maladie, furent continuées avec splendeur, et tandis que les souverains embellissent d'ordinaire leurs jours de joie par l'exercice de la clémence, ce fut par un auto-da-fé que, le dimanche 25 février, se termina le programme des plaisirs offerts au peuple et à la cour [2].

---

[1]. « Don Juan de Austria leyó el juramento al príncipe su sobrino de guardar los fueros y leyes destos reynos, mantenerlos en paz y justicia, defender la fé católica con su persona y hacienda y con todas sus fuerzas. » Cabrera, *loco cit.*

[2]. « Mejorada la salud de la reyna, continuaron las fiestas que se habian suspendido... y no faltó el spectáculo de un auto de fé que se celebró el domingo de carnestolendas. » Lafuente, VIII, 80.

CHAPITRE III

SÉJOUR DE DON CARLOS A ALCALA. — SA CHUTE ET SA MALADIE.
SON RETOUR A MADRID.

Philippe II, après avoir ainsi consacré les droits de son fils, paraît s'être appliqué à le rendre digne du fardeau qui lui devait être un jour confié, et, pour y parvenir, cédant aux inspirations de sa nature chagrine et sévère, il l'assujettit à une rude discipline [1]. De là, ce qui devait s'aggraver de jour en jour, mais se révéla dès l'origine, des rapports difficiles entre le père et le fils. Le roi, inquiet de cet état de choses, mais surtout de la fièvre qui ne cessait de tourmenter l'infant et l'empêchait de prendre part aux fêtes de la cour, songea dès lors à l'éloigner momentanément [2]. Il voulut l'envoyer dans une ville

---

1. « No podia el rey templar la inclinacion de don Cárlos, venciendo siempre á la disciplina la naturaleza entregada á libertad y desórdenes. » Cabrera, VII, 469. — Voy. aussi Watson, *Hist. of Phil. II*, II, 23.

2. La sollicitude de Philippe II est pleinement justifiée par ce témoignage de l'ambassadeur de France qui était alors l'évêque de

dont l'air fût plus salubre que celui de Madrid, où il avait fixé définitivement sa résidence, en juin 1561, et il écrivit aux corrégidors de Malaga, de Murcie et de Gibraltar pour savoir si la température de ces diverses villes pourrait dissiper la maladie de son fils. Voici la lettre, datée du 13 septembre 1561, qu'il envoya à Gibraltar : « Vous avez appris déjà combien est faible la santé du prince mon fils, et combien il y a de temps que la fièvre quarte lui dure. Il en est si débile et si fatigué, qu'il a paru bon aux médecins de le faire changer d'air; quelque ville de la côte paraîtrait convenable, car la douceur du climat pourrait le soulager et même le guérir. J'ai, comme père, le plus vif désir de le voir bien portant et délivré de cette maladie, et je veux l'envoyer en un pays où se joigne l'agrément du lieu à la pureté du ciel [1]. » Il ordonna donc au corrégidor de Gibraltar, don Cristoval de Eraso (probablement parent du secrétaire de ce nom), de faire faire une enquête médicale sur la température de cette ville. Il s'étend

---

Limoges. Le 5 septembre 1561 ce prélat écrivait à Charles IX : « Le pauvre prince est si affligé et exténué que s'il ne perd ce mal cet hiver, la plus saine et commune opinion des médecins est qu'il s'en va éthique et sans grande espérance de l'avenir. »

1. « Ya habeis entendido la poca salud que tiene el príncipe mi hijo y quanto tiempo ha que le dura la cuartana, lo cual le tiene tan flaco y fatigado que ha parecido á los médicos que debria mudar de aire, y que seria muy conveniente ir á alguna ciudad de la costa de la mar, porque con la templanza del aire podria ser que se le alivie y quite del todo, y porque yo tengo el deseo que debo como padre de verlo sano y libre del trabajo que le da esta enfermedad, y querria mucho acertar á enviarle á la parte donde no solo **ayudase para ello la templanza del cielo, pero tambien la comodidad del lugar.** » Arch. de Sim. Est., leg. 140.

avec complaisance sur les moindres détails; il veut
savoir avec certitude, et cela sous la foi du serment,
si l'air de Gibraltar est favorable aux fiévreux; si la
santé générale y est bonne, s'il y a jamais eu des
maladies contagieuses, et demande sur ces divers
points une relation exacte et circonstanciée [1]. Don
Cristoval se hâta de faire l'enquête : tous les témoins
appelés vantèrent la parfaite salubrité de la ville, et
surtout la propriété spéciale de l'air pour la guérison
de la fièvre quarte [2]. Le corrégidor envoya au roi,
dès le 21 du même mois, une longue note contenant
ces détails, et une lettre où il affirmait, d'après ses
observations personnelles, leur incontestable authenticité. Il déclara qu'on voyait à Gibraltar nombre de
gens très âgés; que la ville et ses alentours jouis-
saient d'une heureuse salubrité; qu'on n'y avait
jamais vu que des maladies communes et faciles à
guérir [3]. Son enquête et ses lettres n'en furent pas
moins inutiles : Philippe II préféra aux cités de la

---

[1]. « Os encargo y mando que hagais tomar informacion con juramento de los médicos de esta ciudad de la bondad y propiedad
della para curarse enfermos de cuartana, y de como ha y esta do
esta agora de salud, y si ha habido y hay enfermedades peligrosas ó
contagiosas en ella, y habida esta relacion de todo muy distinta y
particular, me la envieis. » Même lettre.

[2]. « Los testigos todos declaran la salubridad de aquella ciudad
y lo á propósito que es para curarse allí las cuartanas. » Note de
l'archiviste de Simancas dans les Doc. inéd., XXVI.

[3]. « En el tiempo que yo aquí he residido, siempre así lo he visto...
Y donde hay hombres viejos, es pueblo de mucha salud este, y su
término y en todo este obispado y así esta comarca con salud... no
se ha visto no tan solamente enfermedades contagiosas, ni rigurosas
sas ni de sospecha, pero de las comunes y fáciles de curar... Ha
estado y está muy sana. » **Lettre de don Cristoval de Eraso au roi.**
Arch. Sim. Est., leg. 140.

côte Alcala de Hénarés, près de Madrid. Cette ville, dont la situation est belle, l'air salubre, et dont l'université était alors célèbre, lui parut propre à recevoir un prince de seize ans, dont l'éducation n'était pas terminée encore, et qui pourrait, tout en soignant sa santé débile, compléter ses études dans une ville lettrée [1].

Don Juan d'Autriche, Alexandre Farnèse, des précepteurs, des médecins, une nombreuse suite de gentilshommes accompagnèrent l'infant, qui arriva dans les premiers jours de novembre. Nous n'avons aucun détail bien précis sur les premiers temps de leur séjour dans Alcala. « Don Carlos, dit seulement Strada, se montra partout le même [2]. » L'ambassadeur vénitien, Tiepolo, sur la foi de quelques bavardages de cour, raconte que le prince s'amusait fort d'un petit éléphant envoyé par le roi de Portugal, et prétend qu'il avala un jour par espièglerie une perle de 3000 écus. Ce serait aussi à cette époque, s'il faut en croire un érudit célèbre de ce temps-là, Juan Huarte, qu'aurait eu lieu entre l'infant et Hernan Suarez, son alcade de cour, une assez intéressante conversation sur la noblesse [3]. Je traduis ce dialogue, probablement apocryphe, à coup sûr arrangé par le savant Huarte, et qui, par suite, ne saurait prouver, comme le voudrait un écrivain récent [4], la

---

1. Strada, *loco cit.* — Ferreras, IX, 428, etc.
2. Strada, *loco cit.*
3. Juan Huarte de San Juan. *Exámen de ingénios para las ciencias.* Baeça, 1575, in-8°. (Cet ouvrage a été traduit en italien, en latin et en français dans le xvii⁰ siècle.)
4. A. de Castro, *Hist. de los protestantes españoles.* Cet ouvrage,

justesse d'esprit de don Carlos. Ce n'est pas un document, c'est un détail qu'on peut rappeler comme objet de curiosité, mais sous toutes réserves et sans en rien conclure.

LE PRINCE

Quel roi de mes ancêtres a anobli votre race?

LE DOCTEUR SUAREZ

Aucun. Votre Altesse doit savoir qu'il est deux catégories de nobles en Espagne. Les uns sont nobles par le sang et les autres par le privilège. Ceux qui sont nobles de sang, comme moi, n'ont pas reçu leur noblesse du roi; ceux qui le sont par le privilège la doivent, au contraire, à leur souverain.

LE PRINCE.

Il m'est difficile de comprendre cette distinction, et je vous serais obligé de me la proposer en termes clairs. Ma race royale, en commençant par moi et remontant à mon père, à mon grand-père et aux autres rois d'Espagne, selon leur ordre, vient aboutir à Pélage, qui n'était pas roi, mais fut élu après la mort de Rodrigue. Si nous étudiions de même votre race, n'arriverions-nous pas à trouver un de vos ancêtres qui n'ait pas été noble?

LE DOCTEUR.

Ceci ne se peut nier, puisque tout a eu un commencement.

que nous aurons à citer souvent et à discuter presque toujours, nous a fourni quelques documents précieux.

LE PRINCE.

Mais je vous le demande alors : de qui reçut sa noblesse celui qui fut la tige de votre race ? Il n'a pu se libérer lui-même de l'impôt que, jusqu'à lui, ses ancêtres avaient payé au roi ; c'eût été se mettre en rébellion ouverte contre le patrimoine royal. Il n'est pas vraisemblable que les nobles de sang aient une si criminelle origine : il est clair, au contraire, que ce fut le roi qui les libéra de l'impôt et leur octroya leur noblesse, sinon, dites-moi comment ils l'ont obtenue ?

LE DOCTEUR.

Votre Altesse a très bien conclu ; mais nous appelons nobles de sang ceux dont l'origine est inconnue.

Tel est le seul indice qui nous reste des dispositions de don Carlos pour le raisonnement. Je citerai plus loin ses lettres, qui ne le montrent point si prolixe. Quoi qu'il en soit, et bien que jusqu'à ce jour le prince eût été loin d'annoncer des dispositions brillantes, beaucoup d'écrivains l'accablèrent de louanges. Déjà, en 1558, Juan Martin Cordero, dans son livre de *las Medallas*, annonçait que toutes les grandes qualités des empereurs Frédéric et Maximilien, de Philippe le Beau, de Charles-Quint et de Philippe II étaient réunies dans ce jeune prince, et qu'on pouvait présager, d'après des indices certains, qu'il leur serait bien supérieur encore [1]. Il écrivait

---

[1]. Detal manera que quanto Federique, emperador, y Maximiliano, y Philipo, su bisagüelo, y Carlos, su agüelo, y Philipo, su padre,

ces lignes en même temps qu'Onorato Juan envoyait au roi la sombre lettre que j'ai citée. A Alcala, les poètes ne furent pas plus véridiques : le génie espagnol, ami de l'emphase et de l'hyperbole, se donna pleine carrière. Je lis dans le manuscrit d'un poète contemporain cette invocation boursouflée :

« O prince! bien digne des royaumes que le ciel a placés sous ton illustre main, seigneur de la majeure part de la terre, soutien universel de l'humanité, égal à ton noble père, à ton glorieux aïeul, dernier terme de la valeur souveraine, honneur des contrées que le soleil parcourt, etc. [1] »

L'air d'Alcala paraît avoir agi sur l'état physique et moral de don Carlos; bien que le prince ait subi encore quelques accès de fièvre, une amélioration sensible se manifesta, et en mars 1562 il put assister à une fête royale au Pardo. Peut-être la vie calme que menait l'infant eût-elle modifié son caractère et son esprit, si un accident imprévu n'eût interrompu le cours de ses études et abrégé son séjour dans Alcala.

---

han hecho, todo parece que junto se halle en él, segun las señales que dello ha, y muestra que ha de hacer mucho mas. » Juan Cordero, *Promptuario de las medallas de todos los mas* **insignes** *varones*. Lyon, 1561, Ms. en 1558.

1. « Principe, digno bien de quanto el cielo
Puso debaxo de tu excelsa mano,
Señor de la mayor parte del suelo,
Reparo universal del sér umano,
Igual al claro padre, y alto agüelo,
Término del valor mas soberano,
Ilustre onor de quanto el sol rodea,
Y fin de todo el bien que se desea, » etc.
Poesias de Pedro Lainez. Mss. B. I. 8169, p. 84.

Le prince habitait d'ordinaire, paraît-il, le palais de l'archevêque [1]; mais, soit qu'il eût logé quelque temps au monastère des Franciscains, soit qu'il s'y fût rendu pour les offices, ce fut là que, le 19 avril 1562, il fit une chute qui mit sa vie en péril [2]. D'après le récit de l'évêque de Limoges, ambassadeur de France, il avait donné rendez-vous à la fille du concierge du monastère et descendait un petit escalier obscur « seul et à cachette », lorsque, sur le cinquième degré avant le sol, il fit un faux pas, tomba, et sa tête heurta une porte fermée avec une telle violence qu'il resta évanoui sur le coup [3]. On appela aussitôt son médecin ordinaire, Daza Chacon, qui a laissé de cet accident une relation manuscrite très détaillée [4]. Il examina la blessure en présence de

---

1. Ferreras, IX, 428.
2. Herrera, *Hist. general*, V, 143. « Recibió tan gran herida en la cabeça en el monasterio de San Francisco. » Strada, VII, 353. Colmenares, *loco cit.* Arch. Sim., leg. 651. Lafuente, XIII, *loco cit.* Lorenzo Van den Hammen, *Felipe el Prudente*, p. 162 et suivantes.
3. Lettre de l'Évêque de Limoges le 11 mai 1562.
4. Je suis pour ce récit les deux relations de Daza Chacon et d'Olivarès (elles sont identiques, sauf quelques variantes sans importance). Celle d'Olivarès se trouve dans les Documents inédits. Celle de Daza Chacon dans l'ouvrage posthume de Morejon, intitulé *Hist. bibliografica de la medicina española*. On a émis sur cette maladie bien des assertions erronées : les uns ont attribué la guérison du prince à André Vésale (Llorente, *Hist. de la Inquisicion*). Llorente est si bien informé, qu'il appelle Vésale Basili. La même opinion se trouve dans le Ms. faussement attribué à Perez. B. I., 2502. Vésale, dans ce Ms., est désigné sous le nom de Bresalle); les autres ont prétendu que don Carlos a été trépané, d'autres enfin ont attribué sa guérison à un miracle. Les relations de Chacon et d'Olivarès sont seules exactes, puisqu'elles furent faites d'après l'ordre du prince et pour lui être présentées. J'abrège, bien entendu, ces relations circonstanciées, où pas un remède n'est oublié.

don Garcie de Tolède, gouverneur du prince, de Luis Quijada, premier écuyer, et des docteurs Vaga et Olivarés, médecins de la chambre, et reconnut une plaie de la grandeur d'un pouce avec une contusion du péricrâne. La blessure fut pansée, mais le prince, revenu à lui, se plaignit de vives douleurs. Luis Quijada, très effrayé, craignant que pour ne pas faire souffrir davantage don Carlos les médecins ne le traitassent point selon les règles, dit à Chacon : « Ne soignez pas Son Altesse comme prince, mais comme simple particulier. » Les médecins répondirent qu'ils agissaient de la sorte. On saigna l'infant, et bientôt après cette saignée qui avait produit huit onces de sang, la fièvre, qui l'avait quitté depuis cinquante jours, reparut assez fortement. Don Garcie de Tolède alors, comprenant la gravité de l'accident, dépêcha au roi don Diego de Acuña, gentilhomme de la chambre du prince, pour lui donner avis de cet événement. et Philippe II ordonna aussitôt à son premier médecin, Juan Gutierez, et à son chirurgien, un Portugais nommé Pedro de Torres [1], de partir pour Alcala. Ces deux praticiens distingués arrivèrent le lendemain matin près de l'infant, que Chacon allait panser pour la seconde fois. Don Carlos avait grande confiance en Pedro de Torres, car il dit à Chacon, mais avec beaucoup de douceur : « Licencié, j'aimerais être pansé par le docteur por-

---

1. M. Gachard dédouble ce personnage : il a pris le nom de sa nationalité pour un nom propre et l'appelle le docteur « Portugués », puis il cite ailleurs Pedro de Torrès. Son récit de la maladie du prince est du reste incomplet et inexact en plusieurs points.

tugais; » et il ajouta : « N'en soyez pas offensé, » ce qui parut au médecin ordinaire une touchante marque de bonté, car il répondit aussitôt « qu'il en serait heureux, puisque c'était le désir de Son Altesse ». Pedro de Torres pansa donc la plaie en présence des mêmes personnages, puis on tira encore au prince huit onces de sang. Don Carlos n'en dîna pas moins avec des pruneaux, un peu de bouillon, une cuisse de poulet et un peu de marmelade. Le soir, on lui offrit le même repas, sauf le poulet, et ce fut là son ordinaire jusqu'au dixième jour. Mais à ce moment l'état du prince, qui paraissait meilleur, empira subitement. Don Carlos fut pris de frissons, perdit le sommeil, et la fièvre augmenta. Tous les médecins et chirurgiens se consultèrent, et déclarèrent qu'il y avait là soit une lésion intérieure, soit des matières enfermées sous le crâne et qui n'en pouvaient sortir. Daza Chacon demanda alors une consultation de son maître, le bachelier Torrès, savant distingué qu'on fit venir aussitôt de Valladolid. On leva la peau de la tête sans pouvoir rien distinguer, tant l'hémorrhagie fut abondante; et le prince était en grand péril quand, le 1er mai, le roi arriva dans Alcala, accompagné du célèbre André Vésale.

Il ne paraît pas qu'André Vésale ait beaucoup avancé la guérison du prince. Un violent érysipèle se déclara : toute la tête, la gorge, la poitrine, les bras se gonflèrent, et don Carlos perdit momentanément l'usage de ses yeux. L'inquiétude était à son comble, et ce fut alors qu'André Vésale et le chirurgien portugais, Pedro de Torres, soutenant que le mal était intérieur, proposèrent la redoutable opération du trépan. Les autres médecins s'y opposèrent de toutes leurs forces, mais en vain. L'opinion de Vésale et du chirurgien portugais l'emporta dans l'esprit du roi; l'état du prince, d'ailleurs, semblait si désespéré qu'on ne croyait plus avoir rien à risquer. Chacon céda, et le vingtième jour après la chute, Pedro de Torres commença l'opération, qui fut continuée par Chacon. Mais lorsque, après avoir traversé la table externe du crâne, il arriva à la partie poreuse, on en vit sortir de petites gouttes de sang de belle couleur : ce symptôme était clair : l'os ruginé était sain, l'opération fut arrêtée immédiatement.

Son état ne s'améliorait pas toutefois, et l'inquiétude du roi et de ses conseillers fut si vive qu'ils en vinrent à cette extrémité de prendre confiance en un charlatan. Alors, comme aujourd'hui, il y avait de ces empiriques qui ont la prétention de guérir tous les maux avec une panacée quelconque. Un certain Pinterete, More du royaume de Valence, s'était acquis une grande renommée par ses deux onguents blanc et noir. Daza Chacon, qui était une des célébrités de cette grande école médicale qui florissait en Espagne au seizième siècle, fit tous ses efforts pour détourner le roi de cette thérapeutique suspecte. Il soutenait d'abord qu'on ne connaissait pas la composition de ces onguents, et qu'on ne pouvait soumettre un si grand prince à un traitement inconnu ; il s'appuyait en outre sur ce principe qu'on ne doit pas user des mêmes remèdes pour tous les âges et tous les tempéraments. Ses discours, très sensés, furent inutiles : Philippe II et ceux qui l'entouraient connaissaient mieux la politique que la médecine, et le danger était si imminent d'ailleurs que leur trouble ne leur laissait pas la libre disposition de leur jugement. L'empirique fut appelé en dépit de Chacon; mais ses onguents parurent aggraver le mal. Il fut promptement chassé, et s'en alla à Madrid, dit malignement Chacon, soigner Hernando de Vaga, « qu'il envoya dans l'autre monde. »

Philippe II, ne comptant plus guère que sur le secours du ciel, avait demandé quelques jours auparavant les prières de l'Église. Le 2 mai, il avait écrit aux prieurs de Guadalupe, de Notre-Dame del Pilar de Saragosse, et aux abbés de Notre-Dame de Valvanera et de Monserrate, dans des termes qui témoignent à la fois de son amour paternel et de ses inquiétudes : « Bien que vous ayez sans doute appris, dit-il, le malheureux accident qui est arrivé au prince, mon fils, il y a douze jours, et la maladie qui en est la suite, j'ai voulu vous les faire savoir, désirant recourir à Dieu Notre-Seigneur comme il se doit, et comme nous avons accoutumé de le faire en toutes circonstances, et à l'intercession de sa Mère bénie, pour les supplier de rendre la santé à mon fils. Dans ce but, je vous charge de faire faire, au reçu de ma lettre, dans votre maison, des prières continuelles, les processions et autres actes de dévotion qui vous sembleront devoir être le plus agréables à Notre-Seigneur, les plaçant sous l'intercession de sa Mère bénie, afin qu'il lui plaise de le guérir et de nous le conserver comme il le peut, usant de sa grande miséricorde[1]. » En même temps que les religieux et le clergé séculier, les villes rivalisèrent de zèle et de prières. L'Espagne semble avoir été profondément émue à la nouvelle du danger que courait ce jeune prince, auquel, peu de temps auparavant, elle jurait fidélité comme au dernier héritier de ses rois.

Néanmoins, le samedi 9 mai, vingt et unième jour de la maladie, tous les symptômes annonçaient une mort prochaine. L'auteur de la relation avoue qu'il n'espérait plus qu'en la miséricorde de Dieu et la jeunesse du prince. Ce fut au milieu de cette émotion universelle qu'on eut recours à l'intervention miraculeuse de reliques célèbres dans Alcala. Don Carlos professait une vénération toute spéciale pour le bienheureux Diègue, de l'ordre des Frères mineurs, mort en odeur de sainteté cent ans auparavant. Le P. de Fresneda, évêque de Cuença et confesseur du roi, et le P. Mencio, de l'ordre de Saint-Dominique, imaginèrent une terrible cérémonie qui plut à la foi ardente et sombre de Philippe II. On exhuma le

---

1. « ... Aunque podria ser que hubiesedes entendido la desgracia que sucedió al príncipe mi hijo, todavia os lo he querido saber queriendo acudir al favor de Dios Nuestro Señor como se debe, y lo solemos hacer en todas nuestras cosas, y al medio y intercesion de su bendita Madre para suplicarles tengan por bien de dalle la salud que ha menester... y para esto os encargo mucho que en recibiendo esto, hagais hacer en esa casa continua oracion y las procesiones y otras devociones que os pareciere que podran ser mas gratas á Nuestro Señor por medio y intercesion de su bendita Madre para que tengan por bien de dar salud al príncipe y guardarnoslo como puede usando en ello de su gran misericordia. » Lettre du roi aux prieurs et abbés, etc. 2 mai 1562. Arch. Sim. Est., leg. 141.

corps du bienheureux Diègue, enseveli dans les caveaux du monastère; les moines apportèrent sur leurs épaules dans la chambre du prince ce cadavre enveloppé de son linceul, et qui, dit un historien plus pieux que véridique, était intact comme au lendemain de sa mort [1]. Faut-il croire ici ce que racontent plusieurs écrivains, que les moines, oubliant, à force de vénération pour les reliques, le simple respect dû aux morts, enlevèrent le linceul, le posèrent sur la tête du malade, puis placèrent le cadavre sur le lit et jusque sur le corps du prince [2]? Daza Chacon se borne à dire qu'on apporta les reliques aussi près que possible [3], et ce terme vague laisse le champ libre à toutes les suppositions. En même temps on recommandait au prince, abattu par la fièvre, de prier avec ferveur. Puis les moines, enveloppant de nouveau le corps du bienheureux Diègue, le portèrent dans l'église des Franciscains [4].

Ces étranges scènes se passaient dans l'après-midi. Vers le soir, don Carlos parut s'affaiblir de plus en

---

1. « De cien años tan entero como el cuerpo que está quando fué enterrado. » Herrera, *Hist. general*, V, 143. — Diego était mort à Alcala en 1463. *Calendario español*, dans la *España sagrada*. Doc. inéd., 11.

2. Ferreras, IX, 428 et suiv. — « Pusiéronle al enfermo en la cama. » Herrera, *loco cit.* — « Cuyas reliquias aplicaron al doliente. » Colmenares, *Hist. de Segovia*, XLII.

3. « Lleváronsele lo mas que fué posible. »

4. On lit dans la chronique des Franciscains que non seulement le corps de saint Diègue était admirablement conservé, mais encore, ce qui est bien plus merveilleux, qu'il exhalait la plus suave odeur : « Anzi spirar soavissimo odore. » *Cronica francescana*, citée par Leti.

plus, et le docteur Mena, médecin de la chambre royale, crut devoir avertir Philippe II de la mort prochaine de son fils. Le roi, perdant alors tout espoir, quitta Alcala dans la soirée entre dix et onze heures. L'obscurité était profonde; c'était une nuit orageuse et sinistre. Il alla s'enfermer dans le monastère de Saint-Jérôme, à Madrid, sa retraite accoutumée dans les heures de deuil.

Les médecins demeuraient à Alcala dans une inexprimable agitation. Le duc d'Albe, qui n'avait pas quitté le prince un instant durant ces derniers jours, veilla comme de coutume, tout habillé, cette nuit à son chevet. On saigna don Carlos aux narines, on lui mit des ventouses, et enfin on obtint un sommeil de cinq heures. Durant cette nuit, le malade, dont l'imagination avait été sans doute extraordinairement surexcitée par la scène des reliques, crut voir le bienheureux Diègue dans son sommeil. Le saint portait, raconta depuis le prince à son médecin, son habit de franciscain, et à la main une croix de roseau dont les deux branches étaient attachées avec un ruban vert. Don Carlos, croyant voir saint François lui-même, aurait dit à l'apparition: « Pourquoi n'as-tu pas tes stigmates? » Il ne se rappelait pas les termes exprès de la réponse, mais se souvenait seulement que le saint, après avoir prononcé quelques paroles de consolation, lui avait promis une guérison prochaine [1]. Il n'est pas étonnant

---

[1]. Voy. Fr. de la Peña. *Vida de San Diego*, II. Ferreras, IX, **428**, et la relation de Chacon.

(absraction faite de toute intervention miraculeuse dans cette mystérieuse aventure que chacun peut apprécier à son gré) que les hallucinations de la fièvre aient pris cette forme, et que de toutes ces impressions religieuses et sombres, son esprit malade et superstitieux ait composé une fantastique vision. Le savant médecin qui raconte ces détails ne paraît pas très persuadé qu'il y ait eu miracle dans les améliorations subséquentes. Je trouve dans son récit manuscrit (bibl. de Madrid) cette phrase omise dans l'imprimé : « Le vulgaire a cru que le salut du prince fut miraculeux; mais, bien que par les mérites du bienheureux Diego ce résultat eût pu être en effet obtenu, néanmoins, et prenant dans son vrai sens le mot miracle, à mon opinion, ce ne fut pas là un miracle. Le prince fut soigné par les remèdes naturels et ordinaires dont on a coutume d'user en pareille circonstance. » Sans doute la crainte de l'inquisition fit supprimer cette phrase lorsque le récit fut publié.

Le lendemain dimanche 10 mai, le pouls était plus ferme, et le délire moins violent. Le duc d'Albe expédia immédiatement au roi l'alguazil Malaguilla, qui arriva à Madrid au moment où l'on promenait en grande pompe l'image de Notre-Dame d'Atocha, à l'intention du prince [1]. La reine et la princesse

---

[1]. Perada (*la Madona de Madrid*) raconte que l'image de Notre-Dame d'Atocha fut apportée dans la chambre du prince, et Prescott le dit d'après lui. C'est évidemment une erreur. Un tel fait eût été rapporté, sans aucun doute, par Daza Chacon et Olivarés, si minutieux dans leurs relations, et qui se bornent à parler de la procession. Ils ne pouvaient oublier une cérémonie religieuse de cette

Jeanne, qui suivaient la procession, reçurent les premières cette nouvelle. Trois jours plus tard, Philippe II retournait à Alcala, où il trouva son fils avec toute sa raison. Daza Chacon avait continué son traitement, et en dépit des onguents du More, qui paraissaient avoir irrité la plaie, ses pansements adoucissants avaient singulièrement amélioré l'état du malade. Peu à peu l'enflure diminua, les yeux se dégagèrent, la fièvre diminua et disparut. Le 21, le roi, pleinement satisfait, retourna à Aranjuez. Le salut du prince était désormais assuré : la reine Isabelle s'empressa de remercier la ville de Tolède, qui s'était particulièrement distinguée par ses pieuses démonstrations au moment du plus grand péril, et qui lui avait envoyé une députation pour la féliciter : « J'ai appris, écrit-elle le 5 juin à la junte et au corrégidor de cette « très noble » cité, les processions et les prières qui ont eu lieu dans votre ville pour le salut du sérénissime prince, et la joie que vous avez manifestée lorsqu'il a plu à Notre-Seigneur de nous l'accorder. Vous vous êtes montrés en cela de dignes et loyaux vassaux du roi ; vous savez la satisfaction que Sa Majesté et moi nous avons reçue de cet heureux succès, et nous vous remercions de la visite que m'ont faite de votre part don Juan de Arellano et Pedro de Berrio [1]. »

importance, ni la passer volontairement sous silence dans un récit destiné à être lu par le prince.

1. « Ayuntamiento y corregidor de la muy noble ciudad de Toledo, he sabido las procesiones y plegarias que ahi se han hecho por la salud del serenis° príncipe y lo que habeis holgado de que Nuestro Señor haya sido servido de dársela, que en ello correspondeis

Le 16 juin, Philippe II revenait à Alcala. L'infant, qui s'était levé le 14 pour la première fois, passa de son appartement dans celui de son père, qui l'embrassa avec la joie et la tendresse la plus vive. Le lendemain, il put donner audience à plusieurs ambassadeurs. Il ne put cependant leur répondre, raconte l'envoyé vénitien, que d'une manière fort embrouillée; il était extrêmement pâle et d'une faiblesse extrême. (Lettre de Tiepolo, du 20 juin 1562). Le lundi suivant, 23, il entendit la messe à l'église des Franciscains, dans la chapelle du bienheureux Diègue, dont le corps était resté exposé. Le dimanche 6 juillet, il se rendit à l'église de Saint-Bernard[1], où son précepteur Onorato Juan célébra la messe, assisté par don Pedro Ponce de Léon, évêque de Placencia. Le 17 juillet, il quittait Alcala, et le lendemain, à dix heures du soir, il rentrait à Madrid.

Il avait montré durant cette terrible maladie, dont les crises et la convalescence n'avaient pas duré moins de trois mois, une grande patience et les sentiments de la plus haute piété. Il se confessa et reçut fréquemment l'eucharistie. Sans cesse, dans la journée, on l'entendait prier : il avait fait vœu de visiter différents célèbres lieux de dévotion, comme les

---

a tan leales vasallos del rey mi señor, y ya podeis ver el contentamiento que S. M. y yo tenemos deste buen suceso, y os agradecemos la visitacion que de vuestra parte me han hecho don Juan de Arellano y Pero de Berrio. Yo la reyna. » Lettre de la reine à la cité de Tolède. Madrid, 5 juin 1562. Arch. Sim, Est., leg 141.

1. Don Carlos était particulièrement dévot à saint Bernard : « Divo Bernardo devotissimus. » J. Caramuel Lobkowitz. *Philippus prudens*. Antuerpiæ, 1639, in-4°.

chapelles de Notre-Dame de Monserrate de Guadalupe, et celle du crucifix de Burgos. Il leur offrit depuis de riches *ex-voto*.

Les médecins avaient montré un grand zèle, et les seigneurs de sa maison ne furent pas moins dévoués: j'ai parlé du duc d'Albe : il faut ajouter que don Garcie de Tolède, depuis le jour de la chute jusqu'à la fin de la maladie, veilla presque toutes les nuits. Louis Quijada tomba malade d'érysipèle et de fièvre par suite de ses fatigues, et Onorato Juan, malgré sa santé chancelante, ne quitta point le chevet du prince. Le roi resta longtemps auprès de son fils, à Alcala, et assista à quatorze des consultations qui eurent lieu entre les divers médecins assemblés. Voici quel était l'ordre de ces consultations présidées par Philippe II lui-même : le roi se plaçait sur un fauteuil; derrière lui se tenaient debout les grands et les nobles de sa suite; à ses côtés le duc d'Albe et don Garcie de Tolède. Le groupe des médecins et chirurgiens formait devant lui un demi-cercle, et don Garcie, appelant tour à tour chaque docteur, lui ordonnait d'exprimer son avis en l'appuyant de démonstrations et d'autorités.

Le bachelier Torrés de Valladolid fut nommé médecin de la cour avec le traitement ordinaire. Quant au bienheureux Diègue, Philippe II demanda immédiatement sa canonisation à Rome, suivant le désir du prince qui avait fait vœu de la solliciter. Mais le Saint-Siège ne montra pas tout l'empressement qu'aurait désiré la cour d'Espagne. Le cabinet de l'Escurial dut longuement insister avant de réussir. Dans son testament du 19 mai 1564, don Carlos recommande qu'on poursuive activement cette affaire [1]; le 15 mars 1568, Philippe II écrit à son ambassadeur auprès du saint-père : « Déjà devrait être commencée l'instruction pour la canonisation du bienheureux fray Diego. Je serai charmé qu'elle ait lieu le plus tôt possible. Je vous charge d'en traiter directement avec Sa Sainteté. Vous m'apprendrez quand on pourra en finir et quelle somme il sera nécessaire d'envoyer pour y pourvoir [2]. » Malgré ces réclamations pressantes, le bienheureux Diègue ne fut canonisé que vingt-six ans après la guérison du prince, en 1588, par Sixte-Quint [3].

Tel fut, d'après les relations des docteurs Chacon et Olivarés, cet intéressant épisode de la vie de don Carlos. S'il faut en croire le premier de ces médecins, l'accident avait été prédit plusieurs années auparavant en ces termes : « Le prince d'Espagne sera en

---

1 « Porque estando en la dicha enfermedad desahuciado de los médicos, fué traido el cuerpo del dicho padre llamado fray Diego. » Testament de don Carlos, 19 mai 1564. Arch. Sim. Testamentos reales, leg. 2.

2. « Pareceme que de razon ya debia estar traducido el proceso que toca à la canonizacion del Sº Fr. Diego, y porque cuanto mas presto se hiciese, tanto mas holgaré yo dello, os encargo que habiéndolo tratado con S S. me aviseis cuando se podia acabar este negocio y del dinero que se ha menester para que se provea. » Lettre de Philippe II à son ambassadeur à Rome, 15 mars 1568. Arch. Sim. Est., leg. 1568.

3. « Fué canonizado por Sixto V en 1588. » (*Calendario español* dans la *España sagrada*. Doc. inéd. XXII.) C'est donc par erreur que Colmenares (*Hist. de Segovia*) rapporte que cette canonisation eut lieu promptement : « Se efectuó en breve. » Herrera (*Hist. general*) dit seulement : « El santo pontífice, a su instancia, le ha puesto en el número de los santos. »

grand péril par suite d'une chute du haut d'un escalier, d'un étage ou d'un cheval. » Le devin qui prononça cet oracle est malheureusement demeuré inconnu, et je n'ai trouvé nulle part ailleurs mention de ce fait, que je m'étonne de voir accueilli avec tant de naïveté par un savant aussi grave. Ce fut du reste la seule prédiction dont le jeune prince ait jamais été l'objet, et quels qu'eussent été, depuis le retour de Philippe II en Espagne, les rapports entre le père et le fils, certes, après cette maladie où le roi avait donné tant de preuves de son amour paternel, où l'infant avait paru calmé par les souffrances mêmes, rien ne semblait faire prévoir les agitations qui devaient suivre et enfin la catastrophe qui allait étonner le monde.

CHAPITRE IV

PORTRAIT ET CARACTÈRE DE DON CARLOS

L'infant retourna à Alcala passer quelques mois, d'octobre 1563 à juin 1564, ayant souffert encore de plusieurs accès de fièvre tierce. Mais comme il subit également diverses crises en cette ville, Philippe II ne jugea pas nécessaire d'y prolonger le séjour de l'héritier de la couronne et rappela son fils auprès de lui. D'ailleurs le prince avait grandi, et semblait fortifié : il put même prendre part à des jeux de cannes organisés par les jeunes seigneurs de la cour[1]. Puis il avait dix-sept ans ; le moment semblait venu, sinon de l'initier encore aux secrets de la politique et au maniement des affaires, du moins de l'accoutumer à vivre au sein d'une cour sérieuse, préoccupée des grands intérêts de l'État, et de lui faire faire bientôt ses premiers pas dans la vie publique. Malheureusement l'étrange caractère du prince

---

1. Lettre de Soranzo, ambassadeur de Venise (4 juillet 1564).

déjoua ce plan : le roi put s'apercevoir bientôt combien Osorio l'avait trompé, combien les inquiétudes et les tristesses d'Onorato et de don Garcie étaient fondées, combien leurs aveux et leurs réticences contenaient d'avertissements sincères et de prévisions redoutables.

Don Carlos n'était pas le beau jeune homme que les romanciers et certains historiens se sont amusés à peindre. On lui a prêté des grâces aimables, un extérieur prévenant, une figure charmante, des yeux pleins de feu [1]. Ces détails sont absolument contraires à la vérité. Le portrait de don Carlos qui se trouve chez le duc d'Oñate démontre clairement cette erreur : « Ce qui frappe d'abord, dit M. Mérimée, c'est la triste tournure du modèle, ses épaules voûtées, sa taille penchée en avant et son expression mélancolique. Le teint est pâle, les yeux muets; toute l'habitude du corps dénote un être maladif. » Les descriptions de plusieurs témoins oculaires confirment ces paroles : les lettres des ambassadeurs de France et de Venise sont parfaitement d'accord avec le portrait, et cet ensemble de témoignages nous donne une complète certitude. « Il n'est pas beau, écrit Badoero en 1560, et Tiepolo, en 1563, ajoute : « Il est mal fait de sa personne, et laid de figure, bien qu'il ait la peau blanche et qu'il soit blond. Son dos est un peu courbé, et ses jambes sont d'inégale longueur. Il aime faire mal à autrui...

---

1. Leti, *loco cit.* — « Con las gracias de un exterior prebenido, con color admirable, la cabeza hermoza, los ojos llenos de espiritu. » *Vida y muerte del principe don Carlos.* Ms. B. 1. 2632.

Il n'aime personne que je sache, mais il y a beaucoup de gens qu'il hait à mort... Quoique les Espagnols exaltent quelques questions, adressées indistinctement à ceux qui l'approchent, d'autres, d'après l'inopportunité de ces questions, jugent peu favorablement son intelligence [1]. » Un autre vénitien, Soranzo, en 1565, confirme la relation précédente : « Le prince, dit-il, n'écoute et ne considère personne, il fait même peu de cas de son père... il est d'une nature fort cruelle... dans les réponses qu'il fait il montre peu de courtoisie et de bienveillance. Il hait particulièrement ceux qui le servent. Il a des caprices étranges... l'on ne sait rien trouver qui l'amuse. Tous les ministres le craignent parce que, s'ils lui résistent, il leur dit des paroles injurieuses [2]. » L'envoyé de France, Forquevaulx, sans entrer dans les mêmes détails, ne représente pas don Carlos sous des traits plus séduisants. Après avoir parlé d'un des archiducs d'Autriche présents alors à Madrid, il ajoute : « C'est un jeune prince très gentil et sans comparaison d'aultre espérance que n'est le prince d'Espaigne; » plus tard, au moment où il était fortement question de marier don Carlos à la fille de Maximilien, il ajoutait, en rapportant le départ d'un courrier de l'Empereur : « Il est bien marri qu'il faille que madame la princesse de Bohesme espouse un prince si

---

[1]. » Non è molto disposto della persona, non è molto bello di faccia, benchè sia bianco e biondo, è curvo alquanto, è non son le gambe eguali. » *Relazione di Tiepolo*, Ms. B. I. Saint-Germain, 791, in-fol.

[2]. Relazione di Soranzo. (*Relazioni degli ambasciatori veneziari.* T. V, p. 119.)

mal composé de personne et de mœurs comme il est [1]. »

Le baron de Dietrichstein, ambassadeur de l'Empereur à Madrid, et qui, eu égard aux projets de mariage entre don Carlos et la princesse Anne de Bohême (projets dont je parlerai plus loin), était particulièrement chargé d'édifier sa cour sur la personne et les dispositions du prince, s'exprime en des termes analogues. Il souhaitait évidemment, sachant à quel point son souverain avait pris à cœur cette union, pouvoir envoyer à sa cour un jugement favorable : il prête à l'infant quelques qualités sans doute, de la piété, de l'horreur pour le mensonge, et du goût « pour les gens intègres, vertueux et distingués »; il se plaît à faire remarquer (ne s'accordant pas en ceci avec le rapport de son collègue vénitien) que les questions du prince lui ont « semblé très convenables » et qu'il a « une excellente mémoire ». Mais il ne dissimule pas que « rien en lui ne rappelle le sang des Hapsbourg ». Il ajoute : « le Prince n'est pas large des épaules, ni d'une grande taille; l'une de ses épaules est un peu plus haute que l'autre. Sa poitrine rentre. Il a une petite bosse au dos, à la hauteur de l'estomac. Sa jambe gauche est beaucoup plus longue que la droite, et il se sert moins facilement du côté droit que du côté gauche. Il a les cuisses assez fortes, mais mal proportionnées, et il est faible des jambes. Sa voix est grêle et aiguë, il éprouve de la gêne quand il commence à parler et les mots

1. Dépêches Mss. de Forquevaulx (3 novembre 1565 et 8 février 1566).

sortent difficilement de sa bouche... Il se montre opiniâtre dans ses idées et poursuit jusqu'au bout ce qu'il s'est proposé une fois, de façon qu'il y a bien des gens qui s'effrayent de ce qu'il serait capable de faire, si la raison cessait de le maintenir dans la bonne voie [1]. »

Don Carlos, contrefait, petit, malingre, était forcément éloigné de ces brillantes arènes où les chevaliers d'autrefois luttaient d'adresse et de courage. Il montait souvent à cheval, il est vrai, nous dit l'ambassadeur de Venise, et s'exerçait à l'escrime plusieurs heures par jour [2], mais il ne paraît pas qu'il ait jamais essayé ses forces dans un tournoi. Il n'assista que comme spectateur à celui de février 1566 (il avait cependant alors près de vingt et un ans), où ses cousins les princes de Bohême obtinrent tous les honneurs de la journée, « tant à souffrir du commencement à la fin, la salade en teste, qu'au combat de la pique et de l'estoc [3]. » Son père n'avait du reste jamais aimé ces divertissements, et lors de son voyage en Flandre en 1548, il ne s'y livra qu'à contre-cœur [4]; mais il sut dissimuler sa répugnance pour des exercices qui fatiguaient sa constitution délicate [5], et n'en passa pas moins pour un brillant

---

1. Dépêche citée par Koch. *Quellen zur Geschichte des Kaisers Maximilien II* (29 Juin 1565).
2. « Cavalca et essercita l'armeggiare ogni giorno molte hore. » *Relazione di Tiepolo*. Ms. déjà cité.
3. Dépêches Mss. de Forquevaulx (8 février 1566).
4. « Ha piacere di starsi a camera co' suoi favoriti. » *Relazione di Cavallo*. Ms. — Voy. *Sepulvedæ opera*, II, 381.
5. « È di complessione molto delicata, e benchè nell' essercitio habbi mostrato un poco di prestezza e di vivacità, però si vede que

chevalier. Il n'exigea pas de don Carlos le même effort, soit qu'il ait jugé inutile ou impossible de l'y contraindre, soit qu'il ait reconnu lui-même que la santé débile de son fils devait l'écarter de ces fêtes. Ce prince, en effet, non seulement ne fut jamais robuste, mais encore demeura toujours sujet à des fièvres périodiques; cette faiblesse, cet accablement, cet épuisement des forces vitales, que peu de jours avant l'accident d'Alcala Philippe II signalait à l'Empereur avec tristesse [1], ne s'étaient point modifiés; il était notoire à la cour que sa croissance avait été longtemps arrêtée par ces fièvres [2], dont il ne put jamais se délivrer qu'à de courts intervalles signalés avec empressement par le roi dans les lettres qu'il écrivait à ses ambassadeurs [3]; les familiers de la cour donnaient même sans hésiter sur son état physique des détails qui faisaient craindre qu'il ne fût inhabile au mariage (nous retrouverons plus loin ces notes curieuses); enfin il est très vraisemblable que sa chute d'Alcala, et la maladie qui en fut la suite, l'opération que le prince dut subir, laissèrent des traces que le temps ne put effacer.

ha sforzato la natura. *Relazione di Michele Soriano*. Ms. B. I. 791.

1. « Tornó luego á recaer, y la cuartana le ha durado hasta agora que de pocos dias acá le ha dejado tan flaco que V. M. no lo podria creer. » Lettre de Philippe II à l'Empereur, 11 mars 1563. Arch. Sim. Est., leg. 141.

2. « Habiéndode tomado en tiempo que parece que la fuerza y el crecer le habian estorbado. » Dépêche du comte de Luna à Philippe II, 19 janvier 1562. Arch. Sim. Est., leg. 651.

3. « Y aunque el príncipe mi hijo ha tenido unas calenturillas, con haberse purgado se halla en mejor disposicion. » Lettre de Philippe II à don Alonso de Tovar, ambassadeur en Portugal, 5 septembre 1564. Arch. Sim. Est., 382.

Ces faits ne peuvent guère soulever d'objection sérieuse, mais la tâche devient plus délicate pour la critique lorsqu'il s'agit de déterminer le caractère réel de don Carlos. On se trouve en présence de nombreux documents en apparence contradictoires, et qu'une critique dépourvue de préjugés peut seule parvenir à comprendre. Il est certain qu'il serait également inexact, à l'exemple des adversaires et des panégyristes déclarés, de représenter l'infant soit comme un insensé, complètement dénué de cœur et d'intelligence, soit comme un jeune homme accompli, d'une instruction variée et brillante, doué non seulement des plus heureuses qualités de l'âme, mais encore d'un sens politique supérieur. Je n'hésite pas à dire que les uns et les autres n'ont pas suffisament étudié la question, ignorent les documents les plus sûrs, et ne connaissent pas don Carlos. A mes yeux, il y eut du bien et du mal chez le malheureux prince; des témoignages sévèrement contrôlés affirment des faits qu'il est possible de concilier. Essayons de reconstruire la vérité.

L'infant avait incontestablement des vertus précieuses partout et surtout chez les princes. Sa libéralité était connue à la cour : « Ses aumônes sont abondantes, écrivait Tiepolo au sénat de Venise, et c'est avec magnificence qu'il gratifie ceux auxquels il veut du bien [1]. » Un autre ambassadeur vénitien lui prête un mot heureux : « Qui donnera, si un

---

[1]. « È pietoso a' poveri dandone segno con elemonisa che sempre eccede la mediocrità... et è splendidissimo in tutte le cose quando vuol beneficar qualch'uno. » *Relazione di Tiepolo.* Ms. déjà cité.

prince ne donne pas[1]! » Je vois dans son testament de 1564 [2] une rente perpétuelle de trois mille ducats instituée en faveur de don Martin de Cordoba, frère du comte d'Alcaudete, en récompense de sa brillante défense de Mazalquivir, qui avait eu lieu cette année même; « et cela, dit le prince, par suite de mon désir de favoriser spécialement ceux qui ont bien servi l'État[3]. » Les comptes de sa maison, tenus avec une minutieuse exactitude, et qui existent aux archives de Simancas, confirment le témoignage des envoyés vénitiens : j'y trouve des cadeaux de prix, des gratifications nombreuses; tantôt c'est à la reine Isabelle que le prince offre une bague ou quelque autre objet de souvenir[4], tantôt c'est à don Juan d'Autriche qu'il donne soit un anneau enrichi de diamants, soit des épées de parure ou de tournoi garnies d'ornements à la mode[5]; il envoie à l'historien Guicciardini[6] deux cents ducats, en remercîment du livre intitulé :

1. *Relazione di Badoero*. Ms. B. I. 791,
2. Ce testament, dicté et rédigé par Hernan Suarez pendant le second séjour du prince à Alcala et daté du 19 mai 1564, a été publié dans la *Colleccion de documentos ineditos para la historia de España*, XXIV, 515. Il est aux archives de Simancas.
3. « Por la voluntad que siempre he tenido de hacer bien y merced á los que aventajadamente sirven. » Arch. Sim. Test. y Codic. reales, leg. 2.
4. « Una sortija de un rubi que S. A. mandó dar á la reina nuestra señora. » Arch. Sim. Contadurías generales, 1ª época, leg. 1110.
5. Una sortija de un diamante tabla que le compró, el cual S. A. dió al Sº príncipe don Juan de Austria. » *Ibid.* (La bague valait huit cents ducats. Quant aux épées, j'en compte trois offertes par don Carlos à don Juan.)
6. Ce Guicciardini était le neveu du célèbre historien de l'Italie. Son livre sur les Pays-Bas a été publié en 1567.

Description des Pays-Bas[1]; à don Alonso La Loo, secrétaire du comte de Horn, deux mille deux cents réaux pour son ouvrage sur l'ordre de la Toison d'or[2]; ou bien encore une bague à son grand écuyer Luis Quijada[3]. Parfois ses libéralités étaient remises à diverses dames de la cour : je vois mille ducats donnés à doña Léonor de la Rovère, cinq cents ducats à doña Maria de Alcaraz, mille ducats à la femme de son secrétaire Martin de Gaztelu[4].

Ces derniers dons étonnent au premier abord, et l'on se demande s'il ne faut pas les regarder comme de grossiers moyens de séduction ou comme les témoignages d'une reconnaissance suspecte. Mais d'abord le détail des noms et titres des personnes qui les reçoivent fait présumer qu'ils étaient connus de toute la cour, bien que la cause n'en soit pas indiquée : or le grand maître de la garde-robe n'eût pas gratuitement déshonoré des dames de la cour en les inscrivant sur des comptes qui passaient sous les yeux du *mayordomo mayor* et peut-être du roi. Il eût été facile, en pareille circonstance, de citer les chiffres en laissant la donataire inconnue. Cette

---

1. « Por un libro de *las Cosas de Flandes* que envió á S. A. » Arch. Sim., *ibid*.
2. « Por un libro que dió á S. A. con las armas de todos los caballeros del Tuson. » *Ibid*. — La Loo, secrétaire du comte de Horn, fut arrêté avec son maître par ordre du duc d'Albe, et périt sur l'échafaud peu de temps après lui, en 1568, avec le secrétaire du comte d'Egmont.
3. Una sortija de memoria que S. A. dió á Luis Quijada. » *Ibid*.
4. « A doña Leonor de la Rovere y Vire, 1,000 ducados de que le habia hecho merced... á doña Maria de Alcaraz, moza de cámara de la reyna, 500 ducados, etc... 1,000 ducados que S. A. mandó dar á doña Maria de Gaztelu. » *Ibid*.

discrétion n'aurait eu rien d'insolite, car, au mois d'avril 1567, je trouve inscrits onze mille réaux remis « à une personne secrète[1] ». Y a-t-il là une aventure galante? A cette date elle n'eût point été étrange, et le prince, à vingt-deux ans, pouvait bien avoir oublié le vœu qu'il avait fait, durant sa maladie d'Alcala, de ne rechercher jamais l'amour d'une autre femme que de son épouse[2]. Quoi qu'il en soit (et nous discuterons plus tard cette dernière question), on peut affirmer, je crois, que si les causes de ces divers dons n'ont pas été indiquées, c'est sans doute parce qu'elles ne valaient pas la peine de l'être ; le prince a pu être amené à ces gratifications par des circonstances peu dignes d'être mentionnées. Nous savons d'ailleurs que les mille ducats donnés à doña Gaztelu étaient un cadeau à cette jeune femme pour la layette de son enfant, dont le prince avait été le parrain[3]. Faut-il s'étonner qu'il ait fait tenir en son nom sur les fonts baptismaux, par Luis Quijada, la fille de Gaztelu, son secrétaire? Faut-il s'étonner que le prince généreux qui donnait onze cents réaux à Francisco Montano, nain de la reine Élisabeth[4], par un simple caprice, ait offert, à l'occasion de

---

1. « Se reciben y pasan en cuenta 11,000 reales que en postrero de abril 1567 dió á S. A. para dar á cierta persona secreta. » *Ibid.*

2. « Cuando S. A. dió la caida en Alcala, habia hecho voto de no alegrarse jamas a otra que á su muger, y que asi no curaba ni queria enamorarse de ninguna. » Lettre de Chantoney au roi, 20 mars 1565. Arch. Sim. Est., leg. 633.

3. « Por una vez para mantillas á una hija por habérsela sacado de pila Luis Quijada en nombre y por mandado de S. A. » Arch. Sim. Cont. gen., *ibid.*

4. « A Francisco Montano, enano de la reina nuestra señora 1,100 reales que S. A. le hizo merced. » *Ibid.*

leur mariage ou de leur fête, quelques présents à des dames qu'il voyait sans cesse et qui pouvaient lui avoir rendu de ces légers services que les princes ne doivent pas laisser sans récompense?

Je ne vois rien là que de fort naturel, et d'ailleurs, surtout lorsqu'il s'agit de la chronique scandaleuse, je veux des réalités et des preuves. Les suppositions n'ont rien qui me tente, parce qu'en allant au fond des choses avec un esprit de critique impartial, je suis très souvent arrivé à reconnaitre le néant des historiettes les plus ingénieuses. Je n'attache pas plus d'importance à ces divers enfants en bas âge qu'on voit dans les comptes élevés par ordre du prince. On est tenté de croire d'abord à la reconnaissance implicite d'une paternité illégitime; mais, en y regardant de près, tous les soupçons s'évanouissent. L'un était un enfant trouvé à la porte de l'église par le curé de San Gil de Madrid, et pour lequel il avait sollicité la charité de don Carlos [1]. L'autre, confié à un paysan nommé Pedro, entretenu en effet aux frais de l'infant d'Espagne, allons même plus loin, baptisé sous le nom de Ana Carlos, en mémoire de son bienfaiteur, était né en 1557, car le premier reçu du paysan est de janvier 1558 [2]. Or, l'infant avait alors douze ans.

---

1. « A Juanes de Montenegro, cura de la iglesia de San Gil de Madrid, 216 reales de una niña que se cria por mandado de S. A... la cual se hechó á la puerta de la iglesia. » Arch. Sim. Cont. gen., *ibid*.

2. « Recibo de Pedro de San Millan : 8 ducados, los cuales fueron por razon de una niña que tengo a criar por mandado de S. A. 8 de enero 1558. »

Ces détails suffisent à faire connaître la générosité du prince. Elle était sans doute fréquemment invoquée, et, si toute la série de ses comptes avait été conservée, on en verrait sans doute beaucoup d'autres témoignages. Le dernier trait que j'ai cité montre même que la libéralité entrait en quelque sorte dans son éducation, puisque c'était don Garcie de Tolède qui s'était chargé de faire passer à Pedro ces aumônes, et qui veillait à l'inscription des reçus avec la plus scrupuleuse exactitude.

Une autre qualité de don Carlos, non moins excellente que la première, c'était une parfaite sincérité. L'ambassadeur de France aime à lui rendre cet hommage : « C'est sans artifice ni feinte, dit-il après avoir exposé un sentiment du prince, car il ne sçait feindre ni dissimuler [1]. » Sur ce point, la réputation de l'infant était faite : « Ce qu'il a sur les lèvres, il l'a dans le cœur [2], » ajoute le nonce. Tiepolo, à son tour, le représente comme « ami de la vérité [3] », et un historien du siècle suivant, qui est loin cependant d'être favorable à don Carlos, partage cette opinion généralement reçue en Espagne, et qui avait survécu en dépit des nombreuses calomnies dont le prince fut victime après sa mort [4].

On n'a jamais complètement étudié les sentiments religieux de don Carlos. Ceux-ci les passent sous silence ; ceux-là, comme Prescott dans le bref et

1. Dépêches Mss. de Forquevaulx (3 novembre 1565).
2. « Che ha in bocca, ha in cuore. » Dépêches Mss. du nonce.
3. « È amico di verità. » Tiepolo. Ms. déjà cité.
4. « Era por todo estremo muy amigo de la verdad. » Salazar de Mendoça, *Dignidades seglares de Castilla y Leon* (1618.)

très léger chapitre qu'il a consacré à l'infant dans son histoire de Philippe II, lui prêtent une inclination marquée pour la religion réformée ; d'autres le considèrent comme luthérien de conviction et prétendent expliquer ainsi la conduite subséquente du roi catholique. Un écrivain espagnol récent, M. A. de Castro, dans un livre intitulé : *Historia de los protestantes españoles*, place résolûment une biographie de l'infant, œuvre d'une critique insuffisante, et, d'après un système de suppositions gratuites ou d'inductions puériles, range don Carlos parmi les protestants espagnols. Je signale, sans y attacher la moindre importance, ces assertions que le défaut de science et l'intérêt d'une thèse préconçue ont seules pu provoquer : elles ne sauraient même être discutées, puisqu'elles ne reposent sur aucun fait, sur aucun document acceptable à la critique. C'est là une opinion personnelle, la mineure insoutenable d'un syllogisme défectueux. Philippe II persécutait, il est vrai, les protestants, et son fils est mort en prison ; mais comme il n'existe aucune preuve des sentiments luthériens de don Carlos, comme il a été notoirement emprisonné pour d'autres causes, il faut bien trouver bon que l'histoire, dédaignant des raisonnements sans base, leur oppose une fin de non-recevoir absolue.

Don Carlos a toujours témoigné de son amour et de son respect pour la foi catholique. Pendant sa maladie à Alcala en 1562, on sait de quels sentiments de haute piété il aimait à faire preuve. Il demandait un jour, nous raconte son très véridique médecin, à recevoir la communion. Son confesseur lui fit remarquer qu'il s'était déjà approché du sacrement la semaine précédente. — Oui, répondit le prince, mais ce sera bien encore aujourd'hui[1]. En 1564, lorsqu'il fit son premier testament, il commença par une profession de foi solennelle, « croyant selon et comme ordonne de croire notre sainte mère l'Église catholique romaine et une. » On verra plus bas la lettre toute filiale que, la même année, il adressait au Saint Père en faveur de l'orthodoxie parfaite d'Onorato, représentée à la cour de Rome comme le plus grand mérite du futur évêque. L'année suivante, le pape lui envoyait un présent par son camérier : don Carlos était dans les meilleures termes avec le nonce et sollicitait pour l'évêque d'Osma le chapeau de cardinal. Si l'on a cru voir dans son antipathie prononcée contre son père une preuve d'hérésie, il faut renoncer à cette opinion par la seule étude des dates : dès 1565 des dissentiments graves s'étaient élevés entre le roi et l'infant; l'ambassadeur de France les signalait à Catherine de Médicis dans une dépêche confidentielle [2], et cependant, à cette époque, l'orthodoxie de don Carlos est incontestée. Les questions religieuses sont donc absolument étrangères aux sentiments réciproques de l'infant et de Philippe II.

Nous n'avons pas de détails sur les pratiques reli-

---

[1]. « Estuvo tanto en las cosas de Dios que hablando un dia con su confesor, le pidió el santo sacramento, y respondiendole que S. A. le habia recibido, dijo : « Eso ha ocho dias y sera así puntalmente. » *Relation de Daza Chacon*, déjà citée.

[2]. Dépêches Mss. de Forquevaulx (3 novembre 1565).

gieuses du prince durant les années suivantes, ce qui ne nous étonne pas, puisque l'absence même de tout document démontre qu'il agissait selon les règles suivies par toute la famille royale. S'il y eût manqué, il est certain que le scandale eût été grand : les ambassadeurs et surtout le nonce eussent aisément connu ces infractions et eussent transmis cette nouvelle à leurs Cours. Nous ne voyons pas un mot relatif à un tel fait dans leurs correspondances : c'est seulement au commencement de 1568 que Forquevaulx nous apprend que le prince n'a point communié à Noël, ni « gaigné le jubilé [1] ». A l'empressement qu'il met à rapporter cet événement, on voit bien qu'une telle circonstance se produit pour la première fois. Il est donc évident que jusqu'à la fin de 1567, le prince a toujours rempli tous ses devoirs de bon catholique [2]. Le fait que Forquevaulx signale aurait lieu cependant de nous étonner, si nous négligions d'en chercher la cause, mais un peu d'attention nous

---

1. Dépêches Mss. de Forquevaulx (19 janvier 1568).
2. Une démarche du prince en 1567 démontre qu'il poussait le sentiment religieux jusqu'à la superstition la plus étrange. Je tiens le détail suivant d'un écrivain distingué, M. Eugène Plon : se trouvant à Madrid, chez le comte de Valencia de don Juan, le savant conservateur de l'*Armeria*, M. Plon a vu dans la riche collection privée du comte une lettre autographe de don Carlos adressée le 18 février 1567 à don Louis de Requesens, grand commandeur de Castille et ambassadeur de Philippe II à Rome. Dans cette lettre, dont l'écriture et l'orthographe sont également incorrectes, le prince ordonne à l'ambassadeur de faire le possible pour lui obtenir du pape un fragment de l'inscription de la croix, l'autorisation du Saint Père pour faire dire la messe à n'importe quelle heure, et une relique provenant de la circoncision de J.-C. Au surplus le texte de ce document sera publié par un savant allemand auquel il a été promis par le comte de Valencia. Cette lettre et surtout la demande

la donne, et l'orthodoxie de l'infant, tourmenté de scrupules, n'en apparaît que dans une plus vive clarté A cette époque de sa vie, comme nous le verrons plus loin, la haine que don Carlos portait à son père était arrivée à son comble, mais si l'infant ne pouvait pas la vaincre, il lui était également impossible d'apaiser les inquiétudes de sa conscience. Son confesseur ne croyait pas devoir lui donner l'absolution tant qu'il persisterait dans les mêmes sentiments [1], et don Carlos, voyant s'approcher le moment du jubilé, redoutait de donner au peuple un mauvais exemple, en s'abstenant de la communion. Dans cette angoisse, il prit la résolution de consulter des théologiens. Le nonce, naturellement investi de la confiance du clergé espagnol, apprit d'eux les détails suivants, qu'il écrivit peu après à sa Cour : « Toutes les autres personnes de la famille royale, dit-il, avaient déjà gagné leur jubilé, quand le prince se rendit au monastère de Saint-Jérôme ; il assembla un grand nombre de frères et leur demanda si, ayant dans l'âme une haine justifiée d'ailleurs, on pouvait communier. Il lui fut répondu que non, et alors, les interrogeant de nouveau, il voulut savoir si du moins on pouvait communier avec une hostie non consacrée,

---

qui la termine ne sont pas seulement un nouveau témoignage de la faiblesse d'esprit du prince, elles achèvent de démentir les opinions hérétiques qu'on n'a pas craint de lui attribuer.

1. « Il n'a voulu pardonner, ni son confesseur luy donner absolution, à la dénégation duquel il s'est adressé à d'autres docteurs en théologie, qui ont faict le mesme refus de l'absoudre. » Dépêches Mss. de Forquevaulx, 19 janvier 1568.

pour que le peuple crût qu'on communiait. Les religieux répondirent encore que non, et que ce serait commettre un grand sacrilège, et ainsi le prince ne se présenta pas à la communion [1]. » Sans discuter ici la valeur de cette réponse au point de vue théologique, il faut reconnaître que seuls les sentiments de l'infant pour son père amenèrent le scandale de 1567 ; l'ambassadeur de France déclare également que la seule cause de cet incident est « la dicte rancueur [2] ». L'orthodoxie de don Carlos jusqu'aux derniers moments de sa liberté ne saurait donc être mieux démontrée que par le fait même dont on s'est servi pour la révoquer en doute. Il n'a jamais cessé d'être catholique, de croire aux sacrements, d'en craindre la profanation, et les détails qui nous ont été transmis sur ses derniers instants achèveront d'établir victorieusement l'inébranlable persistance de sa foi.

Il ne portait pas moins de chaleur dans ses amitiés et dans sa reconnaissance. J'ai cité plus haut la cédule dont il gratifia Hernan Suarez, son alcade de cour [3], et les nombreux présents qu'il offrit à don

---

[1]. « Havendo tutti gli altri preso giubileo mandato da Sua Santità, il príncipe andó in un monasterio che si chiama Santo Girolamo... congregó molti frati e gli dimandó se havendo uno nell'animo odio contr' un altro, ma con ragione, si poteva communicare Gli riposero di no, e egli di poi dimandó se potevano almeno communicare con una hostia non consecrata, perchè il popolo credesse che si communicava. Gli fu risposto similmente di no, e che seria gran sacrilegio, e cosi non si communicó altramente. » Dépêches Mss. du nonce, 4 février 1568.

[2]. Dépêches Mss. de Forquevaulx (19 janvier 1568).

[3]. Voy. page 30.

Juan d'Autriche [1]. Lorsqu'il apprit que ce dernier venait de recevoir du roi le titre de capitaine général de la mer, il accourut aussitôt de Madrid à l'Escurial pour remercier Philippe II de cette nomination comme d'une faveur personnelle [2]. Mais la personne qu'il semble avoir le plus aimée et à laquelle il montra toujours la confiance la plus absolue fut son ancien précepteur, le vénérable Onorato Juan. Son vif désir, dès que cet illustre savant fut entré dans les ordres, était de lui obtenir un évêché. Il ne se contenta point d'en parler au nonce, et voulut demander lui-même cette grâce au Saint Père. Philippe II avait à peine présenté Onorato pour l'évêché d'Osma, à peine ce dernier avait-il écrit au roi sa lettre de remercîment [3], que don Carlos chargeait l'ambassadeur d'Espagne à Rome de hâter la nomination définitive, et priait le cardinal Borromée [4] et le pape [5] d'y consentir : « Par la dépêche que vous envoie le roi mon seigneur, faisait-il écrire [6] à l'am-

---

1. Voy. page 87.
2. « Cuando S. A. fué al Escurial á besar las manos á S. M. por la merced que habia hecho al serenissimo príncipe don Juan d'Austria del cargo de general de la mar. » Arch. Sim. Cont, gen., 1e época, déjà cité.
3. Cette lettre est du 1er octobre 1563. Arch. Sim. Est,. leg. 143.
4. Le cardinal Borromeo, célèbre sous le nom de saint Charles Borromée, neveu du pape Pie IV, né en 1538, créé cardinal à vingt et un ans, tout puissant à la cour de son oncle, et depuis archevêque de Milan. Il mourut en 1584 et fut canonisé en 1610 par Léon XI.
5. Pie IV (Jean-Ange Medici). Il succéda à Paul IV en 1559. Ce fut sous son pontificat que fut terminé le concile de Trente, en 1563. Il embellit Rome. On lui a reproché avec raison sa conduite envers les Caraffa, ses ennemis. Il mourut le 9 décembre 1565. Pie V lui succéda.
6. Ces diverses lettres ont été évidemment rédigées par le secré-

bassadeur espagnol, vous verrez qu'il a nommé mon maître Onorato Juan évêque d'Osma, et qu'il le présente au Saint Père. J'en ai toute la joie que vous pouvez concevoir, à cause des services qu'il m'a rendus et me rend tous les jours, vous le savez. Je désire donc fort que Sa Sainteté, à ma considération et eu égard aux mérites d'Onorato Juan, lui fasse toute grâce et faveur possibles, tant au sujet des revenus du siège vacant qui appartiennent à Sa Sainteté, que pour la demi-annate [1] et l'expédition de ses bulles. Je vous charge donc d'en parler au pape de la façon que vous jugerez la plus convenable. Priez-le et suppliez-le de bien considérer quel homme est Onorato, et de lui accorder dans cette promotion toute la faveur dont il est digne [2]. » A la fin de

---

taire du prince. Celles que nous avons de don Carlos ne peuvent faire supposer cette netteté d'expression et de raisonnement. Les post-scriptum seuls lui appartiennent.

1. On sait que l'annate est le droit accordé au pape pour les bulles des évêchés et abbayes, et qui consiste dans le revenu d'un an.

2. « Por el despacho que se os envia del rey mi señor vereis como ha nombrado y presentado à Onorato Juan mi maestro al obispo de Osma, de que yo he holgado lo que podeis considerar por la razon que hay para ello, habiéndome servido y serviendo de presente tan bien como sabeis... y querria y deseo mucho que S. S., por mi contemplacion y respeto, y por ser Onorato Juan persona tan calificada y benemérita, le hiciese el favor y gracia posible, asi en lo de los fructos caidos de la sede vacante que pertenecen à S. S. como en lo de la media annata y expedicion de sus bullas, os encargo mucho que vos, con la buena manera que vereis que conviene, lo deis a entender à S. S. en virtud de la carta que, con esta le escribo y le pidais y suppliquéis que, teniendo respeto à lo Dº y à lo que yo lo estimaré, mande hacer al Dº mi maestro en esta su promocion el favor y merced que le meresce el ser yo tan aficionado y tan obediente hijo de S. S. » Lettre de don Carlos au commandeur de Castille, ambassadeur d'Espagne à Rome, 8 octobre 1563. Arch. Sim. Est., leg. 143.

cette lettre, le prince ajoutait de sa main un post-scriptum où l'on reconnaît la mollesse et les irrégularités de son style : « Ce qu'on désire dans cette affaire est qu'on obtienne de Sa Sainteté pour mon maître les mêmes grâces qui ont été accordées à l'évêque de Cuença [1], et que vous traitiez cette négociation comme chose à moi personnelle, de manière qu'on obtienne ce qu'on désire. Moi le prince [2]. »

Par le même courrier, la lettre suivante avait été expédiée au pape : « Très-Saint Père, le roi mon seigneur ayant présenté mon maître Onorato Juan pour l'évêché d'Osma, j'écris à l'ambassadeur de Sa Majesté pour qu'il expose à Votre Sainteté ce qu'il apprendra par ma lettre touchant l'expédition des bulles. Je supplie très humblement Votre Sainteté de donner entière foi et créance à ce qu'il lui dira sur ce point, et de faire à mondit maître les dons, faveurs et grâces que j'attends de Votre Sainteté. Je les recevrai et estimerai comme un bienfait personnel de Votre Béatitude, que Notre-Seigneur puisse conserver longtemps pour le bon et heureux gouvernement de son Église universelle [3]. »

---

1. L'évêque de Cuença était confesseur de Philippe II.
2. « Lo que se pretende en este negocio es que se consiga de S. S. la merced que se hizo con el obispo de Cuença por mi maestro y que vos lo trateis como cosa mia propia, de manera que se consiga lo que se pretende. Yo el principe. »
3. « Muy Santo Padre, habiendo presentado el rey mi señor al obispado de Osma Onorato Juan mi maestro, para que V. S. lo provea... le escribo que de mi parte hable á V. S. lo que dél (embajador) oirá sobre la expedicion de sus bullas. Muy humildemente suplico á V. S. le mande dar entera fé y creencia en todo lo que cerca desto le dijere, y hacer al D⁰ mi maestro la merced y favor y gracia que yo espero de V. S. que la estimaré y recibiré en ello por muy particular de

Ici encore, à la suite de la missive officielle, don Carlos ajoute, de sa main, les lignes suivantes, dont je conserve les négligences : « Je supplie Votre Sainteté de me faire la grâce de faire pour mon maître ce qu'elle a fait pour l'évêque de Cuença, à cause de la grande reconnaissance et de l'affection que j'ai pour lui [1]. » Le cardinal Borromée reçut aussi une lettre spéciale et un post-scriptum du prince rédigé en ces termes : « Cardinal, le plaisir que j'attends de vous est de me faire obtenir de Sa Sainteté, pour mon maître, la faveur accordée à l'évêque de Cuença, et je désire la recevoir par votre entremise [2]. »

L'infant ne sollicita pas en vain la cour de Rome. La nomination de l'évêque d'Osma fut confirmée par le pape en mars 1564 [3], et au commencement de l'année suivante, Pie IV, pour mieux faire connaître à don Carlos son affection spéciale, lui envoya par Venceslas Rangon, son camérier, une épée et un chapeau bénits, suivant l'usage, dans la dernière solennité de Noël [4]. L'ambition du jeune prince pour

Vuestra Beatitud, cuya muy santa persona Nuestro Señor guarde al bueno y próspero regimiento de su universal Iglesia. » Lettre de don Carlos au pape, 8 octobre 1563. Arch. Sim. Est., leg. 143.

1. « Suplico á V. S. que me haga merced de hacer con mi maestro lo que hizo con el obispo de Cuença por la gran obligacion y amor que le tengo. Yo el principe. » Ibid.

2. « El placer que vos, cardenal, me habéis de hacer es que yo consiga de S. S. la merced que se hizo con el obispo de Cuença para mi maestro, y para esto quiero que vos scais el medio. Yo e principe. » Arch. Sim. Est., leg. 143.

3. Voy. Kircher, *Principis christiani Archetypon politicum*, déjà cité.

4. « Hácese cargo á Diego Olarte del estoque y píleo consagrado que S. S. envió á S. A. con Venceslao Rangon su camarero, por

son maître ne fut pas encore satisfaite, et en vérité on aime voir dans son âme une si belle et si persévérante gratitude. En 1565, le nonce écrivait à Rome : « Le prince d'Espagne m'a chargé de rappeler au souvenir de Sa Béatitude ce qu'il lui avait demandé, et comme il me parlait avec une grande affabilité, je lui répondis que je le ferais, bien qu'ignorant ce dont il était question. Son Altesse alors, avec un certain rire qui lui est accoutumé, me dit qu'il n'aurait pas de repos que Sa Sainteté n'eût fait cardinal son maître l'évêque d'Osma [1]. »

C'était demander un avancement un peu rapide : néanmoins Onorato Juan, si vivement appuyé par son royal élève, eût sans doute obtenu le chapeau s'il eût vécu. Mais il mourut le 30 juillet 1566, deux ans après son élévation à l'épiscopat. Il ne perdit jamais l'affection du jeune prince, qui le considéra toujours comme le meilleur ami de son âme [2] et qui se plaisait souvent à lui écrire. Il nous reste quelques-uns de ces billets, d'un pauvre style, il est

---

hebrero del año pasado de 1565. » Arch. Sim. Contad. gen., 1ª ép., leg. 1056.

[1] « Il principe di Spagna mi disse che io scrivessi à Sua Beatitudine che si ricordasse et li concedesse quello ch'egli l'havea dimandato et perché stava con gran piacevolenza ragionando, li dissi io lo farò, benchè non sappia di che gli scriverò. S. A. con un certo solito suo riso, disse che non ebbe che S. S. facesse cardinale il suo maestro il vescovo d'Osma. » Lettre du nonce à la cour de Rome.

[2] S'il faut en croire Llorente, le prince avait demandé au pape pour Onorato le droit de résider à la cour six mois par an. « Pidió al papa breve para residir en Madrid seis meses por año, para hacerle compañía. » Hist. de la Inquisicion, VI, xxxi, 177 et 178.

vrai, et où les phrases se heurtent dans un désordre bizarre, bien que le prince eût alors vingt ans, mais qui paraissent dictés par les sentiments les plus respectueux et les plus tendres : « Mon maître, dit-il le 23 janvier 1565, Dieu sait combien j'ai éprouvé de joie en apprenant l'arrivée de la fille du marquis de Cortés, parce que votre arrivée doit être prochaine, et ainsi je vous ordonne de le faire bientôt et de m'avertir en venant à Alcala, et je me porte bien, et je suis fou de plaisir de votre venue; ce que je puis vous dire de l'auberge est qu'il y a des doutes pour celle du connétable, parce qu'il vient; la moitié de l'auberge d'Asculi est louée au prieur don Hernando, et pourvu qu'on puisse céder l'autre moitié de l'appartement bientôt, dès lors on débarrassera pour vous. J'ai fini. » Et il signe : « Votre plus grand ami, qui ferai ce que vous me demanderez [1]. » Il écrit encore avec la même naïveté : « Mon maître, j'ai reçu votre lettre au *bosque* [2]; je me porte bien,

---

1. « Mi maestro, Dios sabe quanto contento me ha dado saber que es venida la hija del marqués de Cortés, porque sea luego vuestra venida, y asi os mando que lo hagais luego y que me avisais en viniendo en Alcala luego dello, y estoy bueno, y estoy loco de placer de vuestra venida ; lo que sé os decir de posada passa que sino huviera dudas en la del condestable porque viene, o sino alquilado la mitad de la posada del Asculi, el prior don Hernando, y con que le dea la otra mitad de aposento luego, desde luego desembaraçara y para vos y acabo. — Vuestro grandisimo que haré lo que vos me pidiéredes. » Lettre de don Carlos à l'évêque d'Osma, 23 janvier 1565, citée par Kircher. *Archetypon*, etc., déjà cité.

2. *Bosque*, château ou maison de campagne. Il s'agit ici du *bosque* de Ségovie. L'itinéraire tracé par don Carlos se comprend bien : il va d'Alameda à Buytrago, de Buytrago à Ségovie, où il passe deux jours, et de Ségovie à Medina del Campo, d'où il écrit à Onorato Juan. Alameda et Buytrago sont des petites villes de la vieille

et Dieu sait si je me réjouirai d'aller avec la reine pour vous voir. Faites-moi savoir comment vous vous êtes trouvé là-bas [1], et s'il vous en a beaucoup coûté. J'ai été d'Alameda à Buytrago, qui m'a paru très bien : je n'ai été que deux jours au *bosque*, et je suis venu en deux autres jours ici [2], où je suis depuis mercredi. Je me porte bien. Je finis. » Et il ajoute en *post-scriptum* ces paroles simples, sans liaison avec les précédentes, mais touchantes : « Le meilleur ami que j'aie en cette vie [3]. »

On voit combien le prince désirait la présence d'Onorato, quelle confiance il avait dans l'affection à la fois paternelle et respectueuse de ce grand esprit qui avait aussi un grand cœur, avec quelle joie presque enfantine il donnait les moindres détails de sa vie à ce vieillard qui le suivait d'un regard inquiet et affligé parfois, tendre toujours. Onorato Juan, même sa tâche de précepteur terminée, avait con-

---

Castille. Buytrago, la plus importante, est située, non loin de Ségovie, dans l'évêché de Guadalajara ; Medina del Campo est dans l'évêché de Valladolid.

1. C'était probablement à Xerahizeio, dans l'évêché de Placencia ; il est question plus loin du séjour d'Onorato dans cette ville, et la lettre du prince n'ayant pas de date d'année, on peut la supposer de juin 1566.

2. A Medina del Campo.

3. « Yo recibí vuestra carta en el bosque : yo estoy bueno, y Dios sabe si me holgaré de ir con la reyna por veros Hágase me saber como os ha ido en esto, si ha avido mucha costa ; y fui de Alameda á Buytrago, y me pareció muy bien, y non fui en dos dias en bosque, y aora viné en otros dos aquí donde estoy desde el miércoles hasta oy. Yo estoy bueno. Acabo. Del Campo à dos de junio. Mi mayor amigo que tengo en esta vida. » Lettre de don Carlos, citée par Kircher, *ibid*. — Ces lettres paraissent, avec raison, déplorables comme style à Llorente, VII, p. 177, et à M. Lafuente, XIII, etc.

servé sur le caractère du prince une remarquable autorité. Lui seul était capable de le calmer par ses paroles, par la douce influence d'une sagesse aimable et d'un dévouement sincère. Don Carlos s'empressait de faire droit aux rares demandes que lui adressait son maître : « J'ai parlé de ce dont vous m'aviez chargé au docteur Velasco et avec beaucoup de chaleur, » dit-il dans un billet du 24 juin 1565, où il exprime encore son vif désir de se rencontrer prochainement avec l'évêque d'Osma [1].

Ces entrevues toutefois étaient difficiles. Bien qu'Osma ne soit guère à plus de quarante lieues de Madrid, cette distance est considérable pour un vieillard d'une santé débile. Aussi Onorato, à son grand regret, était-il forcé d'ajourner sans cesse une visite qui eût été douce à son cœur. Du moins, s'il ne pouvait entretenir lui-même son ancien élève, aimait-il à lui envoyer des conseils sous une forme à la fois grave et familière ; on sait que le jeune prince était attentif à ces paroles, et l'évêque les mesure avec le tact de l'homme qui a l'habitude des cours, avec l'affectueuse sollicitude d'un maître, l'expérience d'un vieillard au bord de la tombe, et l'onction d'un ministre de Jésus-Christ. Je veux citer ici presque en entier l'une de ces belles lettres : elle fait parfaitement connaître Onorato, la pureté de ses sentiments, la noblesse de son âme et son affection pour l'infant qui savait si

---

[1]. « Hice lo que vos me encomendastes con el doctor Velasco, y muy encarecidamente. » Lettre de don Carlos à Onorato, 24 juin 1565, citée par Kircher, *loco cit.*

bien y répondre [1] : « Votre Altesse a dû apprendre le peu de santé que Dieu m'a donné depuis deux ans. Elle sait aussi que je suis obligé de prendre soin de moi-même pour être mieux en état de la servir... J'ai donc résolu, voyant que les forces et la vie me manquent, d'aller passer quelque temps en lieu favorable à cette santé chancelante, et, si Dieu exauce mes désirs, de consacrer désormais toute ma vie au service de Votre Altesse. Je vous supplie donc d'agréer cette absence, et de joindre votre approbation à celle que j'ai reçue de Sa Majesté. Je vais à Xerahizeio, dans l'évêché de Placencia. L'air de ce pays est doux, les médecins disent qu'il convient à ma santé, et comme j'ai surtout souffert durant la fin de février et le commencement de mars dans les années précédentes, je désire me rendre dès avant l'hiver dans une région plus tempérée.

« Je prie Votre Altesse de se souvenir, durant mon absence et toujours, des recommandations que je lui ai faites nombre de fois. En somme, ce sont trois choses. La première est l'amour et la crainte de Dieu, le respect de ses commandements et l'observation des règles, non pas seulement à l'intérieur, mais encore à l'extérieur, en vue du bon exemple que

---

1. Cette lettre est sans date ; mais il est vraisemblable qu'elle est de 1565. C'est à ce moment que les dissentiments entre Philippe II et son fils ont éclaté, et on voit que l'évêque d'Osma y fait allusion. Il annonce partir avant le commencement de l'hiver pour éviter les grands froids. On peut donc placer la date dans les mois d'octobre ou de novembre 1565. Llorente indique comme date le mois de mai 1566. Je doute de cette date, car la précaution d'Onorato au sujet de l'hiver eût été bien excessive.

Votre Altesse doit à tous [1]. » Ici Onorato entre dans divers détails de pratique, et, ce qui caractérise bien l'esprit du temps, même chez les hommes les plus doux et les plus éclairés, lui recommande de favoriser toujours le saint-office [2]. Mais bientôt, revenant à des considérations plus spéciales à son auguste élève, inquiet, comme toute la cour, de savoir divisés le jeune prince et Philippe II, et bien instruit des difficultés sans nombre que pourrait amener plus tard un si redoutable état de choses, il s'efforce de les prévenir par ses conseils, et il ajoute avec une douce sévérité : « Le second devoir que je dois vous recommander, après l'obéissance à Dieu, c'est la soumission que Votre Altesse doit à son père, l'exacte observance de ses ordres et le désir de

---

[1]. « Señor... ya V. A. tendra entendido de la poca salud que Dios ha sido servido darme de dos años à esta parte, y tambien la obligacion que tengo de procurarla para mejor servir con ella à V. A., he tratado de irme algunos dias à parte donde pueda alcançar salud, y siendo Dios servido darmela, venir con ella asistir en el servicio de V. A. toda mi vida, y morir en el como lo deseo. Suplico à V A... se sirva de tener por bien esta mi ausencia, y darme licencia que tambien S. M. ha sido servido darmela. Mi ida es a Xerahizeio, un lugar del obispado de Placencia, que por ser aquella tierra templada y cual los médicos dicen conviene à mi salud, he acordado ir à ella... y doyme priesa à salir de aquí porque estos años en fin de hebrero ó principio de março me ha apretado mas esta mi indisposicion... y deseo por entonces estar en parte menos fria. Lo que suplico à V. A. es que se acuerde en esta mi ausencia y siempre de lo que le tengo suplicado muchas veces, que son en suma tres cosas. La primera el amor y temor de Dios, con lo que à esto está annexo que es mucha cuenta con sus mandamientos, y la execucion de ellos no solamente interior, pero aun exterior, por el buen exemplo que V. A. está obligada à dar à todos. » Lettre d'Onorato Juan à don Carlos, citée par Kircher, *Principis christiani*, etc., *loco cit.*

[2]. « Suplico a V. A. acuerde de tener por muy suyas para favorecer siempre las cosas del santo officio y de los ministros de él. » *Id, ibid.*

lui complaire. Indépendamment même des ordres particuliers de Dieu, qui subordonne à l'exécution de ce commandement les biens temporels en outre des biens éternels, cette voie plane et droite doit tout faciliter à Votre Altesse, et se trouvant ainsi aidée de Dieu en ses affaires, prenant sa divine Majesté pour boussole et pour guide, Votre Altesse fera en sorte que tout le monde soit satisfait, car on aime que les fils vénèrent leurs pères et leur obéissent : on tient pour certain que toute autre route est périlleuse, conduit à des peines visibles et ne procure jamais aucun avantage [1]. »

Après avoir indiqué au prince ses devoirs envers son père, il lui reste à insister encore sur ses devoirs envers ceux qui vivent auprès de lui. Ces détails n'étaient pas superflus ; on verra plus loin combien les emportements de don Carlos étaient redoutables à son entourage, et comme non seulement ses propres serviteurs mais encore les ministres de Philippe II avaient à en souffrir, il était opportun d'essayer au moins la ressource des affectueux conseils : « La troi-

---

[1]. «... La segunda cosa que se sigue, despues de lo que toca á Dios, es la obediencia que V. A. está obligado á tener á su padre con servirle y contentalle en todo lo que se mandase, y V. A. entendiere que el desea por su bien y provecho propio, pues dejado à parte la obligacion que para ello hay, y ser tan expressa y particularmente mandado por Dios, que acordó en solo este mandamiento poner premio temporal de mas del eterno; es este camino llano y derecho para facilitar V. A. todas sus cosas y ser ayudado de Dios en ellas, tomando á su divina Magestad por norte y guia, y de esta suerte terna à la gente de su parte que naturalmente se satisface, y de paga de que los hijos reverencien á sus padres y los sean obedientes, teniendo por cosa muy cierta como lo es que todos los otros caminos son peligrosos y errados, y que al cabo paran en trabajos visibles sin provecho alguno. » *Id., ibid.*

sième chose importante, dit encore l'évêque, est que Votre Altesse s'efforce en tout temps de traiter avec amour et douceur, soit en fait, soit en paroles, ceux qui l'approchent et la servent. Je l'ai déjà dit bien souvent à Votre Altesse, c'est une des choses qui donnent le plus de gloire aux princes, et dont la renommée se répand le plus de toutes parts, non seulement dans leur royaume, mais encore à l'étranger. C'est par là qu'on préjuge des inclinations d'un prince, puisqu'il y a lieu de présumer que tel il a été avec ceux qui sont d'ordinaire auprès de lui, tel il sera avec tous, et que s'il traite mal ceux qui le servent nuit et jour, il n'aimera pas se montrer plus favorable à ceux qui non seulement ne le peuvent servir, mais encore parviennent malaisément même à le voir.

« Je fais les mêmes recommandations à Votre Altesse pour sa conduite envers les serviteurs et ministres de son père : on estime d'ordinaire l'affection du fils pour le père d'après l'affection qu'il porte à ceux que son père aime et honore. Ce que je dis des serviteurs et ministres s'entend aussi de tout autre, puisque Votre Altesse doit être un jour le père de ses sujets. Il faut que Votre Altesse écoute avec attention tous ceux qui lui parlent, et s'ils lui demandent de solliciter Sa Majesté en leur faveur, qu'elle leur réponde en peu de mots distincts et clairs, sans sortir du sujet par des interrogations inutiles, sans les forcer ainsi à des réponses longues et pénibles dont ils préféreraient se dispenser. Je supplie surtout Votre Altesse de ne traiter personne avec dédain, ni en particulier, ni en général. Je le lui ai déjà dit bien souvent : c'est un périlleux écueil pour les souverains qui peuvent de la sorte perdre l'amour de leurs sujets, comme il s'en est vu bien des exemples à l'étranger. Il est clair que le dédain n'offense de personne plus que des princes : d'abord naturellement les hommes désirent leur estime, et, en outre, plus ceux qu'on offense sont loin de pouvoir rendre mépris pour mépris, plus vivement ils ressentent l'affront.

« Pour éviter ce danger, toujours j'ai regardé comme sage de ne pas s'enquérir de la vie des autres [1], de ne pas se réjouir de leurs fautes, car il est avéré que de cette curiosité de grands maux peuvent se suivre. Celui qui n'interroge pas ne sait pas tant de détails, et, ne les sachant pas, il n'a point à en parler et à en ressentir de dédain. Au contraire, il arrive souvent que, connaissant trop de choses, on les garde mal secrètes, et que l'on cause ainsi de très grandes querelles dans sa maison, souvent même des rébellions dans le royaume. Il suit de là forcément qu'un prince perd tout crédit aux yeux des gens, nul n'ose plus se fier à lui : on ne lui dit plus même ce qu'il a besoin de savoir, malheur très grand pour tout le monde, spécialement pour les rois... Je supplie humblement Votre Altesse de me pardonner ma prolixité et de ne l'attribuer qu'à mon sincère désir de la servir [2]. »

[1] Onorato ne condamne ici qu'une vaine curiosité, qu'un désir inopportun de connaître des détails inutiles, et il tombe sous le sens qu'il ne prétend pas imposer au prince l'ignorance de la vie passée des gens qui sollicitent des grâces.

[2] «... La tercera cosa es que V. A. se esfuerce en todos tiempos

On a dû remarquer que l'évêque d'Osma insiste principalement sur trois choses : le respect envers

à tratar con amor y blandura á sus criados en obras y en palabras, pues, como otras muchas veces tengo dicho á V. A., es esta una de las cosas que mas lustre suele y puede dar a los príncipes, y que mas se publica en todas partes, y no solamente en los reynos propios, pero aun en los agenos, y de que se viene á tomar mas luz y resolucion de las condiciones y inclination de un príncipe pues se ha de presumir que cual fuere con essos pocos que trata de ordinario, seria con todos si los veniesse á communicar, y que s, trata mal á los que noches y dias lo estan sirviendo, que no holgará de hacer merced á los que apenas alcançan á verle, cuanto mas á podelle servir. Lo mismo ha de tener V. A. con los criados y ministros de su padre, pues es ordinario sacar por esto que tan amigo es el hijo del padre, y que tanto desea contentale, quanto entienden que quiere bien á los que el padre ama y honra. Lo que digo de los criados y ministros entiendo decir tambien de todos los otros, pues se cria V. A. por padre de todos... que los que le vienen á ver y servir les recoja V. A. oyándoles con atencion, y si algo le suplicaren que hable á su padre... que las palabras que se les dijeren sean pocas, y essas distintas y claras sin alargarse á mas preguntar ni necesitarlos á respuestas trabajosas y de que ellos holgasen de poderse excusar. Sobre todo suplico á V. A. traiga muy grande cuenta con no lastimar á persona alguna, en particular ni en general, pues como muchas veces tengo dicho á V. A., es esto un peligroso negocio para los reyes, y de que mayores inconvenientes se podrian seguir quando viniesen por ello á perder el amor de sus súbditos y que se han visto desto exemplos extranos : pues está claro que estas cosas de nadie se tenian pejor que de los príncipes, por razon que naturalmente los hombres desean ser tenidos en mucho de ellos... y lo otro porque cuanto mas lexos estan los injuriados de poderles lastimar á ellos como lo mismo, sienten mas la afrenta. Para remedio de esto, hallé siempre por muy provechoso el no inquirir vidas agenas, ni holgar de saber sus faltas, pues es averiguado que desta curiosidad vienen otros daños, porque el que no pregunta no sabe tantas particularidades, y, no sabiéndoles, no tiene tanto que decir ni con que lastimar. Tambien es ordinario que en el que trata de esto no puede ser muy secreto, y es causa de muy grandes rebueltas en su misma casa y reyno, y al cabo es fuerza que perdiendo el crédito con las gentes que no se ósan fiar dél ni le digan lo que le conviene saber que es gran pérdida para todos, pero para los príncipes la mayor que pued ser... A V. A. humildemente suplico perdone esta prolixidad y la atribuya al deseo que siempre tuvé de serville. » *Id.*, *ibid.*

Dieu et l'obéissance à ses commandements, la soumission au roi, la bonté vis-à-vis des inférieurs. A l'exception de la première recommandation, qui devait naturellement se rencontrer sous la plume d'un évêque, ce n'était pas là une série de lieux communs. Onorato n'était pas homme à prêcher à son élève, pour le plaisir de parler, des vérités si connues, si rebattues, et sur lesquelles tout autre, moins bien informé que lui, aurait également pu discourir. Par le fait, cette lettre si sage s'applique non seulement à tout prince, mais encore à tout homme, par cela seul qu'elle offre, sur des données générales, de bons conseils qui peuvent convenir à tous. Mais si l'on va plus attentivement au fond des choses, on s'apercevra sans peine que ces mêmes conseils étaient spéciaux pour l'état moral de don Carlos et visaient précisément à détruire, s'il était possible, deux grands vices de sa nature, l'insubordination envers son père et des emportements terribles contre diverses personnes de la cour. Si l'on étudie les actes déréglés que nous avons à rapporter maintenant d'après un grand nombre d'historiens et de témoins oculaires, on verra qu'ils prennent tour à tour pour la plupart l'un ou l'autre de ces deux caractères, et que si l'importance de quelques-uns de ces faits a été exagérée ou diminuée selon les diverses thèses, tous justifient les recommandations de l'évêque d'Osma. Rien ne démontre mieux l'erreur de ceux qui voudraient voir dans ces récits une invention ou une calomnie. La lettre d'Onorato avait un but pratique : il insiste sur des défauts particuliers à son élève, sans prétendre faire un traité général sur la conduite des princes. Il se tait sur bien des points dont il aurait parlé sans doute s'il eût écrit pour tous les héritiers de maisons souveraines, et ne s'attache qu'à des réalités, voilant de véritables reproches sous la forme plus respectueuse du conseil, et faisant allusion à des faits pénibles pour sa tendre sollicitude.

Abordons maintenant l'étude des bizarreries, des haines, des violences qui finirent par révéler à la cour et au souverain un trouble étrange dans les facultés du futur héritier de tant de couronnes. L'histoire peut-elle oublier ici cette terrible maladie mentale héréditaire qui, après avoir brisé la vie de Jeanne de Castille, jeté dans de ridicules ou lugubres fantaisies la vieillesse de Charles-Quint, assombri le caractère de Philippe II, se transforma plus tard, chez Philippe III et Philippe IV, en demi-imbécillité, reparut chez le malheureux Charles II, tout ensemble fou et atrabilaire, et emporta au tombeau ce dernier descendant d'une dynastie illustre, mais funeste entre toutes au peuple qu'elle a gouverné ?

J'ai raconté déjà quelques-uns des actes singuliers qui, dès l'enfance de don Carlos, avaient douloureusement surpris ses maîtres [1]. Son intelligence depuis lors ne s'était guère développée. Ses lettres le démontrent : on n'y rencontre pas assurément le style d'un jeune homme de vingt ans dont l'esprit est

---

1. Voy. pages 24, 25 et suiv.

ferme et étendu. Cependant ses études n'avaient pas été négligées. On a dit que son précepteur n'avait jamais pu parvenir à lui apprendre le latin [1], mais ce détail est inexact. Il est vrai que le latin était enseigné alors d'une manière barbare [2] et rebutante, mais les premières années du prince avaient satisfait ses maîtres : don Carlos avait commencé le latin dans les derniers mois de 1554, et c'est seulement quatre ans plus tard, en octobre 1558, qu'Onorato adressa à Philippe II les premières plaintes auxquelles l'infant ait donné lieu. Il est donc certain que pendant un laps de temps assez considérable, don Carlos avait étudié le latin non sans zèle et sans fruit. Une relation contemporaine nous montre d'ailleurs Onorato lisant à son royal élève tous les jours un passage du *De officiis* [3]. Rien ne prouve que don Carlos ait depuis abandonné cette étude, et qu'Onorato se soit borné à lui apprendre à parler et à écrire correctement l'espagnol, mais il est vraisemblable que l'infant était très médiocrement instruit, que ses précepteurs ne pouvaient soumettre à un labeur suivi cet esprit indocile. Son séjour dans la studieuse ville d'Alcala fut d'ailleurs abrégé par sa chute, et il est peu probable qu'à son retour dans Madrid, à dix-huit ans, il se soit livré à des travaux longs et sérieux. Ce fut peu de temps après qu'Onorato fut élevé à l'évêché

---

1. « Se hallaba tan retrasado en el estudio que aun no sabia latin. » Llorente, *Hist. de la Inquisicion.*
2. « Con bárbaro modo de enseñar » dit l'archevêque de Valence, Martin Perez de Ayala. Ms. de la Bibl. de Séville, cité par A. de Castro. *Hist. de los protestantes españoles.*
3. *Relazione di Badoero.* Ms. déjà cité.

d'Osma, ce qui, dans l'esprit de Philippe II, était sans doute une récompense définitive après une éducation tant bien que mal terminée. Il avait fallu en prendre son parti et ne pas demander obstinément à l'intelligence de l'infant plus de connaissances qu'elle n'était capable d'en porter. On lui forma cependant une bibliothèque assez bien choisie et composée même d'ouvrages très variés : j'ai remarqué, dans le long catalogue que j'ai eu entre les mains, des ouvrages d'histoire, tels que la Vie de l'empereur Charles-Quint, les Hommes illustres de Plutarque, l'Histoire pontificale et catholique, Denys d'Halicarnasse, la Géographie de Claudio Toloméo (sic) [1], Térence, Salluste, Esope, des traités d'histoire naturelle et de blason, des livres de piété, et, ce qui était un souvenir toujours cher à la famille royale, la Vie du bienheureux Diègue [2].

Je ne sais pas si don Carlos feuilletait souvent tous ces livres, mais je ne le crois guère, si j'en juge par ses goûts frivoles ou grossiers, tels que la passion de la table, des promenades nocturnes et du jeu. « Plusieurs fois, écrivait Tiepolo à Venise, ses excès de table ont amené des maladies graves [3]. » Je lis dans une lettre de Guillaume d'Orange : « Le prince d'Espagne a mangé ces jours derniers seize livres de fruit, y compris quatre livres de raisin, en

---

1. Il s'agit ici du fameux géographe Ptolémée, et non, comme l'erreur du catalogue pourrait le faire croire, du savant Claudio Tolommei, qui n'a point écrit de géographie.
2. Arch. de Sim. Cont. gen., 1ᵉ ép., leg. 1051.
3. « Per gli disordini grandi del mangiare..., più volte ha patito gravissime malattie. « *Relazione di Tiepolo*. Ms. Bibl. Imp., déjà cité.

une seule séance, et est en conséquence tombé malade ¹. » L'ambassadeur de France raconte qu'un courrier de l'Empereur osa dire en quittant Madrid : « Qu'il s'en alloit bien mal édifié des contenances qu'il avoit veu tenir au prince d'Espaigne en table et hors d'icelle ². » « Il est fort glouton, écrit de son côté Dietrichstein, et ses excès de table sont la cause de son état maladif. » Brantôme rapporte que don Carlos aimait fort la nuit « ribler (battre) le pavé » ; il ajoute même qu'il insultait les femmes au passage : « Quand il alloit par les rues quelque belle dame, dit-il, et fust-elle des plus grandes du pays, il la prenoit et la baisoit par force devant tout le monde, et l'appeloit p....., bagasse, chienne, et force autres injures luy disoit-il ³. » Si Brantôme seul affirmait ce fait, je n'aurais certes pas pris la peine de le redire, mais je le retrouve dans deux écrivains sérieux, Ferreras et Cabrera : l'un et l'autre racontent ces promenades nocturnes, sans doute habilement cachées au roi, qui ne les eût point permises ; ils laissent deviner les désordres et la licence de ces compagnons débauchés que la plus scrupuleuse sévérité ne peut parvenir à éloigner des princes ⁴. Ainsi Néron parcourait la nuit les carrefours de Rome ⁵. Mais s'il n'arriva pas

---

1. *Correspondance de Guillaume le Taciturne*, III, 12.
2. Dépêches manuscrites de Forquevaulx, 8 février 1566.
3. Brantôme, *Mémoires*, II, 102.
4. Ferreras, IX, 544. — « Salia el príncipe de noche por la corte con indecencia y facilidad. » Cabrera, VII, 469, et son copiste Van den Hammen. **Felipe el Prudente, p. 162.**
5. Suétone, *Nero*, XXVI.

au pâle et débile jeune homme qui imitait ainsi, sans le savoir peut-être, l'antique César, d'être battu à mort par quelque mari en colère, il se trouva que dans une de ces courses errantes un peu d'eau lui fut jetée sur la tête du haut d'une fenêtre. Cette aventure n'aurait pas dû surprendre un rôdeur de nuit; mais le prince fut saisi soudain d'une sorte de fureur convulsive, et, rentrant au palais, il commanda à des gardes de brûler la maison après en avoir égorgé les habitants. L'officier qui reçut un tel ordre eut le bon sens de l'éluder. Il sortit et revint dire au prince qu'il avait vu entrer dans cette même maison un prêtre portant le saint sacrement à un malade, et qu'il avait cru devoir alors en respecter les murailles [1]. Don Carlos se paya de cette raison, soit qu'il la supposât vraie, soit plutôt que son accès de démence fût calmé. Ces divertissements, peu dignes d'un prince, faisaient un singulier contraste avec les apparences d'austérité chères à Philippe II, dont les mœurs étaient loin d'être pures, mais qui détesta toujours le scandale public et les débauches bruyantes. Don Carlos semble avoir aimé le jeu, car on trouve consignées beaucoup de pertes sur ses comptes, mais il ne paraît pas y avoir apporté d'aigreur ; du moins on ne cite aucun fait qui prouve que la mauvaise fortune l'ait irrité. Ses enjeux, il est vrai, n'étaient point considérables : j'ai sous les yeux

---

1. « Y porque le cayó de una ventana un poco de agua, embió la guarda para quemarle y matar los moradores y bolvieron diciendo (para satisfazelle) entraba el santo sacramento en ella y respetaron por esto sus paredes. » Cabrera, *ibid.* — Ferreras, *ibid.*

une liste de diverses sommes dont il eut à s'acquitter envers plusieurs seigneurs de la cour, et principament don Juan d'Autriche. La plus forte est de trois cents ducats [1].

Ceci est peu de chose, et ces divers excès de table, ces excursions nocturnes n'auraient sans doute que médiocrement préoccupé Philippe II; mais trop souvent il apprenait quelque nouvelle action bizarre, quelque trait de délire furieux : cet homme superbe se voyait frappé rudement dans la personne de son fils, et ne pouvait se résoudre à s'avouer la vérité. Tandis que la cour connaissait ce désordre d'esprit et attendait l'avenir avec inquiétude, tandis qu'Onorato, éloigné de son élève au fond de son évêché d'Osma, méditait sur les symptômes redoutables qu'il avait aperçus, tandis que les clairvoyants ambassadeurs ne se faisaient point illusion et écrivaient franchement à leurs cours, tandis que Forquevaulx disait dans ses dépêches : « C'est un jeune personnage sujet à la teste [2], » que le nonce ne dissimulait point la vérité au cardinal Alessandrini [3], le roi, calme, grave, impénétrable, indécis comme toujours [4], ne pouvant ou ne voulant pas s'avouer ce que personne n'eût osé lui dire, n'entendait recon-

1. Arch. Sim. Cont. gen., 1ª ép., leg. 1110.
2. Dépêches manuscrites de Forquevaulx (30 juin 1567).
3. Il lui écrit le 4 février 1568 comme un fait familier à leur correspondance : « Son cerveau n'est pas sain et son entendement est troublé. »
4. « L'indécision formait l'un des traits dominants du caractère de Philippe II. » Gachard, *Intr. à la correspondance de Philippe II*, II, 1, 50.

naître ni l'incapacité de l'infant ni les désordres de son esprit [1]. Il préférait le croire indocile, violent, rebelle à toute autorité, essayait de le corriger au moyen d'une discipline sévère, ne lui présentait jamais qu'un visage morose, s'irritait de sentir sa volonté réduite à l'impuissance [2], s'indignait de voir la sécurité de l'Espagne compromise par la perspective d'un règne désastreux, et ne parvenait qu'à entretenir dans l'âme de l'infant une aversion mal dissimulée pour l'âpre et implacable père qui prétendait le contenir par la terreur [3].

De là un déplorable antagonisme, une situation pleine de périls et de scandales. Philippe croyait devoir à sa dignité de ne pas céder, et il le devait peut-être à ses illusions. Onorato s'efforçait en vain d'obtenir du prince une soumission nécessaire. L'aveuglement du roi lui imposait la sévérité; le désordre qui régnait dans l'esprit de l'infant ne lui permettait pas le calme que son père eût considéré comme l'obéissance. Bientôt la haine de don Carlos pour le roi et ceux qui avaient sa confiance devint tout à fait publique : on s'entretenait à la cour d'Espagne et dans les cours étrangères d'un état de choses qui effrayait les uns, réjouissait les autres, et paraissait à tous sans issue. Tiepolo écrivait à Venise : « Ardent, impatient, il s'irrite sans peine; il s'est

---

1. « Dopo aver con ogni patienza cercato a discoprir l'imperfectione de figliuolo. » *Compendio della vita di Filippo II*. Ms. Bibl. Imp. 10232.

2. « Il en sent grand ennui dans son cœur. » Dépêches manuscrites de Forquevaulx (24 août 1567).

3. Dépêches manusc. de Forquevaulx (septembre 1567).

montré souvent cruel dans sa fureur, et il déteste tous les serviteurs de son père [1]. » J'ai indiqué précédemment les informations données par Soranzo au sénat de Venise sur les relations du père et du fils. Forquevaulx écrivait à Paris : « Il resprouve et mesprise communément toutes les actions du roy son père [2], » et ailleurs : « Il y a eu quelque prise entre le Roi Catholique et son fils pour les désordres qu'il (l'infant) continue à faire assez mal à propos [3]. » Brantôme, à son retour de Madrid, signalait cette haine funeste dans ses *Mémoires;* tous les historiens, échos des conversations générales du temps, sont d'accord sur ce point, et l'on a vu plus haut quels tourments religieux cette invincible antipathie avait jetés dans l'âme de don Carlos.

Le malheureux prince, à mesure qu'il avançait en âge, tout en conservant d'autre part les bonnes qualités que nous avons étudiées, devenait dans ses accès de fureur maladive de plus en plus redoutable à ceux qui l'entouraient, et ces accès étaient de plus en plus fréquents; ses sentiments envers son père prenaient un caractère systématiquement hostile, et des faits nombreux sans cesse renouvelés, « des folies trop débordées, » selon l'expression de l'am-

---

1. « È ardente nelle cose sue, et forse precipitoso: facilmente s'adira, et nell'ira ha dato segno d'esser crudele... Non è amico de' servitori del padre. » *Relazione di Tiepolo.* Ms. déjà cité.
2. Dépêches manusc. de Forquevaulx (3 novembre 1565).
3. *Ibid.* (30 juin 1567). Catherine d'Autriche, grand'mère du prince, reine douairière de Portugal, fait allusion à ces mêmes sentiments dans une lettre adressée à don Carlos et citée par Kircher. *Archetypon*, etc.

bassadeur de France, venaient confirmer les inquiétudes et aigrir la colère de Philippe II. On rencontre dans les écrivains espagnols des anecdotes si bizarres, qu'il faudrait les révoquer en doute si l'on ne connaissait la violence du prince, si quelques-unes ne se trouvaient démontrées par diverses enquêtes qui eurent lieu après la mort de l'infant [1], et d'ailleurs ne se rapportaient avec exactitude aux conseils d'Onorato Juan.

J'ai dit que don Carlos ne cachait pas son antipathie pour divers membres du conseil d'État. Il était notoire en 1567 qu'il haïssait Ruy Gomez de Silva, qui avait été nommé son majordome en août 1564 après la mort de don Garcie de Tolède [2], mort en janvier. Il paraît avoir également détesté le cardinal

---

1. Ces enquêtes n'avaient point pour objet l'infant lui-même ; mais quelques personnes attachées à sa maison les provoquèrent pour leurs intérêts particuliers. Le prince n'y est mêlé qu'accidentellement. Nous en tirerons plus loin un récit et des détails curieux. Les procès-verbaux sont à Simancas.

2 « No è amico de Ruy Gomez que è ora suo maggiordomo. » *Relazione di Tiepolo*. Ms. déjà cité. Soranzo raconte que cette place avait été disputée par de nombreux grands d'Espagne, notamment le duc de Sessa, le comte de Benavente, le duc de Féria, etc. (Lettre du 12 août 1564). Ce fut à cette époque que la maison de l'infant fut reconstituée par cédule royale ; voici quels furent les principaux officiers du prince : Grand maître, Ruy Gomez de Silva, prince d'Eboli ; grand écuyer, Luis Quijada ; confesseur, F. Diego de Chaves ; grand aumônier, Onorato Juan, évêque d'Osma ; aumônier, Osorio ; chapelain, D. Antonio Manrique ; majordomes, D. Fadrique Enriquez, D. Fernando de Rojas ; gentilshommes de la Chambre, Diego de Acuna, le marquis de Tavara, le comte de Gelves, D. Alonso de Cordova ; aides de chambre, Juan Estebez de Lobon, D. Martinez de la Cuadra, etc. ; aide de garde-robe, D. Garci Alvarez Osorio, etc. ; secrétaire, Martin de Gaztelu. (Cédule du 14 mai 1564, Arch. Sim. Cont gener., leg. 1031.)

Espinosa [1], l'un des personnages les plus influents du conseil, et cette haine avait pour origine une circonstance qu'un homme de bon sens eût remarquée à peine. Un comédien nommé Cisneros donnait des représentations à Madrid ; cet acteur était l'un des plus célèbres de la troupe de Lope de Rueda ; ce fut lui qui plus tard, à Séville, créa le rôle de l'*Infamador* dans la pièce de Juan de la Cueva : il avait, dit-on, beaucoup d'esprit, et dans plusieurs ouvrages espagnols, entre autres dans *Guzman d'Alfarache*, on cite de lui des traits et des mots ingénieux. Ses représentations à Madrid avaient grand succès, et don Carlos y prenait plaisir. Cependant ce n'était pas sans peine que le gouvernement tolérait les spectacles : sans cesse il paraissait de nouveaux édits contre la licence des pièces de théâtre, et dans cette cour où dominait l'Inquisition, où plus tard, en 1600, les Conseils devaient interdire aux femmes de paraître sur la scène, et ranger les divertissements dramatiques au nombre des péchés mortels, même pour les spectateurs, il n'est pas étonnant que le cardinal Espinosa, agissant comme président du conseil de l'Inquisition, ait interdit les représentations de Cisneros. Les plaisants de Madrid prétendirent aussitôt que le bruit des tambourins qui annonçaient le spectacle troublait le sommeil d'Es-

---

1. Espinosa, membre du conseil d'État, président du conseil de l'Inquisition, cardinal. Il était d'humble naissance, et c'était pour humilier les grands, s'il faut en croire une relation italienne manuscrite, que Philippe II l'avait élevé si haut : « Perchè S. M. vuol tener bassi li grandi di Spagna. » Ms. Bibl. Imp.

pinosa précisément à l'heure où ce prélat faisait la sieste, et que, fatigué de ne pouvoir dormir tant que les crieurs de la troupe stationnaient dans la rue, le ministre avait brusquement fait fermer le théâtre [1]. Je suppose que le gouvernement de Philippe II était trop grave pour se laisser guider par des considérations de cet ordre, et je ne crois pas davantage, comme l'insinue un écrivain, que ce fut spécialement pour priver don Carlos de ses plaisirs que le cardinal rendit cette ordonnance [2]. Espinosa n'avait aucun motif de vexer l'héritier de la couronne, et il était trop adroit pour s'aliéner de gaieté de cœur l'esprit d'un prince qui, d'un jour à l'autre, pouvait devenir son maître. D'ailleurs l'infant n'était pas le seul qui assistât aux pièces que donnait la troupe de Lope de Rueda, et la mesure prise par le président du conseil inquisitorial avait évidemment un caractère religieux, comme beaucoup d'autres qui avant, et après celle-là, furent dirigées contre le théâtre. L'infant toutefois, avec cette impétuosité qui caractérisait sa colère, crut sa dignité atteinte en voyant ses plaisirs interrompus. Peu de temps après, il aperçut Espinosa dans une galerie du palais, et courut à lui, la main sur le poignard : « Jusqu'où vous enhardissez-vous, s'écria-t-il, d'empêcher Cisneros de me ser-

---

[1] « Por las siestas solia llamar con el estruendo de un tamboril á la comedia á cuantos transitaban por la calle en donde tenian asiento las casas morada de Su Eminencia... En esa hora se daba Espinosa al sueño. » A. de Castro, *loco cit*.

[2] « Mas cierto me parece que el cardenal quiso quitar al príncipe sus divertimientos, teniéndoles por indignos del sucesor en la corona de este monarca. » *Id., ibid.*

vir? Par la vie de mon père, je vais vous tuer [1]. »
Cette scène, aussi odieuse que ridicule, et qui paraît
avoir fort effrayé le cardinal, avait lieu en présence
d'un certain nombre de seigneurs qui s'interposèrent
et parvinrent à calmer le prince [2].

Ce n'était pas la première des tentatives de meurtre reprochées à don Carlos par divers historiens. Il
n'en est pas moins de six, dont cinq au moins sont
incontestables [3]. Les détails en sont trop précis, ils
sont affirmés par un trop grand nombre de documents pour qu'on puisse les révoquer en doute. Je
n'en dirai pas autant de la tentative antérieure contre
don Garcie de Tolède, qui lui est attribuée par Cabrera. Le gouverneur de l'infant aurait failli être tué
au *bosque* d'Aceca par son élève, au moment où il
essayait d'apaiser un de ces accès de rage qui trou-
blaient si subitement la raison de don Carlos : il se
serait avec peine échappé des mains du prince, et
aurait immédiatement porté sa plainte à Philippe II [4].
Ce fait est possible sans doute, mais il est raconté
par un seul historien, et il me semble qu'Onorato

1. « A mí os atreveis vos, no dejando á Cisneros que venga á ser-
virme? Por vida de mi padre, que os he de matar. » —Voy. Lafuente,
XIII, p. 80 et suiv.
2. Ferreras, IX, 544.— Lafuente, XIII, p. 80 et suiv. — A de Castro, *loco cit.*, etc.
3. Celle contre Espinosa, que je viens de rappeler, et celles contre
Alfonso de Cordoba, Lobon, le duc d'Albe et don Juan d'Autriche
que je raconterai plus loin. Il est également certain qu'il menaça de
son poignard en 1567 son majordome D. Fadrique Enriquez (Lettres
de Nobili, 27 juillet, et de Hernando Suarez).
4. « Estando en el bosque de Aceca, frenando su acceso don Garcia de Toledo, le quiso poner las manos el principe, y huyó hasta
Madrid, donde el rey le hizo merced, y quedó mal inclinado contra
su hijo. » Cabrera VII, p. 479.

dans sa lettre aurait fait allusion à une aussi monstrueuse violence [1]. D'ailleurs don Carlos a toujours témoigné beaucoup de respect à ses maîtres : sans nier l'exactitude de ce détail, je dois dire que les preuves ne me paraissent pas ici suffisantes pour justifier une affirmation absolue. On cite aussi de lui divers traits de brutalité extravagante : les comptes de Simancas indiquent diverses indemnités payées aux parents de petites filles battues par ses ordres [2]. Il était également cruel envers les animaux, et le docteur Hernan Suarez fait allusion, dans une lettre adressée au prince en 1567, aux traitements barbares qu'il avait fait subir dans ses écuries à une vingtaine de chevaux [3].

Une autre anecdote, racontée en grand détail par beaucoup d'écrivains, mérite plus de créance par cela même qu'elle est très bizarre et qu'un calomniateur eût cherché quelque récit plus vraisemblable. Ajoutons qu'on y rencontre le nom d'un personnage qui probablement existait encore à l'époque où plusieurs de ces relations furent écrites, et qu'on n'eût pas osé désigner ainsi dans des livres lus de toute la Cour. Elle est en outre tout à fait en rapport avec les façons d'agir du prince dans son intérieur : on verra plus loin des aventures analogues, rapportées par des témoins oculaires, avec des détails dont on

---

1. Ce fait aurait eu lieu, au plus tard, dans le courant de 1564, car don Garcie mourut à la fin de cette année, et la lettre d'Onorato, nous croyons l'avoir démontré plus haut (p. 96), est de 1565,

2. Arch. Sim. Cont. gener. leg 1110

3. Lettre de H. Suarez, 18 mars 1567, publiée dans le « Bibliotecario y el trovador Español. Madrid, Sancha, 1841, II, p. 21.

ne saurait discuter l'exactitude. Voici le récit d'un
grand nombre d'historiens : On apporta un jour à
don Carlos des bottines qu'il trouva trop étroites; ce
fut assez pour qu'il ne se possédât plus. Il souffleta
don Manuel, son majordome [1], qui les avait comman-
dées, puis secoua violemment la clochette qui appe-
lait les gentilshommes de la chambre. Don Alfonso
de Cordova, frère du marquis de las Novas, était de
service; comme il entrait dans la chambre après
avoir un peu tardé à venir, l'infant se jeta sur lui, et
voulut le précipiter par la fenêtre dans les fossés du
château. Aux cris de don Alfonso, les domestiques
accoururent et arrêtèrent le prince. Alors il leur
ordonna de couper en morceaux les bottines, de les
faire cuire, et il prétendit les faire avaler au cordonnier maladroit [2]. Ceux qui racontent cette aventure
vont jusqu'à dire qu'en réalité le cordonnier fut contraint de les manger [3]. C'est probablement une exagération; il est vraisemble que cet ordre ne fut point
exécuté, et peut-être ne faudrait-il voir là qu'une
plaisanterie, si la tentative contre don Alfonso ne

---

1. Je ne trouve aucune personne du nom de don Manuel dans la liste des principaux officiers du prince : le nom de baptême, sans nom de famille, se rapporte évidemment à quelque officier subalterne.
2. Ferreras, *ibid.* — Cabrera, *ibid.* — Van den Hammen, *Felipe el Prudente.* — Llorente, *Hist. de la inquisicion*, etc.
3. « Hiso les comiesse, dit Van den Hammen. — Ferreras parle de même. — « Obligó á comerlas, » dit Llorente. — Un écrivain récent, M. A. de Castro, se moque avec raison de ces expressions, mais il n'est pas fondé à repousser toute l'histoire par ce seul fait. Il me semble, au contraire, que ces derniers détails, imaginés par les mauvaises langues de la cour, démontrent l'exactitude du fond du récit.

démontrait que don Carlos, arrivé au paroxysme de la fureur, ne songeait pas à se divertir en grand seigneur aux dépens d'un manant épouvanté. Du reste, il se donnait parfois le plaisir d'effrayer les gens de bas étage lorsqu'il y trouvait son intérêt : fort souvent réduit aux emprunts, — nous en voyons plusieurs sur ses comptes dont la somme n'est pas indiquée [1], — il força un jour, s'il faut en croire une dépêche de l'ambassadeur de Toscane, un marchand nommé Grimaldi à lui prêter soixante mille ducats [2].

Il était pénible de le servir, « il maltraitait les employés de sa maison, les accablait de coups ou les voulait jeter par la fenêtre [3], » nous dit un des historiens déjà cités et dont la véracité est prouvée par les enquêtes dont j'ai parlé plus haut. Il osa même frapper du poing en 1567 don Diego de Acuna, gentilhomme de la Chambre, qui le réprimandait d'écouter à la porte de la chambre du Conseil [4]. Il résulte des dépositions d'un grand nombre de ses serviteurs qu'il ne fallait pas risquer de rien objecter à ses ordres : « Il veut être obéi sans réplique [5], » disait Forquevaulx ; c'est aussi dans ce sens que parlent

---

1. « A tratar con Vicenzio y Domingo Furniel, ginoveses, que prestasen cierta suma de maravedis á S. A. » Arch. Sim. Cont. gener., *loco cit.*

2. Dépêches manusc. de Nobili, ambassadeur de Toscane (24 juillet 1567).

3. « Maltratava á sus criados; á unos queria echar por las ventanas, á otros daba de bofetones. » Van den Hammen, *loco cit.*

4. Lettre de Nobili, du 24 juillet 1567. Acuna quitta la maison du prince à la suite de cette scène et fut pourvu par le roi d'une commanderie de 3000 écus.

5. Dépêches manusc. de Forquevaulx (18 juillet 1567).

les témoins des enquêtes qui eurent lieu après sa mort : « On ne pouvait répondre, dit l'un d'eux, sans qu'il s'irritât et ordonnât d'obéir en silence [1] » ; un autre rappelle « les mauvais traitements [2] » qu'il faisait subir à ceux de ses gens qui n'avaient pas le bonheur de lui plaire. Mais rien ne fait mieux connaître la violence de l'infant, la versatilité de son esprit et le désordre de ses idées, que la curieuse histoire d'Osorio et de Lobon, rapportée dans les enquêtes.

C'était en février 1561 ; le maître de la garde-robe du prince, Ortega de Briviesca, était mort le mois précédent [3], et il s'agissait de lui nommer un successeur. Don Carlos désirait voir élevé à ce poste Juan Estebez de Lobon, *ayuda de cámara*, mais le roi préféra un autre des *ayudas de cámara* [4] du prince, le jeune Garcie Alvarez Osorio. Le nouveau maître de la garde-robe n'avait que vingt-deux ans [5], mais il appartenait à l'une des plus illustres familles de la monarchie, celle des marquis d'Astorga, dont l'héritier, Alvaro Osorio, avait épousé la fille du duc

---

1. « ... No se le podia replicar sino que lo que él mandaba se hacia luego sin réplica y de otra manera se enfadaba. » *Déposition d'Osorio dans l'enquête.* Arch. Sim. Cont. gener., 1ª ép., leg. 1050.

2. « Muchos malos tratamientos. » *Déposition de Juan Nodar* (criado de S. A.). Arch. Sim. Cont. gener., 1ª ép., leg. 1118.

3. « Briviesca sirvió los oficios de guardaropa y guardajoyas que fué hasta fin de sesenta. » Arch. Sim. Cont. gener., 1ª ép., leg. 1118.

4. *Ayuda de cámara*, aide de la chambre, fonction inférieure à celle de gentilhomme de la chambre.

5. Je lis dans une deuxième enquête où Osorio fut appelé comme témoin, et qui eut lieu en 1583, qu'en cette année il avait quarante-cinq ans. Il était donc né en 1538, et en 1560 il avait vingt-deux ans. — Voy. Arch. Sim. Cont. gener., 1ª ép., leg. 1118.

d'Albe[1]. Son oncle, Francisco Osorio, était aumônier du jeune prince ; lui-même était entré tout enfant dans la maison de don Carlos[2], qui lui avait témoigné jusque-là beaucoup de bienveillance et devait même le prendre plus tard pour son plus intime confident. Néanmoins l'infant fut fort irrité en apprenant la nomination d'Osorio, et dès lors ne cessa d'empêcher par les moyens les plus bizarres l'expédition des affaires de sa maison[3]. D'abord il refusa de rendre compte de ses dépenses et d'exposer l'état de sa fortune au nouveau maître, qui ne savait comment établir la régularité de ses registres, ignorait l'emploi que le prince faisait de son argent et ne connaissait avec exactitude ni les revenus, ni les déboursés, ni les dettes[4]. En présence d'une telle situation, Osorio jugea utile, pour couvrir sa responsabilité, de prévenir don Garcie de Tolède. Il l'avertit de la mauvaise volonté de l'infant, et lui demanda qu'au moins, pour qu'il lui fût possible d'établir sa comptabilité sur des bases stables et de répartir les fonds entre les divers services de la maison de Son Altesse, on lui donnât connaissance du registre sur lequel les détails néces-

[1]. Voy. au ch. Ier, les notes sur les lettres de l'aumônier Osorio à Philippe II.
[2]. En 1583. Osorio dit dans sa déposition qu'il était entré, il y avait trente ans, dans la maison du prince, c'est-à-dire en 1553 : il avait alors quinze ans.
[3]. « Haciéndole muy malos tratamientos... todo á efecto de le quitar de los dichos oficios y no permitiendo que tomase ningun recaudo ne claridad de lo que S. A. daba y distribuya. » *Déposition d'Osorio dans l'enquête* déjà citée.
[4]. « Procuró que hubiese claridad y se entendiese la manera como se distribuya la hacienda de S. A., lo que habia en su casa. » *Ibid.*

saires avaient été notés, lui disait-on, à l'époque où don Antonio de Rojas étant gouverneur, le roi avait formé une première fois la maison du prince. Don Garcie approuva ce désir et fit chercher ce registre; mais on ne le trouva point, soit qu'il n'eût jamais existé, soit qu'il se fût égaré, soit que don Carlos, averti, l'eût fait disparaître. Il fallut donc que le gouverneur lui-même, les majordomes et le contrôleur se réunissent en conférence pour procéder à l'inventaire de la fortune de don Carlos. L'infant, ayant appris ces mesures, défendit qu'on y donnât suite, et, non content de traiter Osorio avec mépris, il s'amusait à dérober les clefs des coffres où ses habits et ses joyaux étaient renfermés, y puisait à son gré, envoyait ce butin hors du palais et empêchait Osorio d'assister à ce pillage[1]. Décidé à faire tout au monde

[1] « ... Advirtió á don G. de Toledo que para que se supiese la hacienda que estaba repartida en los oficios de su casa pareciese un libro donde se entendia habia la claridad de todo ello desde el tiempo que se puso la casa á S. A., siendo su ayo don Antonio de Rojas, é aunque el dicho don Garcia hizo diligencias para hallar el dicho libro, no pareció... y visto que el dicho libro no parecia, don Garcia y los mayordomos y contralor de S. A. se juntaron en burco á que se hiciese inventario de toda la hacienda que S. A. tenia, y que hiciese cargo della al dicho Osorio para que él, como es costumbre, la entregase á los oficiales de la casa... lo cual sabido, S. A. no quiso ni permitió que se hiciese... y no contento S. A. con los malos tratamientos que á el dicho Osorio hacia, le tomaba las llaves de los cofres, y hacia sacar y daba dellos lo que le parecia, y enviéndole fuera de palacio sin que él lo viese ni entendiese y no queriendo que se hallase presente á ninguna cosa que se costaba. » *Pétition d'Osorio*, déjà citée. — « Diego de Vagas, tapicero mayor de S. A., dice que vió algunas veces como S. A. tomó las llaves al dicho Osorio y se encerraba en la guardaropa con quien era servido, é no dejaba entrar al dicho Osorio en ella, é S. A. abria los cofres é hacia en ellos lo que era servido. » *Dépositions des témoins dans l'enquête*, déjà citée.

pour dégoûter le jeune maître de sa charge, pour embrouiller ses comptes, et, sous prétexte de mauvaise gestion, le faire un jour dépouiller de son emploi, il s'en plaignait à tout venant, et déclarait que grande serait sa joie quand il le verrait destitué[1]. Il pria même le secrétaire du conseil, Francisco de Eraso, de donner à Osorio une place dans les Indes ou la charge d'officier aux comptes à Malaga, uniquement pour éloigner de sa personne ce serviteur détesté[2]; en dépit du mécontentement plusieurs fois manifesté par don Garcie de Tolède, auquel Osorio exposait souvent son ennui et ses inquiétudes, il traitait le maître de sa garde-robe avec une violence maladroite, dont tout le monde connaissait la cause[3], et laissait enfin voir trop bien le but de ses manœuvres pour ne pas infirmer aux yeux de tous la sincérité de ses accusations.

Cet état de choses, si étrange qu'il fût, dura cependant plus de deux années, et ce ne fut qu'en 1563 que Philippe II consentit à céder[4]. Mais Lobon ne lui

---

1. « ... El doctor Olivarès declara que sabe que el principe estaba mal con Osorio y le deseaba echar de su oficio. » — « Ruy Diaz de Quintanilla (valet de chambre du roi et barbier du prince) dice que entendió de S. A. que holgara de que el dicho Osorio no sirviera los dichos oficios y que en él hubiera deméritos para poder hacer merced dellos en don J. E. de Lobon. » — « F. de Molina, criado de S. A., dice que segun lo que entendia de S. A. holgara de que en Osorio hubiera faltas y deméritos. » *Déposition des témoins, ibid.*

2. « Procurando con F. de Eraso se le diese un oficio en las Indias adonde se fuese ó la contaduria de Malaga. » *Pétition d'Osorio*, déjà citée.

3. Tous les témoins de l'enquête déclarent que, au su de tous, le prince se conduisit de la sorte pour faire remplacer Osorio par Estebez de Lobon.

4. En 1563, nous trouvons encore la signature d'Osorio comme

inspirait sans doute qu'une médiocre confiance, car, tout en enlevant sa charge à Osorio qui redevint simplement *ayuda de cámara* comme par le passé, il la divisa en deux fonctions distinctes : celle de maître de la garde-robe, qui fut donnée à Lobon ; celle de maître des joyaux qu'il accorda plus tard à don Diego de Olarte [1]. Le prince parut satisfait de ce changement obtenu de guerre lasse, après deux années de lutte. Lobon était au comble de la faveur, il assistait à toutes les parties de plaisir[2], don Carlos lui avait donné toute son amitié, lui confiait ses secrets et son argent, et nul ne passait pour avoir plus de crédit auprès de sa personne[3]. Mais Osorio devait avoir sa revanche. Avec cette bizarre versatilité qui était un des caractères de son esprit, l'infant prit soudain en haine ce même homme qu'il avait si ouvertement protégé, pour lequel il avait pendant deux ans jeté le désordre dans ses affaires et s'était opposé ouvertement à la volonté du roi. La disgrâce de Lobon fut prompte, décisive, irrévocable. S'il avait excité jadis don Carlos contre Osorio, il en fut cruellement puni. Saisissant le prétexte d'un papier qui manquait, l'in-

---

maître de la garde-robe à la fin d'un compte. Arch. Sim. Cont. gener., leg. 1033².

1. Ce fut après 1564, car le nom de Diego de Olarte ne figure pas dans la cédule du 14 mai 1564 que j'ai citée plus haut.

2. « ... Dió á Lobon 10 escudos en ora que S. A. le mandó dar de una apuesta que ganó á S. A. de unos arcabuces. » 8 de mayo 1566. Arch. Sim. Cont. gener., leg. 1110.

3. « ... S. A. le queria bien, y del hacia mucha confianza, fiandole su hacienda y secreto como hombre de mucho crédito y confianza. » *Déposition de Pedro de Bilbao, platero de S. M., dans l'enquête, loco cit.*

fant entra dans une de ces colères effrayantes où semblaient se déchaîner tous les délires de sa nature désordonnée : il se précipita sur le favori de la veille et voulut le jeter par la fenêtre. Il fallut que les gentilshommes de la chambre intervinssent et lui arrachassent des mains le malheureux disgracié. Don Carlos se répandit alors en injures, appela Lobon coquin, voleur, s'écria qu'il avait commis un crime de lèse-majesté, et lui ordonna de quitter à l'instant le palais. Puis, non content de cette scène, il voulut poursuivre sa vengeance, réunit en commission son secrétaire Gaztelu, Martinez de la Cuadra, *ayuda de cámara*, et le trésorier Colonna, et leur donna ordre d'instruire le procès de Lobon avec la plus excessive sévérité. Lui-même, préoccupé des travaux de cette commission, venait voir souvent à la porte de l'appartement si elle s'acquittait assidûment de sa charge, et le secrétaire Gaztelu, fidèle interprète des sentiments de son maître, accusait Lobon avec la plus violente animosité. On ne sait pas si l'instruction révéla quelque infidélité du maître de la garde-robe, mais il perdit son emploi, qui fut réuni, comme au temps d'Ortega et d'Osorio, à la charge de maître des joyaux et confié à don Diego de Olarte[1].

---

1. « ... Enojó mucho con el dicho J. E. de Lobon por un billete que le faltó, y en tanta manera que le quiso echar por una ventana, y algunos de los caballeros de su camara vió que le detuvieron, y asi S. A. mandó despedir al dicho Lobon y que se fuese á su casa, llamándole bellaco, ladron y que habia cometido *crimen legis majistatis* (*sic*), y con mucha ira y enojo mandó que los dichos Cuadra y Colonna le tomasen cuenta de todo lo que era á su cargo... procuraba por todas vias que se le tomase la dicha cuenta con todo rigor y en presencia del secretario Gaztelu y de los demas

Ceci se passait à la fin de 1566[1]. Il y avait trois ans à peine que Lobon avait pris le premier rang dans la faveur du jeune prince. Don Carlos le chassait avec d'autant plus d'empressement qu'il avait désiré davantage son élévation, passant ainsi brusquement de l'affection à la haine, dégoûté sans cause après avoir aimé sans cause, ballotté au gré de caprices invincibles, et manifestant le trouble de son cerveau par des cris de rage et de ridicules emportements. On comprend d'après les pages précédentes que les recommandations si précises d'Onorato Juan n'étaient pas vaines et qu'il n'exhortait pas, pour le plaisir de parler, son royal élève à la soumission filiale et à l'affabilité vis-à-vis des inférieurs.

On a vu qu'Onorato se borne à ces deux conseils, qui furent du reste si mal suivis par don Carlos, et qu'il est silencieux sur la question des mœurs. C'est là cependant le thème ordinaire des discours qu'un maître ecclésiastique, épris de ses devoirs, prodigue à un jeune prince. Pourquoi l'évêque d'Osma se borne-t-il à recommander vaguement l'observation

---

criados de su cámara... y aun S. A. llegó y vió llegar este testigo á la puerta del aposento á ver lo que se hacia... y S. A. gustaba mucho que los contadores apretasen al dicho Lobon en la cuenta... y el dicho secretario Gaztelu se mostraba apasionado contra el dicho Lobon..... se enojó y disgustó S. A. con e dicho Lobon de tal manera que no lo pudo ver y le despidió diciendo que no queria que lo sirviese, y le dijo muchas palabras, feras con ira y enojo. » *Déposition d'Osorio, d'Espinosa, Laynez, Pedro de Bilbao dans la deuxième enquête*, 1583. Arch. Sim. Cont. gener. 1ª ép., leg. 1030.

1. « Año y medio, poco mas ó menos, antes que S. A. falleciese. » Don Carlos étant mort en juillet 1568, ces faits eurent donc lieu à la fin de 1566 ou, au plus tard, au commencement de 1567.

des commandements de Dieu et de l'Église, ajoutant seulement comme exemple : « tels que assister à la messe et aux offices? » Pourquoi ne cherche-t-il pas à prémunir l'infant contre les vices si communs chez les jeunes gens et surtout chez les grands du monde ? Peut-être croyait-il devoir réserver au confesseur le soin de donner ces conseils, et eût-il regardé comme indiscret de pénétrer ainsi dans une conscience qu'il n'était pas chargé de diriger. On peut sans doute apprécier de la sorte son silence, mais j'avoue que cette opinion n'est pas la mienne : je demeure persuadé que, s'il l'eût jugé nécessaire, Onorato comme ami, comme maître, comme évêque, aurait touché ce point délicat, soit directement, soit par allusion. S'il se tait, c'est qu'il ne pense pas que les faits aient donné lieu à de spéciales exhortations. A l'époque où cette lettre fut écrite, la conduite de l'infant ne devait pas éveiller encore la sollicitude d'Onorato.

Ce ne fut vraisemblablement que plus tard, et tout à fait dans ses dernières années, qu'il commença ces promenades nocturnes, dont j'ai parlé plus haut, et qui étaient peut être à l'origine moins coupables que la malignité publique ne l'a supposé. Elles dégénérèrent, nous disent quelques documents assez suspects[1], en amusements désordonnés ; mais il est pos-

---

1. Badoero, Ms., et Brantôme, *Mém.*, déjà cités, racontent divers détails qu'il me semble difficile d'accepter. Badoero dit que le prince donnait aux femmes de mauvaise vie de l'argent, des chaines, des médailles et jusqu'à ses habits. Il y a là, je crois, une très **grande exagération**, si même ce ne sont pas des calomnies gratuites.

sible que le prince, brûlé par la fièvre et tourmenté par cet *irrésistible désir de mouvement* qui travaillait son imagination inquiète, ait cherché dans ces courses à travers les rues la fraîcheur et la distraction. Entraîné par des occasions imprévues, peut-être a-t-il fait plus tard tourner en parties de débauches ce qui était d'abord beaucoup moins grave. Quoi qu'il en soit, il est probable que ces désordres ne commencèrent qu'après la mort d'Onorato. Si la conduite du prince n'avait pas toujours été parfaite avant cette époque, du moins il avait évité le scandale, et l'on peut même dire que, sauf par ces sorties nocturnes, il n'en donna jamais. Aucun historien sérieux ne lui attribue d'aventures amoureuses : l'ambassadeur de Venise écrit seulement ces mots vagues : « On l'a cru longtemps trop chaste, mais depuis quelques mois il a donné des signes assez manifestes du contraire [1]. » Or, Tiepolo écrivait en 1567, et l'évêque d'Osma était mort l'année précédente. Son silence sur ces questions se comprend donc parfaitement : peut-être même eût-il été dérisoire de recommander au prince une vertu

---

Je signale ces récits sans y attacher la moindre importance, parce que je ne les vois nulle part confirmés. Il faut se défier dans toute cette histoire des bavardages de la cour. Je m'étonne de voir trop souvent accueillies, à propos de don Carlos, des anecdotes dont rien ne prouve l'exactitude par un historien aussi distingué que M. Lothrop Motley. *Hist. de la Révolution des Pays-Bas*, t. III, p. 360 et suiv.

[1]. « Per il passato è stato tenuto per troppo casto, ma pochi mesi sono, diede segni assai manifesti del contrario. » *Relazione di Tiepolo*, Ms. déjà cité.

que sa déplorable constitution lui imposait. Je m'explique.

« On l'a cru longtemps trop chaste, » disait Tiepolo : c'était une élégante manière d'exprimer les inquiétudes de la famille royale. Ce qu'on redoutait, ce n'était pas un excès de pureté, mais une incapacité physique absolue. Le secrétaire du roi écrivait dès le 7 mars 1562 à Martin de Guzman, ambassadeur de l'Empereur à Madrid : « L'indisposition du prince est toujours comme par le passé, » et il ajoute, parlant à mots couverts : « Il ne montre pas les symptômes qu'on attend d'ordinaire à son âge[1]. » Philippe II retardait le mariage de son fils, malgré les instances de Maximilien et de l'impératrice : sans doute ces lenteurs étaient amenées par diverses autres causes que j'exposerai en leur lieu, mais on ne peut hésiter à croire, avec un historien, que ses incertitudes sur la virilité de son fils n'eussent un grand poids dans son esprit[2]. Quelques années plus tard, en 1566, l'ambassadeur de France donnait à sa cour des détails plus précis. Don Carlos était soumis à un traitement qui devait le fortifier, et développer, s'il était possible, ses aptitudes rebelles ou tardives. Mais le médecin de la reine[3] n'espérait

---

1. « Ni mostrar los otros efectos que se requerian á su edad. » Lettre du secrétaire du roi à l'ambassadeur de l'Empereur, 17 mars 1562. Arch. Sim. Est., leg. 651.

2. « Porque avia alguna sospecha que no era habil en la generacion. » Herrera, *Historia general*. Voy. p. 143 et suiv.

3. C'était sans doute le médecin français d'Isabelle, Vincent Mugnon, qui a écrit une relation manuscrite de la maladie de la reine en août 1564. Ms de la Bibl. Imp., 6273, Ms. lat.

pas un heureux succès, et le disait nettement à Forquevaulx : « Nonobstant les receptes que ses trois médecins luy ont faict user pour le rendre habille d'espouser femme, c'est temps perdu d'en espérer lignée, car jamais il n'aura d'enfants [1], » et l'ambassadeur ajoute : « Cela s'accorde au dire du prince d'Eboli (Ruy Gomez), qui m'en a quelques fois dict autant. » Cependant, le mois suivant (juillet 1567), on fit courir le bruit que les médecins avaient réussi : « Il est maintenant, écrit Forquevaulx avec une nuance d'ironie, en quelque opinion de demi-homme naturel, à cause de quoi chascun des dicts médecins en rapporte mille escus de rente [2]. » Le Prince s'en vanta même à Dietrichstein. C'est sans aucun doute à ce résultat que Tiepolo fait allusion dans les derniers mots de la phrase que j'ai citée : « Mais, il y a quelques mois, il a donné des signes *assez* manifestes du contraire. » Cette impuissance venait-elle d'épuisement après des débauches trop violentes pour ce corps débile (on prétend qu'alors en effet don Carlos courait les mauvais lieux), ou bien était-elle un effet naturel de la faiblesse physique du prince? On ne sait, mais j'incline davantage vers la dernière opinion, en voyant dès 1562, dans la dépêche que j'ai citée, le secrétaire de Philippe II exprimer son inquiétude.

1. Dépêches manusc. de Forquevaulx (30 juin 1567).
2. *Ibid.* (juillet 1567). Dietrichstein écrivit dans le même sens à sa cour le 5 juin 1567. Nobili, l'ambassadeur Florentin, rapporte, le 24 juillet, qu'une épreuve avait eu lieu, et que la femme dont le Prince avait été satisfait reçut un cadeau de 12,000 ducats.

Je sais bien toutefois qu'entre cette dépêche et les derniers détails donnés par Forquevaulx, il y a cinq ans d'intervalle, et qu'en 1564, dans le testament dicté par lui à Zabala, scribe de sa chambre, en présence de Gaztelu, le prince légua à une certaine Mariana Garcetas, actuellement, dit-il, au monastère de Saint-Jean de la Pénitence, deux mille ducats si elle entre en religion, et trois mille si elle se marie[1]. Qu'était-ce que Mariana Garcetas ? On pourrait croire au premier abord qu'il s'agit d'une maîtresse ; mais le prince ajoute, avant même d'énoncer la valeur de son legs, « outre les deux mille ducats qu'elle a reçus de Sa Majesté. » Il est probable que Philippe II n'aurait jamais payé les débauches de son fils ; ce legs dont la cause nous échappe doit sans doute être rangé parmi ces libéralités innocentes que nous avons déjà signalées, dont quelques-unes ont été expliquées et qui pourraient l'être toutes s'il existait des documents sur d'aussi minces circonstances.

Tel était donc, dans la fleur de la jeunesse, l'infant don Carlos, le plus noble gentilhomme de l'Europe et l'espoir de la monarchie espagnole. J'ai fait voir ce qui était sain et élevé dans son âme, j'ai fait voir encore avec une égale impartialité les défauts de sa nature physique et morale, et, d'après des documents

---

[1]. « A Mariana Garcetas, doncella, que al presente se halla en el monasterio de San Juan de la Penitencia... dos mil ducados si entrare en religion y si se casare otros mil mas. » Cinquième clause du testament dicté par don Carlos le 19 mai 1564. Arch. Sim. Test. y Cod. reales, leg. 2.

certains et précis, jusqu'à ce jour inexplorés, j'ai essayé de restituer cette physionomie sombre. Nous pouvons maintenant suivre dans sa vie destinée à être si courte ce prince qui, victime d'une maladie héréditaire, ne peut être responsable devant l'histoire de ses malheurs et de ses faiblesses.

CHAPITRE V

NÉGOCIATIONS POUR LE MARIAGE DE DON CARLOS

Ce fut seulement dans le cours de l'année 1561 que Philippe II, aussi pressé d'entamer les négociations que lent à les conclure, songea sérieusement à préparer pour son fils un mariage favorable aux intérêts de sa maison. La cour de France agissait depuis quelque temps pour amener l'union de la princesse Marguerite, fille de Catherine de Médicis, avec l'héritier du trône Espagnol : elle avait fait pressentir dès 1560 le roi catholique sur ce projet. Catherine l'indiquait comme « une des choses de ce monde qu'elle désirait le plus »; elle chargeait même sa fille, la reine d'Espagne, « d'y mettre tous ses soins, » et ajoutait dans ce style imagé qui caractérise sa correspondance : « Cela, ma fille, fait que me semble que vous devez commencer de loin à bâtir [1]. » Le

---

[1]. Voir ces lettres dans les *négociations et lettres relatives au règne de François II* publiées par M. L. Pâris. Paris, 1841, p. 440 et 814.

bruit ayant couru peu de temps après que les princes
Lorrains cherchaient, à marier avec l'infant leur nièce
Marie Stuart, devenue dans l'intervalle veuve de
François II, la régente employa toute son énergie
à contrecarrer le plan des Guise [1]. De son côté l'empereur Ferdinand pensait au prince pour l'archiduchesse Anne, l'aînée de ses petites-filles, et laissait
entrevoir ses intentions sans oser les manifester
encore d'une manière précise [2]. Enfin la sœur de
Philippe II, doña Juana, veuve du prince de Portugal
et qui, comme nous l'avons raconté, avait pris soin
de l'enfance de don Carlos, nourrissait l'espoir de
l'épouser, bien qu'elle fût plus âgée que lui de dix
ans. Il faut ajouter que le sentiment public en Espagne semblait favorable à cette union. Philippe II
pesait silencieusement les avantages de ces différents
projets; mais, au fond, étant déjà allié à la maison de
France, il ne voyait pas d'intérêt au choix d'une
princesse française; d'autre part, il estimait non
sans raison que doña Juana n'apportait rien à la couronne d'Espagne : il savait d'ailleurs la répugnance
que don Carlos montrait pour ce mariage [3]. Deux
projets seuls lui semblaient à suivre : le premier était
une alliance avec la reine d'Écosse qui eût d'abord
assuré un royaume de plus à sa maison, et qui, en
cas de mort d'Élisabeth d'Angleterre, dont Marie

---

1. *Ibid.*, p. 787 et 814.
2. Dépêche du comte de Luna, Arch. Sim. Est. 650 (28 décembre 1560.)
3. V. les lettres de l'ambassadeur de France, l'évêque de Limoges, à Catherine de Médicis en juillet 1561 et janvier 1562.

Stuart était la légitime héritière, eût préparé les voies à la réalisation d'une de ses plus chères espérances, à savoir la main-mise sur la couronne anglaise et la restauration du catholicisme à Londres aussi bien qu'à Edimbourg ; le second, plus facile, extrêmement sage, conforme aux traditions de famille, était d'unir don Carlos à sa cousine l'archiduchesse, en rapport d'âge avec lui, bien élevée, de figure agréable et particulièrement aimée par l'empereur Ferdinand et son fils le roi de Bohême. Il résolut donc, suivant sa méthode accoutumée, et ne pouvant d'ailleurs prendre encore de résolution décisive, de se ménager les deux princesses en même temps et de négocier à la fois en Écosse et à Vienne avec assez de mesure pour avoir sa liberté d'action suivant les circonstances quand le moment serait venu. Ce fut cependant à Vienne qu'il entama les pourparlers, soit qu'il craignît moins de s'engager de ce côté où les échanges d'idées semblaient fort naturels et où il pouvait plus aisément reculer, soit qu'il crût bon de ne pas décourager le désir de l'Empereur, soit que, malgré ses inclinations aventureuses et ses ambitions lointaines, il hésitât à se lancer avec Marie Stuart dans une politique mal définie. Il réserva donc cette pensée sans la perdre de vue, ainsi qu'on en jugera plus loin, mais il chargea d'abord le comte de Luna, son ambassadeur auprès de Ferdinand, de faire quelques ouvertures à la cour Impériale.

Le roi de Bohême, à qui le comte de Luna parla d'abord, reçut cette nouvelle avec la satisfaction la plus vive. Il demanda seulement le temps d'en informer l'Empereur, son père, avant de donner une réponse définitive, qu'il espérait, ajouta-t-il, être de nature à satisfaire pleinement le roi d'Espagne [1]. Deux jours plus tard, Ferdinand fit appeler l'ambassadeur et lui déclara qu'il ne pouvait qu'approuver un tel mariage. Le comte de Luna ayant alors prié Maximilien d'écrire ce résultat à Philippe II, le roi de Bohême le lui promit et protesta en même temps, dans les termes les plus chaleureux, de sa reconnaissance envers le roi d'Espagne et de la joie dont il était pénétré [2].

Mais à peine Maximilien avait-il exprimé sa satisfaction, on apprit à Vienne que l'infant était cruellement tourmenté par la fièvre, — peu de temps après, en effet, Philippe envoyait son fils à Alcala, — et que toute négociation devait être suspendue jusqu'à ce que la santé du prince fût devenue meilleure. L'Empereur, qui se défiait de son neveu, et qui d'ailleurs était assez embarrassé, la main de la princesse étant sollicitée par Charles IX [3], n'accepta cette raison

---

[1]. « ... Habiéndome el rey oido y considerado lo que V. M. dice del casamiento del príncipe mi señor... mostrando de todo grandísima satisfaccion y contentamiento, me dice... que al presente él no podia responder, porque queria dar cuenta al Emperador, como era razon, que el escribiria luego á S. M., y con su respuesta la esperaba dar á contentamiento de V. M. » Dépêche du comte de Luna à Philippe II. Vienne, 13 octobre 1561. Arch. Sim. Est., leg. 650.

[2]. « ... S. M. me llamó y me dijo... que cuanto al casamiento del príncipe mi señor con la infanta Ana, no podia sino alabar mucho y parescelle muy bien lo que V. M. decia... con esta respuesta, volví aquí á Viena y supliqué al rey que S. A. respondiese á V. M. El rey me dijo que lo que tenia de decir era, que conocia muy bien al amor y buena voluntad que V. M. mostrava y tenia á S. A.... de que estaba con grandísima satisfaccion. » Depêches, etc., *ibid.*

[3]. Mémorial de D. Martin de Guzman. Arch. Sim. Est. 651.

qu'avec une certaine hésitation. Cependant, non seulement le duc d'Albe avait appris officiellement cette nouvelle à Martin de Guzman, ambassadeur de la Cour Impériale à Madrid[1], mais encore ce dernier avait pu aisément par ses propres yeux se convaincre de la vérité. Quoi qu'il en soit, dans le courant de décembre 1561, don Carlos ayant éprouvé un léger soulagement, Martin de Guzman en informa aussitôt l'Empereur. Ferdinand ne perdit point de temps, et, le 14 janvier 1562, il écrivait à Philippe II : « Notre-Seigneur ayant bien voulu délivrer le prince mon neveu de la fièvre quarte, il me semble que l'instant est opportun pour parler de nouveau de son mariage avec la princesse Anne, ma petite-fille. J'en écris à Martin de Guzman, qui s'en expliquera plus particulièrement avec Votre Altesse[2]. Pour ma part, je vous l'affirme, si je connaissais un mariage plus avantageux pour le prince et pour notre maison, je ne parlerais pas de celui-ci[3]. » Ce dernier trait, un peu naïf, ne satisfit pas encore l'Empereur : il voulut avoir une conversation avec le comte de Luna. Il commença par

---

1. « ... Lo que sobresto habia escrito (Philippe II) y mandado à decir à Martin de Guzman por el duque de Alva. » Dépêches du comte de Luna, 19 janvier 1562. *Ibid.*

2. L'Empereur ne traitait les rois que d'Altesse.

3. Habiendo sido Nuestro Señor de librar al serenísimo príncipe mi sobrino de su larga cuartana, y que es agora tiempo oportuno para volver á la plática de su casamiento con la infanta Ana, mi nieta, me ha parecido hacello yo escribir à Martin de Guzman lo que entenderá V. A. particularmente... certificando a V. A. que si supiese yo que al presente otro casamiento estaria mejor al príncipe y al bien de nuestras casas que este, no trataria del en manera ninguna. » Lettre de Ferdinand à Philippe II, 14 janvier 1562. Arch. Sim. Est., leg. 651.

se féliciter de la santé de l'infant, puis en vint à la question du mariage : à ses yeux, nulle union n'était plus convenable et plus à propos, eu égard à la conformité d'âge des deux princes, à toutes les grâces et vertus de la princesse, et aux grands avantages politiques dont cette union serait le gage. Enfin, avec une franchise dont il faut toujours savoir gré dans ces sortes d'affaires, il suppliait Philippe II de considérer sérieusement cette question, et de donner, par son consentement, à l'Empereur, au roi et à la reine de Bohême, la plus grande satisfaction qu'il leur fût possible de recevoir.

L'ambassadeur fut fort étonné qu'on eût à Vienne des nouvelles si pleinement rassurantes; l'impatience de Ferdinand avait en effet singulièrement exagéré les choses et transformé en guérison complète une amélioration légère et sans importance. Après avoir remercié l'Empereur, au nom de son souverain, des sentiments qu'il voulait bien lui faire connaître, il répondit qu'on ne se délivrait pas si promptement des fièvres quartes : pendant une année entière, même après guérison, elles laissent, ajouta-t-il, des traces dans la santé générale, surtout lorsqu'elles ont été aussi violentes; enfin il termina ce discours en se déclarant persuadé que le roi d'Espagne ne voudrait point marier le prince avant son complet rétablissement [1].

1. « El Emperador me ha dicho que habiendo entendido que el príncipe mi señor, Dios lo guarde, tiene salud y edad para poderse tratar de su casamiento... parece á S. M. que al presente no hay cosa mas conveniente ni mas á propósito del príncipe, así por la

Cette réponse plut médiocrement à l'Empereur, qui flairait quelque subterfuge, ou du moins quelque désir, dont la cause lui échappait, de traîner en longueur et de le payer de paroles. Soit qu'il voulût plaider le faux pour savoir le vrai, soit que réellement il eût, sur ce point, quelque sérieuse inquiétude, il ajouta d'un air familier : « Mais, tout en causant, je vous le dirai, comte, en confidence. — et ceci ne doit pas vous passer, — j'ai reçu de Flandres et d'Italie une singulière nouvelle. Il serait question à Madrid, m'écrit-on, de marier le prince d'Espagne avec la princesse de Portugal, sa tante : les choses ont été même assez avant, paraît-il, car on aurait déjà demandé à Rome la dispense nécessaire pour le mariage de parents aussi proches. La princesse, il est vrai, est une personne accomplie, mais l'union du prince et de ma petite-fille me semble plus convenable pour l'âge : mon neveu, d'ailleurs, gagne par cette alliance l'avantage de resserrer nos liens de parenté et d'affection. Aujourd'hui, sans doute, ce semble être un bien superflu, mais il est bon de songer à l'avenir. La princesse de Portugal n'ap-

conformidad de las edades y buenas partes que la infanta tiene, como por otras cosas que aun importan mas que se pueden considerar para el bien de todos y conservacion de estas casas... y por esto no podia dejar de rogar y suplicar mucho à V. M. lo considere todo muy bien y no deje de dar contentamiento à S. M. y al rey y à la reyna que será de los mayores que puedan recibir... »

«... Como S. M. sabia las cuartanas siempre dejaban reliquias que en mas que un año habia bien que hacer en librarse, y mas tan largas como el príncipe las habia tenido... y que por esto yo creia que V. M. no queria casalle hasta que se rehiciese bien. » Dépêche du comte de Luna au roi, 19 janvier 1562. Arch. Sim. Est., leg. 651.

porte point ces avantages, et, de plus, il y a dix ou onze ans entre elle et le prince d'Espagne. Cette distance, du côté de la femme, est considérable, car lorsque l'infant sera un homme, elle sera déjà avancée en âge, et ce n'est pas là un médiocre inconvénient. En outre, la parenté me semble bien proche. Le prince, dans cette hypothèse, épouserait une personne à laquelle il doit un respect filial; enfin, si la princesse est fort belle, l'infante Anne, ma petite-fille, ne laissera pas, je puis le dire, de plaire à ceux qui la verront. Le motif du roi m'a-t-on dit, est l'extrême jeunesse de son fils, qui permettra à la princesse de l'aider à gouverner, soit que le roi le laisse en Espagne, soit qu'il l'envoie en Italie ou en Flandre. Il y a là sans doute une apparence de raison, mais, je vous le dis, de pareilles unions sont périlleuses, et celle-ci pourrait fort mal tourner pour le gouvernement aussi bien que pour la satisfaction du prince. Au reste, le roi est trop sage pour ne pas le comprendre à merveille : je me borne donc, sans traiter plus longuement ces détails, à lui proposer ma petite-fille en mariage, à lui demander le plus affectueusement du monde de bien réfléchir, et de nous aviser le plus promptement possible de sa résolution [1]. »

[1]. «... Mas, dijo me, hablando con vos, conde, en confidencia y para que no salga de aquí, os hago saber que yo me muevo à esto porque de Flandes y de Italia me escriben que se trata este casamiento con la serenísima princesa de Portugal, y que la plática iba tan adelante que se habia enviado por la dispensacion à Roma, y que el papa hacia dificultad en concederla por paracerle el deudo muy estrecho y las causas no bastantes para della, y por esto lo hago y por paracerme que aunque la princesa sea tal persona que

Ce projet, dont nous avons parlé, et qui tourmentait si fort l'Empereur, était destiné à reparaître plus tard et dans les délibérations des cortès et dans les correspondances diplomatiques. En 1563, les députés exprimèrent le vœu qu'il y fût donné suite, et trois ans plus tard, s'il faut en croire Forquevaulx, le prince leur reprocha ces ouvertures avec une violence très peu flatteuse pour sa tante. Il les menaça de toute sa colère, raconte l'ambassadeur dans un avis secret de 1566, « s'ils sont si fols de parler du mariage de la princesse sa tante et de luy, comme ils le proposèrent aux dernières cours qui se tinrent y a trois ans en ce lieu. » Au reste, il était dans la destinée de

no haya mas que pedir en alla, tengo por mas á propósito y mas conveniente para el príncipe el de mi nieta, así por la conformidad de las edades... y porque con ella se toman en estas partes mas tendos y amigos, que aunque al presente no parece que sea menester, importa el confirmallos para que de adelante, y que aquestos no se toman con la princesa, y que tambien lleva al príncipe diez ú once años que para llevarlos la muger al hombre es mucho, porque cuando él venga á ser hombre, será ella entrada en dias, que no es poco inconveniente, y despues el deudo tan grande que parece no sé que casar con persona á quien se debe el respeto de madre, y que aunque la princesa sea muy hermosa, creo que la infanta no dejará de contentar á los que la vieren. Las causas que escriben que al rey le mueven ó le podrian mover á hacer este casamiento, dicen que son que el príncipe es mozo y que la persona es muy bastante y le podria ayudar á gobernar, y que en su compañía le podria ó dejar en España ó enviar á Italia ó Flandes; y aunque esto tiene una color de apariencia, yo os digo que las mas veces suelen traer grandes inconvenientes, y que se pueden remediar muy mal, así para lo que toca al gobierno como para lo que toca al contentamiento del príncipe... y porque el rey es tan discreto que todo lo entenderá tambien como se lo sabrá nadie decir, yo no quiero tratar destos particulares, sino proponelle el casamiento de mi nieta, y pedille muy affectuosamente que todo lo mire y considere bien, y que nos avisa de su voluntad. » **Depêche du comte de Luna, 19 janvier 1562, déjà citée.**

cette princesse d'être souvent, et d'une manière assez blessante pour son amour-propre, l'objet des commentaires de la diplomatie. Lorsque plus tard Catherine de Médicis négocia sérieusement le mariage de son fils Charles IX avec la seconde fille de Maximilien, elle crut voir que Philippe II avait l'arrière-pensée de proposer sa sœur au roi de France. Son ambassadeur Forquevaulx, moins poli que l'empereur Ferdinand, répondit assez rudement aux vagues suggestions de la reine d'Espagne : « Il ne fault que la princesse s'attende d'avoir le roy, car jamais la France ne trouveroit bon et sortable qu'il prist femme tant advancée d'asge plus que Sa Majesté [1]; » et Catherine, voyant quelque temps après ce projet reparaître sous forme d'insinuation diplomatique, écrit fort spirituellement : « Mon fils veult une femme et non une seconde mère, en ayant assez d'une [2]. » La princesse Jeanne ne se devait jamais remarier : elle vieillit obscurément à la cour, avec beaucoup de dignité, de piété, de douceur, portant avec résignation le fardeau d'une existence attristée dès l'origine par un deuil prématuré. Condamnée à ne jamais revoir son fils, qui fut depuis le chevaleresque et extravagant don Sébastien de Portugal, elle fut le témoin impassible d'un règne dont elle vit de près les grandeurs et les crimes, les succès et les revers; sombre comme son frère Philippe II, aimant comme lui la retraite et le silence, elle s'enveloppa dans une tristesse dont jamais le sou-

1. Dépêches manusc. de Forquevaulx (25 décembre 1565).
2. Lettre de Catherine de Médicis (même manusc., 12 juin 1567).

rire ne venait éclairer l'altière et morose majesté.

On ne saurait dire si en effet la déplorable santé et les égarements d'esprit de l'infant avaient inspiré un instant au Roi l'idée de le marier à la princesse de Portugal, ou bien si ce bruit avait été gratuitement semé par des gens mal informés ou malveillants. Quoi qu'il en soit, Philippe II s'empressa d'envoyer à Vienne la plus formelle dénégation : « Quant aux inquiétudes de Sa Majesté Impériale au sujet du prétendu mariage entre mon fils et ma sœur et des dispenses que j'aurais demandées à Rome, écrit-il au comte de Luna, vous pouvez dire à l'Empereur que cette nouvelle est fausse, et qu'un tel projet ne m'est jamais venu à l'esprit [1]. » Il ne fallait pas toutefois songer encore à unir don Carlos et la princesse Anne, et le Roi répondit, sur ce point, lui-même à l'Empereur : « L'infant, dit-il dans sa lettre, s'était bien en effet délivré de la fièvre quarte, lorsqu'il en a été donné avis à Votre Majesté, mais il est bientôt retombé malade, il l'est encore, et si faible que Votre Majesté ne le saurait croire [2]. » Jusqu'à nouvel ordre, Ferdinand devait se contenter de cette réponse : elle réservait la politique espagnole.

Philippe, en effet, bien que le prétexte de la santé

---

1. « Y por lo que decís que S. M. se da priesa en lo que toca à este casamiento, por lo que ha entendido... y que se habia enviado à procurar la dispensacion, prodréis decir y certificar à S. M. que no es así ni nunca mi pasó por pensamiento. » Lettre du roi au comte de Luna (10 mars 1562). Arch. Sim. Est., leg. 141.

2. «... Aunque el principe se libró de la cuartana cuando à V. M. se dió el aviso, tornó luego à recaer, y le ha durado hasta agora, que le ha dejado tan flaco que V. M. no lo podria creer. » Lettre du roi à l'Empereur (11 mars 1562). *Ibid.*

de l'infant ne fût que trop véritable, se repentait au fond de s'être avancé un peu vite; « il importe à mes intérêts et à ceux de la chrétienté, écrivait-il au comte de Luna, de tenir le prince libre de tout engagement [1] » Il songeait en effet alors à une autre union dont les brillantes perspectives paraissent l'avoir un instant séduit. Le comte de Luna, habile à deviner et à servir les projets du maître, lui avait envoyé deux mois avant, en même temps qu'un portrait détaillé de la princesse Anne, des considérations sur un plan, vague encore, mais qu'il avait pressenti dans la pensée de Philippe II. Voici le portrait; les considérations viendront à leur place plus loin : « On ne peut que dire du bien de l'infante Anne, elle me semble avoir pour son âge beaucoup de raison et d'intelligence; elle a bien de la religion. Quant à son extérieur, il est tel qu'on peut le souhaiter : elle est jolie et sera grande, car elle l'est déjà et grandit encore, n'ayant que quinze ou seize ans. Sa mère, qu'elle n'a jamais quittée, l'a fort bien élevée : le roi et la reine l'adorent et la préfèrent à leurs autres enfants, et il est certain qu'à mon avis on ne peut demander mieux pour la compagne du prince [2]. »

1. Lettre du 10 mars 1562 (Doc. inéd., XXVI p. 445.)
2. «... La relacion que de la infanta Ana puedo hacer es muy buena... porque de su edad tiene muy buen entendimiento, y gran reposo, es muy devota... tiene linda disposicion y serà grande porque agora lo està y crece mucho, que parece de quince ó deciseis años... tiénela su madre muy bien criada, no se aparta della, y así ella y el rey la adoran y quieren mas que à todos los otros, y es cierto que à mi parecer, no se pueden desear mejores partes en una persona para compañía del principe que ella tiene. » Dépêche du comte de Luna (19 janvier 1562). *Ibid.*

Cependant, et en dépit de toutes ces belles qualités, Philippe II nourrissait une autre espérance. Élisabeth sur le trône, l'Angleterre livrée à l'hérésie déplaisaient également à son âme vindicative et au tempérament religieux de son despotisme. Depuis que lui-même, après la mort de Marie Tudor, avait été forcé d'abandonner momentanément la pensée de réduire un jour l'Angleterre sous le double joug de son gouvernement et de sa foi, il n'avait pas cessé de chercher dans les combinaisons de la diplomatie un moyen de rentrer en maître dans ce pays d'où il était sorti exécré. J'ai raconté ses vaines tentatives pour épouser Élisabeth; il ne pardonna pas cet échec à la fille de Henri VIII. Un adroit manège politique ou la conquête pouvaient seuls lui permettre de dominer à Londres : or l'heure de la violence n'était pas venue, et il était loin de songer alors à diriger vers la Manche ses *armadas* redoutables. Mais il épiait les occasions diplomatiques avec une attentive perspicacité. Il lui sembla qu'il s'en présentait une, et il essaya de la saisir, sans se compromettre toutefois car il ne se fesait pas illusion sur des difficultés si nombreuses et si redoutables. Il garda en même temps ses manœuvres secrètes, afin de conserver sa situation vis-à-vis de l'Empire et de ne rien perdre à Vienne s'il ne pouvait réussir ailleurs.

François II de France était mort depuis deux années, et sa veuve Marie Stuart était retournée en Écosse, où elle régnait. J'ai indiqué plus haut les **avantages que Philippe pouvait se promettre de cette** union. D'un autre côté, Marie Stuart qui venait de refuser plusieurs mariages semblait disposée à accepter Don Carlos [1]. Cette combinaison, outre ses avantages éventuels, donnait au roi d'Espagne la satisfaction de traverser le projet de Catherine de Médicis, qui rêvait de faire épouser un jour Marie Stuart à Charles IX quand ce dernier serait en âge. Philippe étudiait donc avec sollicitude un plan qui d'abord mettait en échec la politique française, et ensuite pouvait ajouter la couronne d'Écosse et peut-être celle d'Angleterre à celles de sa maison, enfin, dans le cas d'un succès complet, imposait les principes du gouvernement espagnol à cette nation superbe qui les repoussait avec tant d'énergie, de persistance et de dédain.

Le comte de Luna avait pénétré ce désir, et il avait placé dans sa dépêche du 19 janvier 1562 un paragraphe curieux où apparaît dans son jour la formidable ambition du cabinet de Madrid. On y voit percer non seulement le désir d'ajouter l'Écosse et l'Angleterre aux royaumes de Philippe II, mais encore celui de créer à l'Espagne en France une influence dont on pourrait user un jour pour des desseins plus grands encore : « Puisque le prince, dit le comte de Luna, ne doit pas se marier devant que sa santé soit pleinement rétablie, il ne me paraît pas qu'il faille s'engager nulle part. D'un moment à l'autre il se peut offrir quelque chose qui convienne mieux à Votre Majesté et à l'augmentation de sa puissance, car c'est là sur-

---

[1]. Lettre de Quadra, ambassadeur d'Espagne à Londres. Arch. Sim. E. 815.

tout ce qui doit toucher un roi si grand et si proche de la monarchie universelle. Je parle ainsi parce qu'on tient pour certain que la reine d'Angleterre, fût-elle mariée, ne peut avoir d'enfants, qu'elle a peu de santé et qu'à son défaut la reine d'Écosse succéderait à sa couronne. Ceci mérite d'être considéré. En outre les Guises, oncles de la reine d'Écosse, sont les chefs du parti catholique en France : ils sont haïs de Vendôme [1], qui est aujourd'hui en possession du gouvernement et qui mène les choses de telle sorte que les affaires de ce royaume ne peuvent manquer d'aller à la dérive [2]. » Il est clair par ces derniers mots qu'au moyen des Guises, oncles de Marie Stuart, on espérait, une fois Marie Stuart entrée par son mariage dans le cercle de la politique espagnole, dominer complètement le cabinet du Louvre et le soumettre aux inspirations de Philippe II. Plan gigantesque dont le roi d'Espagne fut un moment ébloui.

1. La cour d'Espagne affectait de nommer ainsi Antoine de Bourbon, roi de Navarre.
2. «... Pues el príncipe no se ha de casar hasta que esté muy bueno y recio, parece que no hay para que S. M. se prende... pues de una hora á otra se podria ofrecer cosa que fuese mas á propósito de los Estados de V. M. y de la grandeza de su sucesion con que principalmente se ha de tener cuenta, especialmente un rey tan grande como V. M. y que tan prójimo está á la monarquía de el mundo... he querido decir esto porque se tiene por cosa cierta que la reyna de Inglaterra no puede haber hijos y que tiene poca salud y que en su defecto la de Escocia es sucesora de aquel reyno, que si aquesto fuese no seria de dejar de mirar en ello y tambien en que los de Guisa, sus tios, son los mas católicos que hay en Francia, y son aborrecidos de Vendoma en cuya mano esta agora el gobierno, el cual lo lleva por un camino de que no se puede esperar menos de que las cosas de aquel reyno han de dar al través. » Dépêche du comte de Luna, 19 janvier 1562, déjà citée.

L'Empereur, qui n'avait pas connaissance de cette trame mystérieuse, prit pour bonne et valable l'excuse que lui avait donnée Philippe II : « Il est demeuré très satisfait, écrit le comte de Luna, et m'a dit ne pouvoir qu'approuver la prudence de Votre Majesté[1]. » Philippe demeura donc libre d'agir du côté de l'Écosse. Alvaro de la Quadra, évêque d'Aquila, son ambassadeur en Angleterre, homme actif et habile, fut prévenu de ses intentions, et au commencement de 1563 nous le trouvons en relations suivies avec le secrétaire de Marie Stuart, Lethington, alors à Londres, où il était venu sous un prétexte secondaire, mais avec la mission secrète d'obtenir que Marie Stuart fût déclarée héritière du trône anglais. La négociation était extrêmement délicate à plusieurs points de vue. D'abord il fallait qu'Élisabeth n'en eût aucun soupçon, car ce mariage, hostile à sa politique et préparé en vue de sa succession, devait nécessairement être considéré par elle comme une offense. D'autre part, la cour de France, qui rêvait l'alliance de Charles IX et de Marie Stuart, ne pouvait manquer de s'y opposer avec énergie. L'Empereur vint également se jeter très innocemment à la traverse en proposant à la reine d'Écosse son fils l'archiduc Charles. Enfin on ne pouvait se dissimuler que, même à Édimbourg, le cabinet de Madrid rencontrerait de nombreux adversaires parmi ceux qui entouraient

---

1. «... S. M. quedó muy satisfecho y me dijo que le parecia muy buena respuesta y que V. M. lo hacia muy prudentemente. » Dépêche du comte de Luna, Prague, 30 mars 1562. Arch. Sim. Est., lég. 651.

la jeune reine, partisans de Murray, ou protestants passionnés. Mais Quadra, qui voyait bien à travers combien d'écueils il manœuvrait, ne s'avançait qu'avec circonspection, et méritait la confiance de son maître. Il en vint à se faire offrir par Lethington la main de Marie Stuart pour don Carlos.

En mars 1563, les choses lui parurent assez bien préparées pour qu'il fît auprès de Philippe les plus vives instances en faveur de cette union et en développât tous les avantages. Il écrivait en même temps à Granvelle : « Selon moi ce mariage est conclu si S. M. le veut... il est le chemin qui mène directement à la monarchie universelle [1]. » Le roi, jusqu'alors indécis en apparence, se décida à envoyer son adhésion à son ambassadeur, mais sans rien dire de tout à fait précis : « J'ai appris, lui écrit-il, l'entretien que vous avez eu avec Lethington, ce qu'il vous a dit du mariage de la reine d'Écosse avec le prince mon fils, et la manière dont vous avez répondu. J'ai été satisfait de votre prudence, et comme je vois que ce mariage pourra porter remède aux affaires religieuses de l'Angleterre, j'ai résolu d'en admettre la négociation [2]. » Après ces paroles qui donnent si ingénieu-

---

1. Lettre du 8 mars 1563. Arch. Sim. Est. 816.
2. « Hé entendido la larga plática que pasastes con Ledington, y lo que él os dijo sobre el casamiento de la reyna de Escocia con el principe mi hijo, y de la manera que le respondistes y os hubistes con él, de lo cual á mí me queda mucho contentamiento porque os hubistes en ello muy prudentemente, y así viendo que efectuarse este casamiento podria ser principio de remediarse las cosas de la religion en ese reyno de Inglaterra, me he resuelto de admitir la plática. » Lettre de Philippe II à son ambassadeur à Londres, 15 juin 1563. Arch. Sim. Est., leg. 816.

sement un prétexte pieux à une entreprise personnelle, le roi entre dans l'examen des divers partis présentés à la reine d'Écosse pour en conclure l'excellence et les avantages pratiques d'une alliance avec sa maison. Il parle d'abord de l'archiduc, mais avec une agréable hypocrisie dont les formes polies lui paraissaient convenables vis-à-vis de ses agents, lorsqu'il s'agissait d'un membre de sa famille : « Sans doute, dit-il, si le mariage de l'archiduc et de la reine était possible, et s'il devait porter les fruits que me semble promettre l'alliance de mon fils, je l'approuverais et j'y travaillerais avec la meilleure volonté par suite de ma grande affection pour l'Empereur mon oncle et ses fils. Mais précisément si je me suis mis en avant dans cette affaire, si je n'ai pas attendu que l'Empereur achevât de s'en dégoûter, c'est que vous m'avez averti du peu d'inclination manifesté par la reine et ses ministres en faveur de cette alliance, et de leur intention de traiter plutôt avec le roi de France. Je me suis rappelé alors quels avaient été mon ennui et mon inquiétude lorsque le roi François fut marié à cette reine. S'il avait vécu, forcément nous eussions été réduits à faire la guerre pour la défendre, car le gouvernement français avait évidemment l'intention de l'opprimer et d'envahir ses États [1]. » On voit par ces derniers mots, où les

---

1. «... Si yo le viese apariencia de hacerse y que dél se pudiese sacar el fruto que al presente parece que se podria sacar del casamiento del principe mi hijo, lo abrazaria y procuraria con mejor voluntad que es otro por el grande amor que al Emperador mi tio y á sus hijos tengo. Lo que me ha movido á salir á este negocio y no esperar á que el Emperador se acabase de desengañar en él, ha

faits sont un peu exagérés pour le besoin de la cause, combien au fond Philippe redoutait le triomphe du cabinet du Louvre en Écosse. A défaut de son fils, il eût certes appuyé les prétentions de l'archiduc, non pas tant par affection pour l'Empereur que dans le but d'empêcher le mariage de Charles IX, et il était alors disposé à presser d'autant plus Marie Stuart en faveur de don Carlos, que l'archiduc avait très peu de chance de réussir. L'évêque Quadra ne le lui avait pas laissé ignorer : les prétentions de l'Empire étaient mal accueillies à Édimbourg, les conseillers de la reine leur étaient contraires, et elle-même avait déclaré sa répugnance à épouser un Allemand qui n'avait « que la cape et l'épée [1]. »

Quadra, en transmettant ces nouvelles à son souverain, réclamait une réponse définitive. Les lenteurs de Philippe II compromettaient ses affaires. D'une part, Élisabeth avait eu vent des projets du roi d'Espagne et aussi de ceux de l'Empereur : elle avait déclaré à sa cousine qu'elle la tiendrait pour

---

sido el advertimiento que vos me habeis dado de la poca gana que la reyna y sus ministros tienen al casamiento del archiduque... y particularmente avisarme vos de que pretendian y procuraban tratar el casamiento del rey de Francia, acordándome del trabajo é inquietud en que me tuvo el rey Francisco siendo casado con esta reyna, que sé cierto si él viviera no pudiéramos excusar déstar, dias ha, metidos en la guerra sobre defender yo à esa reyna, queriéndola él invadir como lo tenia resuelto. » Lettre de Philippe II à Quadra, déjà citée.

1. «... Me dijo (Ledington) claramente y afirmativamente que la reyna su ama no holgaba de casar un hombre nacido en Alemania y especialmente con quien no tenia sino la espada y la capa. » **Lettre de Quadra au comte de Luna, 18 juillet 1563. Arch. Sim. Est., leg. 816.**

ennemie en cas de mariage avec un prince de la maison d'Autriche [1]. D'autre part, le cabinet du Louvre promettait à Marie Stuart le trône de France si elle voulait attendre Charles IX deux années, et, dans le cas où elle désirerait presser son mariage, lui offrait un prince dépendant de la couronne de France, soit le duc de Nemours [2], soit le duc de Ferrare [3], soit le duc de Guise [4]. En présence de ces intrigues, l'ambassadeur ne peut plus admettre de nouveaux retards : il n'a reçu aucun ordre formel de Madrid pour traiter directement avec le cabinet d'Édimbourg, et cependant il a employé tous les moyens dilatoires, demandes de renseignements sur

---

1. «... Habrá entendido V. E. el fiero que esta reyna (Elisabeth) hizo á Ledington... diciéndole que si su ama casaba con un hombre de la casa de Austria, la tendria por enemiga. » Lettre de Quadra au duc d'Albe, 17 juillet 1563, *ibid.*
2. Jacques de Savoie, duc de Nemours et de Génevois, né en 1531, en Champagne, mort en 1585, à Annecy. Il épousa en premières noces Françoise de Rohan, mais il fit plus tard casser ce mariage. En 1566 il épousa en secondes noces Anne de Ferrare, fille d'Hercule d'Este, veuve de François de Guise.
3. Alphonse II d'Este, fils du duc Hercule II et de Renée de France, seconde fille de Louis XII, né en 1533, mort en 1597. Ce fut lui qui fit enfermer le Tasse comme fou, pendant sept ans.
4. Il est difficile de comprendre la présence de ce nom dans cette liste : s'il s'agit de François de Guise, il était marié à cette époque depuis longtemps avec Anne de Ferrare, qui lui survécut, et il aurait fallu, pour épouser Marie Stuart, qu'il eût fait casser son mariage. S'il s'agit d'Henri de Guise, il n'avait alors que treize ans, comme Charles IX lui-même. On ne voit pas pour quel motif le père eût pu demander son divorce, et le fils être préféré au roi de France, qui était de son âge. Tel est cependant le texte de la dépêche : « Tenia entendido (Ledington) que si ella queria aguardar un par de años, el casamiento habria efecto sin falta con el rey de Francia... á lo menos con alguno que fuese dependiente de aquella corona, como, serian el duque de Nemours, de Ferrara o el mismo Guisa. » Lettre de Quadra au duc d'Albe, déjà citée.

les intelligences de Marie Stuart en Angleterre, discussions de tout genre : il faut prendre un parti définitif; sinon, même une réponse vague serait considérée à Édimbourg comme un refus [1]. L'adroit ambassadeur était si empressé de réussir qu'il n'avait pas attendu une nouvelle lettre de Madrid et qu'il avait envoyé de son chef un agent en Écosse pour traiter avec la reine. Il risquait là une mesure que Philippe II pouvait désapprouver, mais peut-être l'évêque se regardait-il comme à peu près sûr du consentement du roi, qui lui avait écrit de nouveau pour l'encourager; peut-être, sentant que tout était perdu s'il n'agissait avec énergie, préférait-il risquer même le blâme de Philippe pour réussir; peut-être enfin comprenait-il qu'il se trouvait alors au milieu de ces circonstances difficiles où les sujets habiles épargnent à leurs maîtres la responsabilité d'une entreprise aventureuse et s'exposent courageusement, en cas d'insuccès, à un désaveu qui sauve la dignité de leur souverain. Il devait néanmoins être approuvé secrètement par Philippe II, qui lui écrivit, le 15 août 1563 : « Vous avez bien fait d'envoyer en Écosse : il faut qu'à son tour le gouvernement de la reine vous expédie un homme de confiance auquel vous puissiez communiquer mes intentions sur ce mariage [2]. »

---

[1]. «... En lugar de respuesta, se les hace una propuesta tan incierta, no sé si la tendran por negativa, ó lo que pensaron dello. » — «... Porque pedirles yo que me den informacion de las intelligencias que aquella reyna tiene en Inglaterra para que yo pueda avisar dellas á S. M., y darle mi parecer, estas todas son cosas que Ledington sabe que estan hechas. » Même lettre.
[2]. «... Me paresció bien el camino que tomastes de enviar á Esco-

L'agent de Quadra se nommait Luiz de Paz : il était parti au commencement de juillet, sous le spécieux prétexte d'aller rechercher soit en Irlande, soit en Écosse, soit dans le nord de l'Angleterre, des pirates qui s'étaient très réellement emparés d'un navire espagnol faisant route des Indes au cap Saint-Vincent. Il emportait avec lui une lettre de la chancellerie anglaise adressée aux fonctionnaires du nord et de l'Irlande et qui leur enjoignait de l'aider dans ses recherches. Il gagna directement Chester, à l'embouchure de la Dee, sur la mer d'Irlande, et là il se rencontra avec un certain Bal, agent du roi d'Espagne pour le commerce et les intérêts des nationaux qui naviguaient dans ces parages; il se borna à lui dire la cause apparente de son voyage, en ajoutant qu'il voulait envoyer, pour cet objet, un courrier au comte de Sussex, vice-roi d'Irlande, tandis que lui-même allait partir pour l'Écosse, où il espérait trouver les pirates. Bal se mit aussitôt à sa disposition, offrit de se rendre auprès du comte de Sussex, et tous deux passèrent en Irlande. Bal y resta, chargé de la lettre pour le vice-roi, et donna ordre aux mariniers qui les avaient amenés de conduire Luis de Paz en Écosse. A peine arrivé, ce dernier se mit en route pour joindre Marie Stuart. Il fut reçu par Lethington en présence de plusieurs personnes, lui remit ostensiblement la lettre de Quadra relative aux pirates, mais lui glissa en même temps

---

cia, para que os enviasen ahí persona confidente con quién pudiésedes comunicar lo que os escribimos de la plática del casamiento. » Lettre de Philippe II à Quadra, 15 août 1563, *ibid.*

dans la main, sans être aperçu, une note secrète concernant le mariage de la reine. Lethington en parla bientôt après à Marie Stuart, et dans un conseil composé de la reine, de lord James, son frère naturel [1], et de lui-même, il fut décidé que pour ne laisser soupçonner à personne la véritable cause du voyage de Luis de Paz, Marie le recevrait publiquement en audience et accueillerait sa demande pour le châtiment des pirates. Elle sortit alors, accompagnée comme elle l'était ordinairement dans ses promenades, et Luis de Paz lui fut présenté devant la cour. Puis il exposa à haute voix la raison officielle de sa venue en Écosse. La reine, après l'avoir écouté, fit écarter un peu, sans affectation, ceux qui l'entouraient, et l'agent espagnol lui dit alors que l'ambassadeur l'envoyait pour lui faire connaître les bonnes dispositions de son maître au sujet du mariage; que Quadra, redoutant d'écrire dans une telle négociation, priait la reine de lui envoyer une personne instruite des affaires du royaume et bien avant dans sa confiance, avec laquelle on pût traiter sérieusement la question. Il termina en recommandant spécialement le secret nécessaire à l'heureux succès d'une affaire si grave.

La reine, le comte de Murray et Lethington se réunirent alors de nouveau pour délibérer sur cette

---

[1]. James, comte de Murray, fils naturel du roi Jacques V et de Marguerite Erskine, né en 1531. On connaît ses intrigues contre sa sœur Marie, la part qu'il prit à son emprisonnement au château de Lochleven. Il fut peu après revêtu du titre de régent, mais il périt assassiné à Linlithgow par J. Hamilton, en janvier 1569.

demande. Il semblait naturel d'envoyer Lethington qui avait entamé l'affaire, mais on craignait que son voyage ne fût suspect à Londres en un moment où il n'avait aucun motif plausible pour se présenter à la cour d'Élisabeth. On préféra donc faire partir l'évêque de Ross, président du conseil, qui désirait fort le succès de cette négociation. L'évêque avait un bon prétexte pour passer en Angleterre : les médecins l'envoyaient prendre les eaux en France, et il avait même déjà reçu un passe-port du gouvernement anglais. Il devait naturellement se reposer quelque temps à Londres, rendre visite à l'ambassadeur de France, et par suite, comme simple forme de politesse, à l'ambassadeur d'Espagne. Après cette conférence, il en enverrait le résultat à Édimbourg par un affidé. Les choses ainsi réglées, Luis de Paz se mit en route pour l'Angleterre [1].

1. «... Con ocasión de buscar unos piratas que habian robado una nao española que venia de las Indias... para lo cual llevaba una carta abierta de la reyna de Inglaterra que le favoreciesen á ello sus ministros. Llegado á Chester fué en casa de un Mre Bal, pensionario del rey nuestro señor y díjole el L. de Paz que iba á buscar ciertos piratas... El dicho Mre Bal le encaminó, y se metieron en un navio y pasaron á Irlanda donde se quedó el Bal y dijo á los marineros que llevasen al Luis de Paz en tierra de Escocia, lo cual hicieron así y prosiguió su camino donde aquella reyna estaba., fué á hablar al D° Ledington, dándole una carta del embajador Quadra en que solamente le rogaba que favoreciese el *negocio* sobre lo de los piratas, y dióle el contraseño que llevaba sin que nadie le viese. Habló luego el Ledington con la reyna, y se juntaron en consejo ella y milord James su hermano y el Ledington, y acordaron que por no causar sospecha con la ida de Luis de Paz que pues él iba con la demanda de los piratas, así se publicase y en público hablase á la reyna sobrello... salió a pasearse... le halló el Luis de Paz y dijo á alta voz que él iba á suplicar á S. M. que le mandase favorecer para que fuesen castigados los piratas... luego la reyna mandó apartar

Mais bien des obstacles devaient traverser cette ingénieuse combinaison. Lorsqu'on avertit l'évêque de Ross de la mission dont il était chargé, il se trouva que sa maladie avait augmenté, et que son départ ne pouvait avoir lieu avant la fin d'août au plus tôt. Ce délai parut trop long. Lethington écrivit immédiatement à Luis de Paz, que le courrier rejoignit en route. Il lui apprenait par cette lettre que le voyage de l'évêque se trouvant forcément ajourné, le cabinet d'Édimbourg allait envoyer en avant un secrétaire de la reine nommé Rolet, chargé des pouvoirs qui devaient être confiés à l'évêque. Luis de Paz poursuivit sa route; mais, en arrivant à Londres, il apprit un événement qui devait être fatal à sa mission : l'ambassadeur Quadra était mourant. C'était le 24 août. L'habile négociateur n'avait pas

los que cerca della estaban... y le dijo como el embajador le enviaba para hacerle saber como su amo le habia escrito que le placia, y se contentaba dar orejas á la plática de su casamiento... y que S. M. le enviase una persona de quien se fiase... y que sobre todo le encargaba del secreto del negocio... sobre este fundamento, tomaron á entrar la reyna, milord James y Ledington en consejo, y aunque le pareció que á ello viniese el Dᵒ Ledington como persona y orígen de la plática, todavía pensaron bien que seria muy sospechoso en Inglaterra no teniendo otros negocios que tratar con aquella reyna. acordaron de hacer eleccion del obispo de Ross, presidente del consejo... y pues se ofrecia tan buena ocasion al Dᵒ Ross que habia de venir á Francia á curarse de cierta enfermedad, que seria lo mejor acertado, para lo cual tenia ya pasaporte de la reyna de Inglaterra y que podria venir por su corte á visitarle y al embajador de Francia y que así podria visitar al de España y entender dél lo que habia y que con el Dᵒ Ross enviarian otra persona para que volviese con el recaudo que se hubiese entendido del obispo Quadra. Con esta respuesta, se volvió el Dᵒ L. de Paz para Inglaterra. » *Viaje de Luis de Paz á Escocia con una comision del embajador Quadra sobre el casamiento del principe don Cárlos con aquella reyna. Arch. Sim. Est., leg. 816.*

reçu encore la lettre de Philippe II qui approuvait sa conduite [1]. Luis de Paz fut admis auprès de lui et put lui rendre compte de son voyage, mais quatre heures après l'ambassadeur expira. Le secrétaire Rolet atteignit Londres sur ces entrefaites, et, trouvant l'évêque mort, passa immédiatement en Flandre, où il arriva dans les premiers jours de septembre [2], non sans avoir vu l'ambassadeur de France, auquel il affirma que jamais il n'avait été question de mariage entre don Carlos et Marie Stuart [3].

Dès qu'il fut à Bruxelles, il se présenta au cardinal Granvelle [4] avec la lettre que Lethington lui avait confiée pour Quadra : le cardinal, avant d'avoir vu ce document officiel, n'avait répondu que vaguement

---

1. Voy. plus haut. La lettre de Philippe II est datée du 15 août. L'évêque mourut le 24.
2. « ... Cuando al obispo de Ross fueron á hablar para que luego se partiera, le hallaron impedido del mal de manera que al presente no se podia partir hasta la fin de agosto, y pareciéndoles mucha dilacion, escribió el Ledington una carta à Luis de Paz que le alcanzó en el camino, en la cual le decia no poderse partir tan presto el de Ross, y que à esta causa enviarian delante à Rolet secretario de aquella reyna en el mismo recado que el de Ross podria traer... llegó á Inglaterra Luis de Paz donde embajador estaba, cuatro horas antes que muriese y le oyó la respuesta que traia. El secretario Rolet vino y hallando el embajador muerto no paró en Inglaterra, y pasóse luego en Flandes, donde quedaba à los XVI de diciembre. » Même relation, *ibid.*
3. « De que dijo jamas haber entendido cosa alguna. » Dépêche chiffrée de Granvelle à Philippe II, 14 septembre 1563. Arch. Sim. Est., leg. 816.
4. Granvelle (Antoine Perrenot de), cardinal, gouverneur des Pays-Bas sous Philippe II, né en 1517. Ce fut lui qui négocia les traités de Passau et de Cateau-Cambrésis. Il jouissait de toute la confiance de son maître, et il est très naturel qu'il ait eu connaissance de la correspondance de Philippe II avec Quadra. Cet illustre homme d'État mourut à Madrid en 1593.

aux avances du secrétaire : il s'enhardit devant cette preuve manifeste d'une mission diplomatique. Il crut donc pouvoir dire que d'après des lettres de Philippe II, adressées à l'ambassadeur à Londres et qui lui avaient passé par les mains, il savait que sa Sa Majesté, considérant les grands avantages que la religion catholique pouvait tirer d'une telle alliance et d'autre part les qualités excellentes de la reine d'Écosse, avait goûté ce projet de mariage. Le cardinal n'était pas toutefois absolument sans inquiétude sur le caractère de Rolet et l'authenticité de ses pièces, mais il se rassura en se disant qu'après tout il serait toujours temps de nier, s'il prenait jamais envie à personne d'abuser de ces confidences contre le gouvernement espagnol[1].

Philippe II reçut ces nouvelles en octobre, à Monzon, où se tenaient les cortès. La mort d'un agent aussi habile que Quadra, et qui avait pris si vivement à cœur les négociations avec l'Écosse, paraît l'avoir un peu découragé. Au fond, il connaissait les périls de l'entreprise ; plus il approfondissait la question, plus aussi, tout en laissant tâter le terrain par son ambassadeur, il redoutait de se

---

1. « Resolví á decirle... que por algunas cartas de V. M. escritas al D^r su embajador que habian pasado por mis manos... se podia comprender que haciéndose este casamiento se podia esperar de guiar las cosas de manera que dél sucediese la reduccion de la religion en los dos reynos de Escocia é Inglaterra... este punto de poder procurar tan gran bien á la cristiandad... y la gran virtud y buenas calidades de la persona de la dicha reyna habian movido á V. M. para que gustar deste casamiento... » « ... Porque cuando quisiese malignar se lo podrá negar todo. » **Dépêche de Granvelle à Philippe II, déjà citée.**

trouver lancé dans une politique d'aventure. Il comprenait bien les avantages de cette union, mais il n'apercevait pas sans inquiétudes la perspective d'entreprises lointaines et périlleuses ; il savait que le mariage de son fils avec Marie Stuart irriterait tout ensemble Élisabeth, effrayée de la nouvelle fortune de sa rivale catholique, Catherine de Médicis et l'Empereur, déçus dans leurs espérances. De plus, voyant le caractère de son fils devenir de plus en plus difficile et ombrageux, il craignait de rendre le Prince trop libre d'agir s'il le mariait aussi loin de lui. Le plan du mariage écossais tentait son ambition sans doute, mais il alarmait sa prudence. Philippe se trouvait ainsi en présence de succès problématiques et de dangers certains. Inquiet, indécis, il songea à demander conseil à son plus intime confident, le duc d'Albe, et, quelques jours après avoir reçu la nouvelle de la mort de Quadra, il lui écrivit :
« Martin de Guzman est arrivé avec des lettres que vous verrez, et il me presse de déclarer ma résolution au sujet du mariage du prince mon fils avec la fille aînée du roi des Romains. Le roi de France et sa mère désirent vivement obtenir cette princesse [1], et d'autre part les instances de l'ambas-

---

[1]. On voit que Catherine, aussi bien que Philippe II, poursuivait à la fois deux mariages ; elle appuyait en même temps ostensiblement l'archiduc à Edimbourg. La lettre du duc d'Albe expliquera ce dernier détail. La Régente n'avait pas d'ailleurs renoncé à marier sa fille Marguerite à don Carlos. Elle en parla depuis au duc d'Albe lorsque ce personnage accompagna la reine d'Espagne à Bayonne, et insista en même temps pour l'union de Charles IX avec l'archiduchesse Anne. Ces projets, dont elle avait souvent entretenu

sadeur sont si fortes que je ne sais comment différer davantage : l'Empereur me prie en outre de favoriser l'union de l'archiduc Charles, son fils, avec la reine d'Écosse. En même temps est arrivé ici un secrétaire de l'évêque Quadra, lequel est mort le 24 août ; il m'a entretenu du mariage d'Écosse dont les négociations sont commencées. Au milieu de ces difficultés, je vous prie de me dire ce qu'il vous semble opportun de décider, quelle marche je dois suivre si je me détermine à poursuivre le projet de mariage du prince avec la reine d'Écosse, quels préparatifs il faudra faire, quelles ressources mettre en œuvre pour en venir à conclure et surtout pour obvier aux éventualités qui pourront s'ensuivre. Considérez tout cela avec votre prudence accoutumée, afin que je puisse me résoudre en toute connaissance de cause [1]. » On le voit par cette lettre,

l'évêque de Limoges et M. de Saint-Sulpice, ses ambassadeurs à Madrid, étaient encore indiqués dans les instructions que reçut leur successeur Raymond de Pavie, seigneur de Forquevaulx.

1. « ... Ha llegado Martin de Guzman con unas cartas y copias que veréis, y trae cargo de hacer muy grande instancia sobre que me resuelva y declare en lo del casamiento del príncipe mi hijo con la hija mayor del rey de Romanos, porque el rey de Francia y su madre le hacen grande instancia por ella... no sé como se podrá mas dilatar... y así mismo me pide S. M. le favorezca para lo del archiduque Carlos con la reyna de Escocia... demas desto ha venido aqui un secretario del obispo Quadra, el cual falleció a los de xxiv de agosto, asi para los negocios de Inglaterra como para lo de Escocia que se habia comenzado... os encargo mucho que con esto me aviseis de lo que os parece que se debe hacer, y camino que se debe llevar para en caso que yo me determine en mandar proseguir la plática del casamiento del príncipe mi hijo con la de Escocia... y las diligencias y provenciones que convendrá hacerse para venir á la conclusion y efectuation del negocio,

Philippe est un peu effrayé des complications dont l'alliance écossaise pourrait être la cause. Il est surtout vivement troublé par la double prétention de Catherine, qui intriguait également à Édimbourg et à Vienne pour faire obtenir à son fils soit Marie Stuart, soit la princesse Anne de Bohême. L'un et l'autre de ces projets caressés par la régente déplaisaient à Philippe II, et il n'osait, de son côté, rien décider, redoutant, s'il choisissait l'Écosse, outre les difficultés incalculables de l'avenir, de voir Charles IX épouser la princesse Anne, et, s'il choisissait l'Empire, de livrer à une puissance rivale les grands avantages que lui-même se pouvait promettre d'une alliance avec Marie Stuart. Un troisième parti lui restait à prendre, il est vrai, et il le met sous les yeux du duc d'Albe : favoriser les prétentions de l'archiduc, prince de sa maison, et réserver la princesse de Bohême à don Carlos. Mais il sait, d'après les dépêches de ses agents, que l'archiduc a peu de chances, qu'il est repoussé par l'Angleterre aussi bien que par les conseillers de la reine d'Écosse, et qu'il est dangereux pour un souverain de compromettre son crédit en vue d'avantages médiocres ou négatifs, pour une cause condamnée par tous les hommes compétents. On ne pouvait deviner que Marie Stuart, dédaignant tant de grands princes,

---

y para prevenir y proveer à lo que dello se ha de seguir... considerándolo todo... con vuestra gran prudencia... para que yo con mas claridad y consideracion me puede resolver en ello. » Lettre de Philippe II au duc d'Albe. Monzon, 12 octobre 1563. Arch. Sim. Est., leg. 143.

choisirait Darnley pour époux. Il paraissait au moins vraisemblable que, repoussée par l'Espagne et refusant elle-même l'archiduc, elle se déciderait à une alliance française. Philippe verrait alors triompher la combinaison la plus odieuse à sa politique, et, après s'être associé aux prétentions de l'Empire, subirait une humiliation ajoutée à un échec.

Le duc d'Albe, on le voit par sa réponse, considère spécialement trois choses : d'abord, peut-on marier l'infant? n'est-il pas trop jeune? son tempérament est-il formé? ne doit-on pas grandement tenir compte de ses aptitudes physiques qui sont d'une si haute importance pour les avantages qu'on se promet d'un mariage avec la reine d'Écosse[1]? On voit ici reparaître les incertitudes dont nous avons parlé plus haut. En second lieu, il faut bien reconnaître que l'affaire entamée avec le cabinet d'Édimbourg sera la source d'innombrables « inconvénients, travaux et périls »; que Philippe II aura contre lui « l'Angleterre, la France, et peut-être l'Empereur[2] ». Enfin la princesse Anne est d'une illustre race, parfaitement élevée : nulle épouse ne saurait être plus convenable pour le prince d'Espagne. On ne peut craindre de s'avancer en si bonne voie[3]. »

3. « ... A la edad, la persona y la habilidad del principe nuestro señor se debe tener gran respeto para el fruto que deste negocio se piensa sacar. » Lettre du duc d'Albe à Philippe II, 21 octobre 1563, *ibid.*

2. « ... Inconvenientes, trabajos, peligros, no se puedan en ninguna manera del mundo excusar en este negocio, porque V. M. tendrá contra sí á Francia y á Inglaterra, y podria ser que el Emperador. *Ibid.*

3. « ... Siendo hija de quien es y criada en lo que la señora

Le duc d'Albe ne se le dissimule pas cependant : le but de la reine de France est de faire épouser un jour Marie Stuart à Charles IX, afin d'assurer à ce dernier un droit éventuel à la couronne d'Angleterre ; si Catherine semble favoriser aujourd'hui le désir de l'archiduc, si elle a l'air de vouloir faire épouser son fils à la princesse Anne, c'est que d'abord elle ne redoute pas le prince allemand, ensuite qu'elle prétend de la sorte complaire à l'Empereur sans rien compromettre ; enfin, le roi de France ne se pouvant marier avant deux années, la lenteur même des négociations est utile à ses desseins. Il est avantageux à Catherine de s'opposer à un mariage immédiat de la reine d'Écosse avec don Carlos, et de tenir libre Marie Stuart en appuyant une proposition peu redoutable, jusqu'à ce que Charles IX soit en âge [1]. Le duc croit donc opportun de déjouer ce plan, d'ouvrir les yeux à l'Empereur en démasquant la reine de France, de faire comprendre à la cour de Vienne dans quel but Catherine paraît soutenir l'archiduc [2]. En résumé, ne point poursuivre le mariage écossais comme trop péril-

---

reyna de Romanos la habia criada, V. M. dara à S. A. muger que en ningun tiempo podrá decir que no se la hay dado muy conveniente. » *Ibid.*

[1]. « ... Se entiende de la intencion con que la reyna de Francia camina... por asigurarla (Marie Stuart) para volverla à casar con el rey su hijo para tener derecho à la corona de Inglaterra .. quiere estorbar el casamiento del principe nuestro señor con la reyna de Escocia y tenerla libre hasta que su hijo sea de edad. » *Ibid.*

[2]. « Enderezando no à hacer los casamientos de sus hijos con sus nietas ni del archiduque con la de Escocia, sino à estorbar que el principe nuestro señor case con ella. » *Ibid.*

leux, s'avancer sans crainte vis-à-vis de l'Empereur, dont la petite-fille est un excellent parti pour le prince, se garder de blesser le cabinet de Vienne en continuant à Edimbourg des négociations qui lui seraient très sensibles si jamais, ce qui semble inévitable, il venait à les apprendre[1], déranger le jeu de Catherine de Médicis en dévoilant ses ruses, telle est, pour l'instant, — car il se faut toujours réserver les chances de l'avenir, — la politique qui paraît sage au duc d'Albe, tel est le sens général de sa dépêche longue, diffuse, obscure comme les intrigues elles-mêmes au milieu desquelles s'agitait péniblement la diplomatie tortueuse du cabinet de Madrid.

Il est vraisemblable que Philippe II, d'après ces conseils, prit dès lors une résolution contraire au mariage écossais; mais il ne jugea pas à propos d'en rien faire connaître encore. Il s'occupa d'abord d'un remaniement des ambassadeurs dans les trois cours de Londres, de Paris et de Vienne. La mort de Quadra amena un mouvement dans le corps diplomatique : le frère du cardinal Granvelle, le comte Chantoney, ambassadeur à Paris, fut nommé à Vienne[2]; don Francés d'Alava, homme soupçonneux,

---

1. « Como no puede dejar de saber que se trata lo de Escocia, será darle grande ocasion de queja y agravio. » *Ibid.*
2. Le comte Chantoney, fils de Perrenot de Granvelle, chancelier de Charles-Quint et frère du célèbre cardinal Granvelle, gouverneur des Pays-Bas. Il remplit plusieurs fonctions diplomatiques sous Philippe II, à Paris et à Vienne. Catherine de Médicis, dans sa correspondance inédite avec son ambassadeur en Espagne, accuse cet homme d'État de s'être vanté, en 1570, d'avoir empêché pendant quatre ou cinq ans le mariage de Charles IX avec la prin-

irascible, intrigant, fut choisi à dessein pour épier habilement les moindres actes du cabinet du Louvre, l'effrayer par ses violences et le fatiguer par ses manœuvres [1]; Don Diego Guzman de Silva fut envoyé à Londres.

Ce nouvel ambassadeur trouva le gouvernement anglais extrêmement préoccupé des négociations de Philippe II avec l'Écosse : le secret avait transpiré, et jusqu'au milieu des fêtes de la cour, don Diego sentait percer l'inquiétude. Mais, tandis qu'il s'attendait à se voir accueilli avec une certaine froideur, l'attitude extraordinairement gracieuse de la reine le surprit. Élisabeth l'accabla de prévenances, l'entretint durant une longue entrevue des plus intimes détails de sa vie passée, l'emmena au théâtre dans sa loge, fit jouer l'air de la *Bataille de Pavie*, particulièrement cher aux oreilles espagnoles, affirma que nulle musique ne lui plaisait davantage [2], et comme l'ambassadeur, peu familiarisé avec la langue anglaise, ne comprenait pas grand'chose aux pièces qu'on jouait devant lui, elle prit la peine de lui ser-

cesse Anne, dans l'espoir de faire épouser cette même princesse à Philippe II, si la reine Isabelle venait à mourir. Les lettres de Chantoney à Philippe II démontrent que c'était là une calomnie. Il mourut dans ses propriétés de Franche-Comté, en 1571.

1. Don Francés d'Alava demeura à Paris comme ambassadeur jusqu'à la fin de 1571, malgré les nombreuses plaintes de Charles IX et de sa mère, qui finirent cependant par obtenir son rappel. (Voy. sur cet homme d'État, dans mon livre intitulé : *Grands seigneurs et grandes dames du temps passé*, le travail sur la correspondance inédite de Forquevaulx.

2. « Hizo tañer à sus músicos la *Batalla de Pavia*, afirmándome que era la música que oia con mas gusto. » Dépêche de don Diego de Gusman à Philippe II, 10 juillet 1564. Arch. Sim. Est., leg. 817.

vir d'interprète, et cela avec une complaisance inaccoutumée [1].

Puis tout à coup, saisissant une réflexion de don Diego sur les mariages qui terminent d'ordinaire les comédies, elle lui demanda des nouvelles du prince d'Espagne : l'ambassadeur ayant répondu que Son Altesse avait grandi, elle ajouta, après un instant de réflexion et non sans une nuance de mélancolie fort bien jouée : « Enfin... tous me dédaignent... j'ai appris qu'il est question de marier l'infant à la reine d'Écosse. » L'ambassadeur, qui n'avait pas d'instructions relatives à cette ouverture aussi bizarre qu'inattendue, se contenta de répondre que le prince avait été trop longtemps malade de la fièvre quarte pour qu'on ait jamais pu même songer à négocier aucun mariage, et qu'il ne fallait pas honorer de la moindre attention les bavardages des cours. — « Il est vrai, dit alors la reine, qui suivait son idée, et je le sais par moi-même. Ne disait-on pas à Londres, il y a quelques jours, que le roi d'Espagne vous avait envoyé pour traiter de mon mariage avec le prince son fils [2]? » Don Diego ne releva pas cette in-

---

1. « De que yo entendiera poco si la reyna no fuera el interprete. » *Ibid.*

2. « ... Y como en estas comedias se trata las mas veces de casamiento, tornóme á preguntar en lo pasado de V. M., y si el príncipe habia crecido. Yo le dije que sí, y estuvo pensando un poco, y dijo : « En fin... todos me desdeñan. Entiendo que se ha tra-
« tado de casarle con la de Escocia. » Respondíle : « No lo crea
« V. M. porque S. A. ha estado estos años pasados tan indispuesto
« y con tantas cuartanas y otros malos, que no ha podido de razon
« tratarse de su casamiento, aunque agora tiene salud, y las gen-
« tes tratan destas cosas como les parece, que no es nuevo, estan
« sujetos los grandes príncipes a los dichos de todos. — Es eso tan

simulation, que la reine avait placée dans le dialogue comme un lieu commun de conversation, mais non pas sans l'avoir fait précéder ingénieusement de ce mot que j'ai cité : « Enfin, tous me dédaignent, » qui lui donnait tout son prix. Elle savait qu'il en est des paroles comme des chiffres, et que leur place détermine leur valeur. Don Diego, qui le comprit, ne manqua pas d'informer scrupuleusement sa cour de ce singulier entretien.

Mais Philippe ne fut pas dupe de ces avances : il aperçut à merveille, en dépit de ces discours, que la reine d'Angleterre ne songeait pas le moins du monde à épouser don Carlos, mais voulait seulement offrir un appât à son ambition, afin de détourner ses idées du mariage écossais. Il ne lui donna donc pas la satisfaction de croire qu'il daignât même songer à elle : ce qui le frappa seulement, ce fut la révélation du secret de ses négociations avec Marie Stuart. Il pensa qu'Élisabeth ne manquerait pas d'en avertir l'Empereur, et qu'il était temps de prendre officiellement un parti. Aussi à peine eut-il reçu la lettre de don Diego qu'il se hâta d'y répondre. Il suivait définitivement le conseil du duc d'Albe, repoussait l'idée du mariage écossais, au fond comme périlleuse, en apparence par affection pour l'Empereur et l'archiduc, qu'il regardait, dit-il, « comme son propre fils [1]. »

« verdad, dijo la reyna, que no ha muchos dias que se decia en
« Lóndres que el rey enviaba un embajador à tratar para el
« principe casamiento con migo. » Dépêche de don Diego de
« Silva à Philippe II, *ibid.*

[1] « Como porque tengo al archiduque Càrlos en lugar de hijo. »

exprimait simplement son désir de voir l'archiduc épouser Marie Stuart, et enjoignait à son ambassadeur « de sortir le mieux possible de cette affaire [1] ». Toujours fidèle cependant à son mauvais vouloir vis-à-vis de la France, il désirait ne pas rassurer trop bien le cabinet du Louvre, de peur que Catherine, délivrée de la redoutable concurrence espagnole et de la crainte de traverser les projets du cabinet de Madrid [2], ne parvînt à conserver Marie Stuart pour son fils. Philippe était si fortement décidé à s'opposer à cette union, qu'il ajouta de sa main sur la dépêche : « Agissez de telle sorte que les Français ne perdent pas toute inquiétude sur ce point, et ne traversent pas les projets de l'archiduc en faveur de leur roi, car, en ce cas, mais en ce cas seulement, je recommencerais à négocier pour l'infant [3]. »

Cette précaution était inutile. Marie Stuart était dès lors sur le point d'épouser Darnley [4], — mariage

---

Lettre de Philippe II à son ambassadeur en Angleterre, 6 août 1564, Arch. Sim. Est., leg. 817.

1. « Os salgais lo mejor que pudiéredes de la plática de mi hijo. » *Ibid.*

2. « Procurais de caminar en este negocio de tal manera que no pierdan los Franceses el temor al casamiento del príncipe mi hijo, y no viendo ó esturbando lo del archiduque, procuren de tomar à la reyna de Escocia para el rey de Francia. » *Ibid.*

3. « Como caminan en esto que sea de manera que no pierdan los Franceses el temor á lo del príncipe, de manera que no vengan en lo del archiduque y procuren lo del rey, pues en este caso solo volveria yo à la plática del príncipe. » *Ibid.*

4. On voit cependant qu'en 1565, Lethington essaya encore de renouer le projet du mariage espagnol ; mais ce ne fut qu'une vague tentative rappelée, pour mémoire, dans une dépêche de Diégo de Silva en date du mois d'avril. (**Coleccion de documentos inéditos, XXVI.**)

que Philippe s'empressa d'approuver[1], — et d'ailleurs la France, préoccupée de dissensions intestines sans cesse renaissantes, était hors d'état de suivre une aussi délicate négociation. Telle fut la fin de ces curieuses intrigues de la cour d'Espagne auprès de Marie Stuart, intrigues qui font bien connaître l'esprit à la fois audacieux et prudent, romanesque et positif du gouvernement de Philippe II. On voit combien sa diplomatie lente et rusée, susceptible toutefois de se laisser séduire par de grands projets, les étudiait, dans ses méditations prolongées, avec une sagacité profonde, les considérait attentivement sous toutes leurs faces, s'avançait avec précaution, se réservant toujours des portes de sortie, aimait contraindre souvent, par des lenteurs calculées, ses agents à des mesures qui n'engageaient pas sa responsabilité et qu'il pouvait, selon l'événement, accepter ou désavouer.

Cependant l'empereur Ferdinand était mort en cette même année 1564 (le 25 juillet), et Maximilien, son fils, qui depuis 1558 portait le titre de roi des Romains, de Bohême et de Hongrie, lui avait succédé sans difficulté. Le nouvel empereur, dès sa première entrevue avec l'ambassadeur espagnol Chantoney, le 25 mars 1565, mit aussitôt la conversation sur un sujet qui lui tenait au cœur, le mariage de sa fille Anne avec le prince d'Espagne. Après avoir vanté toutes les précieuses qualités de la jeune prin-

---

[1]. « El mas acertado (casamiento) que se puede hacer. » Dépêche de Guzman de Silva, 26 avril 1565. Arch. Sim. Est., leg. 818.

cesse [1], il ne cacha pas à Chantoney qu'elle était sérieusement recherchée par le roi de France, que les électeurs et les princes de l'Empire, favorables à cette union, le sollicitaient d'y consentir [2]. Lui-même, ajouta-t-il, appréciait assurément les motifs qui obligeaient le roi d'Espagne, inquiet de la santé de son fils, à retarder ce mariage : il était loin d'être disposé à une alliance française, et il avait même naguère laissé l'ambassadeur de Charles IX quitter Vienne à propos d'une question de préséance, où il ne lui avait pas voulu donner l'avantage [3], mais enfin il n'entendait point que sa fille perdit les chances d'un établissement honorable en France, et s'il fallait attendre le rétablissement du prince d'Espagne, du moins prétendait-il être sûr, dès à présent, que le mariage aurait lieu dès que l'infant serait guéri [4]. »

Ce discours embarrassa beaucoup Chantoney, qui avait ordre de gagner du temps : le Roi lui avait à cet égard envoyé des instructions précises dès le

---

1. « Sobre esto me dijo de las condiciones de la princesa su hija lo que se puede pensar de un padre que ama los suyos tiernamente. » Dépêche de Chantoney à Philippe II, 31 mars 1565. Arch. Sim. Est., leg. 653.
2. « Haciéndome muy largo discurso de las instancias que le han sido hechas, no solamente por el rey de Francia, pero por los electores mismos y príncipes del Imperio para que la diese à aquel rey, y cada dia le solicitaban los dichos electores. » *Ibid.*
3. « ... Porque no se le habia querido declarar la precedencia en su favor en esta corte. » *Ibid.*
4. « Esperar hasta que el príncipe de España tuviese mas salud no le pesaria, mas queria ser asegurado deste agora para entónces... no era justo por cosa incierta hacerle (à la princesa) perder su colocacion. » *Ibid.*

mois de septembre 1564 (Arch. Sim. Est., 652); on a déjà vu d'ailleurs quel était l'état physique de don Carlos : Philippe espérait toujours que les efforts des médecins triompheraient de ce tempérament débile, et tout en laissant connaître à l'Empereur le défaut constitutif de son fils, il en était réduit à chercher tous les moyens, vraisemblables ou non, de traîner en longueur sans décourager Maximilien. Chantoney, à bout de ressources, après avoir protesté de l'affection sincère que ressentait Philippe II pour Maximilien et sa famille, entra soudainement dans un nouvel ordre d'idées, autant pour affaiblir, en les divisant, les préoccupations de l'Empereur, que pour insinuer un plan cher à la diplomatie espagnole, et lui proposa l'entremise de son souverain à Lisbonne pour un mariage entre la seconde fille de Maximilien et le jeune roi don Sébastien de Portugal [1].

Cette ouverture fut très froidement reçue par Maximilien. Vainement Chantoney essaya-t-il de lui démontrer les grands avantages d'un mariage por-

---

1. « ... Pretendia allegarla la hermana, y tratar de casarla con el rey de Port al. *Ibid.* — Quelques années plus tard, comme nous l'expose très longuement la correspondance de l'ambassadeur français, il fut question de marier Marguerite de Valois avec le roi de Portugal. La politique française eut encore là un échec à subir, en dépit des protestations de Philippe II, qui assurait sans cesse Catherine de son bon vouloir et de ses efforts. On voit combien peu ces paroles étaient sincères. Le roi d'Espagne alors caressait l'espérance de voir la seconde princesse de Bohême épouser le roi de Portugal, et Charles IX, à qui cette princesse était destinée, perdre à la fois les deux filles de l'Empereur. (Voy. pour tous les détails de cette dernière négociation : *Un ambassadeur français à la cour de Philippe II*, dans mon livre intitulé : *Grands seigneurs et grandes dames du temps passé.*)

tugais, vainement il vanta l'influence souveraine que les deux maisons d'Autriche, allemande et espagnole, réunies à la maison de Portugal, exerceraient sur la chrétienté tout entière [1] ; l'Empereur avait un autre plan, l'union de don Carlos avec la princesse Anne, et celle de Charles IX avec sa seconde fille Elisabeth. Il ne put s'empêcher de laisser voir à Chantoney combien un mariage avec le roi de France lui semblait préférable à un mariage avec le roi de Portugal [2]. Puis il insista encore pour une détermination prompte au sujet du prince d'Espagne, et mit Philippe II en demeure de déclarer nettement sa résolution définitive [3].

Le cabinet de l'Escurial n'en conserva pas moins son attitude énigmatique, ce qui se comprend aisément. Philippe II n'avait rien à craindre : il était parfaitement sûr que Maximilien, voulant donner sa seconde fille au roi de France, lequel semblait disposé à l'accepter, ne lui offrirait pas bénévolement l'aînée : or, comme il n'existait pas alors en Europe un parti comparable à don Carlos pour la princesse Anne, une fois le roi de France marié, cette princesse devait forcément se trouver toujours heureuse d'épouser l'infant d'Espagne. Maximilien ne pouvait

---

1. « ... Exhortándole á que mirase que la casa de V. M., la suya y la de Portugal, por el mucho deudo que habia entrellas, debian tenerse por una, y procurar de estar y estrecharse mas aun de toda la christiandad. » Dépêche de Chantoney, 31 mars 1565, déjà citée.
2. « Dándome harto á entender que tenia el partido de Portugal muy desigual del de Francia. » *Ibid.*
3. « ... A lo menos declarase resolutamente V. M. si queria esta princesa para el principe de España. » *Ibid.*

risquer, en la donnant au roi de France dans un moment d'impatience, de perdre toute chance de marier brillamment sa seconde fille : il n'ignorait pas que jamais Philippe II ne consentirait à l'accepter pour don Carlos du moment que le roi de France aurait obtenu l'aînée. Le roi d'Espagne demeurait donc dans la plus grande sécurité, et il abusait, à l'avantage de sa politique, de la situation où la force des choses avait placé Maximilien : tranquille au sujet de la princesse Anne, qu'il savait devoir retrouver à volonté, il recherchait seulement tous les moyens d'empêcher le mariage du roi de France avec la seconde fille de l'Empereur, car cette alliance était pour lui un grave sujet d'inquiétude et de jalousie : il n'ignorait pas qu'une fois la princesse Anne mariée avec don Carlos, l'Empereur, délivré de tout souci pour l'établissement de sa fille aînée, était libre de marier sa seconde fille à son gré, et il préférait, en le laissant dans l'incertitude, conserver ainsi sur lui un moyen d'action énergique. Peut-être espérait-il l'obliger à lasser Catherine de Médicis par ces atermoiements qui étaient le contre-coup de ses propres lenteurs et à décider un mariage portugais pour la princesse Elisabeth. Une fois cette dernière alliance conclue, il aurait consenti à accepter la princesse Anne pour don Carlos, et Charles IX était frustré de toute espérance du côté de l'Empire. Il est vraisemblable que tel était son plan, et les circonstances d'ailleurs lui imposaient de gagner du temps, car don Carlos, bien qu'il prît fort à cœur les négociations et qu'il eût même prié Chantoney de lui écrire ses sentiments sur les dispositions de la cour impériale et sur la princesse de Bohême [1], ne paraissait pas devoir être de longtemps apte au mariage.

Maximilien et l'impératrice étaient cependant très impatients de recevoir une réponse officielle à leurs instances réitérées ; à chaque courrier de Madrid, ils s'imaginaient voir venir la lettre attendue [2], et Chantoney passait son temps à leur expliquer d'une façon assez peu claire et médiocrement plausible comment telle ou telle dépêche de sa main ne pouvait pas encore être arrivée en Espagne, par suite avoir été discutée et avoir obtenu de réponse [3]. Le parti français s'agitait à Vienne [4], et l'ambassadeur, à bout de raisons, écrivait lettre sur lettre pour solliciter des instructions nouvelles. En vain Philippe avait-il imaginé de dire à l'envoyé de Vienne à Madrid qu'il attendait le retour du duc d'Albe, alors en France [5], pour décider les choses, Maximilien

1. « El principe que me mandó que le escribiese sobre ello. » Lettre de Chantoney à Gonzalo Pérez, 31 mars 1565. Arch. Sim. Est., leg. 653.
2. « La emperatriz holgó con la venida del correo, recibiera mucho mayor contentamiento que, como S. M. esperaba, tenia alguna resolucion en lo del casamiento y así me lo preguntó luego, creyendo que venia para este efecto. » Dépêche de Chantoney au roi, 20 mai 1565, Ibid.
3. « Yo le mostré que por las datas de las cartas que train y el tiempo que yo habia scripto desde acá, no podian haber llegado mis cartas cuando el correo partió. » Ibid.
4. « ... Si este emperador tomase alianza con el rey de Francia, podria ser que por su medio anduviesen las cosas del Turco mas asosegadas. » Dépêche de Chantoney au roi, 7 juin 1565, ibid.
5. Le duc était allé accompagner la reine Isabelle à Bayonne, où eut lieu une entrevue de famille entre la reine d'Espagne, Catherine de Médicis et Charles IX.

n'avait que médiocrement accueilli cette excuse [1]. On avait d'ailleurs répandu à Vienne le bruit que la santé de don Carlos était meilleure [2], que l'infant désirait vivement ce mariage et prenait grand plaisir à considérer un portrait de la princesse Anne qui lui était parvenu [3]. Maximilien commençait à soupçonner une mauvaise volonté cachée sous des prétextes spécieux et des retards prémédités [4]. La cour de Vienne, en outre, n'ignorait pas que Catherine de Médicis avait imaginé de marier sa fille Marguerite de Valois à don Carlos : l'Empereur ne pouvait savoir encore avec quelle froideur Philippe II accueillit ce plan dont Forquevaulx était spécialement chargé de lui exposer les avantages, et il était naturel qu'il s'inquiétât de lenteurs qui sem-

---

1. « Aunque él (l'envoyé de l'Empereur à Madrid) escribe al Emperador que V. M. se resolverà en lo del casamiento luego que el duque d'Alva vuelva de Francia, no me parece que acà se queda con satisfaccion. » Dépêche de Chantoney au roi, 30 juin 1565, *ibid*.

2. « Cada dia se nos va deshaciendo lo que se habia dicho de la indisposicion de S. A. » *Ibid*.

3. « Acà se ha scripto que S. A. desea la princesa... y que tiene un retrato de la princesa con que se huelga mucho. » *Ibid*. — La description de ce *retrato* est dans la liasse 1053 des Contad. gener. de Simancas : « Un retrato de la infanta doña Ana, de seda de colores, con tres rubios y tres esmeraldas y ocho perlas en la cabeza, y en el brazo izquierdo un rubí y una esmeralda con dos perlas, y en los brahones de entre los brazos otro cincos perlas, puesto en una caja redonda de ébano con una moldura de plata sobredorada. » Voici la traduction de cette description : « Un portrait de soie de couleurs, avec trois rubis, trois émeraudes et huit perles sur la tête ; au bras gauche un rubis et une émeraude, avec deux perles ; sur les bracelets cinq autres perles. Ce portrait est placé dans une boîte ronde en ébène, surmontée d'une moulure d'argent doré. »

4. « ... Maravillándose en que si funda la dilacion si hay voluntad por ello. » Dépêche de Chantoney, *ibid*.

blaient dissimuler de mystérieuses négociations [1].

Rien cependant ne put faire renoncer le cabinet de l'Escurial à sa politique expectante. Il devait laisser longtemps encore le cabinet de Vienne dans l'incertitude. Pour entretenir toutefois des espérances qui servaient ses desseins, Philippe envoya en Allemagne Luis Vanegues de Figueroa porter à l'Empereur quelques assurances favorables, et à la princesse Anne, de sa part et de la part de l'infant, des présents magnifiques, entre autres une bague en diamants de trente mille écus. Mais Vanegues ne reçut aucun pouvoir pour « procéder aux cérémonies requises aux mariages de si hauts princes [2] ». Au fond la mission n'avait pour objet réel que de disposer l'Empereur à donner sa seconde fille au roi de Portugal [3]. Il fut néanmoins fort bien accueilli par Maximilien et l'impératrice, et reçut l'expression de leur bonne volonté persistante. Tous deux le chargèrent de solliciter encore une réponse de Philippe II, de lui exposer les inconvénients d'un si long retard et de l'assurer de leurs affectueux sentiments [4]. Vanegues s'en fit l'interprète avec les plus vives instances, et vraiment une

---

1. Dépêches manuscr. de Forquevaulx, 3 décembre 1565.
2. Dépêches manuscr. de Forquevaulx, 24 août 1567.
3. Les instructions sont du 14 mars 1567 (Coleccion de documentos ineditos, XXVIII.)
4. « La emperatriz anda con tanto cuidado deseando ver cartas de V. M. con buena respuesta en los negocios de estos casamientos que siente mucho los dias que tarda... teme las novedades que con la dilacion se podrian ofrecer... pide el Emperador que se efectue, y deseálo con mucha aficion y la emperatriz con muy mayor. » Dépêche de Luis Vanegues au roi, 30 septembre 1567. Arch. Sim. Est., leg. 687.

telle constance de la part de l'Empereur serait vraiment touchante, si l'on ne savait combien un mariage espagnol était nécessaire aux intérêts de Maximilien. Cette alliance de famille flattait la vanité de l'Empire et concentrait vis-à-vis de l'Europe les forces de la maison d'Autriche. Maximilien ne pouvait y renoncer aisément, et Philippe le savait bien. C'est pourquoi il ne se voulait pas prononcer jusqu'au jour où les événements emporteraient sa résolution.

CHAPITRE VI

DÉTAILS SUR LES SENTIMENTS DE L'INFANT ENVERS PHILIPPE II
ET LES MINISTRES. — AFFAIRES DES FLANDRES
LES DÉPUTÉS FLAMANDS A MADRID. — PROJET DE VOYAGE DE
PHILIPPE II EN FLANDRE. — TENTATIVE DE L'INFANT CONTRE
LE DUC D'ALBE. — DÉPART DU DUC D'ALBE.

Tandis que ces négociations se poursuivaient avec lenteur, l'état physique et moral du prince d'Espagne était extrêmement grave. La fièvre continuait à le miner intérieurement, comme nous l'ont démontré plusieurs dépêches ; ce fut durant ces années où l'on traitait de son mariage avec la reine d'Écosse et la princesse de Bohême que se produisirent ces actes insensés que j'ai rapportés dans un précédent chapitre, et que se développa de plus en plus cette antipathie pour son père, dont quelques historiens ont voulu lui faire un mérite. Il convient, je crois, avant d'aller plus loin, d'en déterminer le caractère.

Si l'infant, indigné du despotisme exercé par l'inquisition sur les consciences en Espagne, et désapprouvant la politique violente de l'Escurial dans les Pays-Bas, a entrepris une lutte contre le système du gouvernement paternel, il convient d'admirer, en effet, la noblesse de son rôle et l'énergie de son dévouement. Mais, il faut bien le reconnaître, cette conduite, dont à peine un prince de génie, à cette époque, eût pu concevoir et poursuivre les grandeurs périlleuses, ne peut être attribuée sérieusement à don Carlos. De tels sentiments eussent été, chez un infant d'Espagne, au seizième siècle, l'un des plus prodigieux efforts de perspicacité et de courage politique dont l'histoire fasse mention. Il faudrait, pour faire admettre une telle puissance intellectuelle chez don Carlos, d'abord en fournir des preuves, et il n'y en a pas, ensuite nier soit l'authenticité, soit la véracité des documents qui existent et qui font parfaitement connaître le caractère et l'intelligence du prince d'Espagne. Cette seconde ressource ne peut même venir à l'esprit d'un écrivain sérieux, elle ne supporte pas l'examen. Aussi les rares historiens dont l'imagination s'est complu dans ces suppositions puériles sont-ils contredits par tous les documents, et contraints d'avouer qu'ils ne sauraient démontrer leurs conjectures. Or, en histoire comme en droit, quiconque avance un fait nouveau doit établir l'exactitude de ce fait, et les présomptions doivent être claires et précises. L'opposition de don Carlos n'a donc pas eu de portée politique : il n'a jamais été le champion de la tolérance religieuse, il n'a jamais songé, en présence de la lutte engagée dans les Pays-Bas, à établir une distinction entre les insurrections légitimes dont il convient d'approuver les héroïques efforts et les révoltes que la raison doit flétrir et que la force doit châtier.

Quel a donc été le sens de cette lutte, qui ne fut pas un antagonisme de principes ? Il est aisé de le comprendre lorsqu'on connaît bien, d'une part, la rigidité de Philippe II, que la bizarre conduite de son fils étonnait et irritait, qui ne lui ménageait point les reproches, lui témoignait en toute circonstance une sévérité morose et se préoccupait beaucoup moins d'attirer son affection et sa confiance que de le contenir par une inflexible discipline; d'autre part, le déréglement des idées de l'infant, qui ne voyait en son père qu'un censeur chagrin, le redoutait comme un obstacle à ses volontés fantasques, se sentait activement surveillé par ses ordres, ne supportait par suite sa présence qu'avec peine [1], et, ne pouvant se résoudre à obéir, s'opiniâtrait à résister quand même et à blâmer toutes

---

1. « No havia en él cosa reglada ni moderada, no deseando tanta cosa como verse apartado de su padre para vivir à su gusto... no podia sufrir la censura de su padre, y no habia cosa de mayor peso para sus hombros que su presencia. » Ms. attribué à Antonio Perez. B. I., 2502^2. S. F. Si j'indique ce passage de ce manuscrit, c'est qu'il me semble résumer bien et avec énergie l'opinion de tous les historiens que j'ai déjà cités. Il faut tant de témoignages réunis pour que je me permette de citer un mot de ce document, qui d'abord n'est pas d'Antonio Perez — jamais secrétaire d'État n'eût écrit de sang-froid un tel tissu d'absurdités, où se révèle même la plus complète ignorance des rouages du gouvernement espagnol; — ensuite, quel que soit son auteur, il ne mérite à aucun titre la moindre confiance, partout où il n'est pas **confirmé par des écrivains sérieux.**

choses, surtout les petites choses, avec une invincible obstination. Il n'y a jamais eu du fils au père opposition dans le sens politique de ce mot. Une opposition digne de ce nom se produit d'après des principes quelconques et à propos de certains faits spéciaux : don Carlos n'a jamais eu de principes qui lui fussent propres et, comme je l'ai rappelé plus haut, se montrait généralement contraire à toute résolution de Philippe II, quelle qu'elle fût, publique ou privée. Il avait adopté à son égard ce système de contradictions systématiques et de taquinerie continuelle qui dénonce chez les partis, aussi bien que chez les particuliers, une complète incapacité administrative et une irrémédiable ignorance des conditions de la vie publique. On verra plus loin combien ses entreprises, depuis le moment où, parvenu à l'âge d'homme, il prétendit à l'honneur de jouer un rôle politique, furent à la fois imprudemment conçues et follement exécutées : on verra qu'elles étaient dirigées dans le seul but d'arriver à satisfaire une ambition stérile, un vain rêve d'indépendance sans objet, et de nuire non seulement au pouvoir paternel, mais encore à l'État que lui-même devait être un jour appelé à gouverner. Les paroles et les actes de l'infant, à cette époque, portent l'empreinte de ce trouble intellectuel dont il avait déjà donné tant de preuves, et il faut avouer qu'il eût été un grand coupable s'il n'eût été dominé fatalement par les agitations fiévreuses d'un cerveau halluciné.

En ce qui regarde la haine qu'il manifestait, ainsi que nous l'avons vu, contre les ministres de son père, pour la bien comprendre il faut étudier ses origines, ou du moins les premiers faits par lesquels elle se manifeste. Si c'était comme agents du gouvernement paternel qu'il eût détesté les divers membres du conseil, son antipathie se fût révélée d'abord à propos d'actes politiques. Un prince dans son bon sens et préoccupé de quelque plan administratif eût certainement choisi, pour faire connaître ses sentiments, l'occasion d'un fait politique étranger à tout intérêt personnel et dont il eût déclaré désapprouver l'idée ou la forme. Il n'en est rien cependant : c'est dans la cérémonie où il reçoit le serment de l'Espagne à Tolède qu'il insulte publiquement le duc d'Albe à la suite d'une infraction à l'étiquette[1]; c'est à propos d'un histrion qu'il s'irrite contre le cardinal Espinosa[2]. Quand bien même il aurait eu d'autres raisons pour haïr ces deux hommes d'État, il était impossible de rencontrer des circonstances où il fût plus inconvenant et plus ridicule de révéler ses sentiments secrets.

Quant à Ruy Gomez de Silva, ce diplomate habile, courtois, affable[3], fut successivement auprès du prince en faveur et en disgrâce. En 1564, lors de l'élévation de ce Lobon dont j'ai parlé[4], Ruy Gomez était d'accord avec le prince d'Espagne pour la chute

---

1. Voy. chap. II, p. 57.
2. Voy. chap. IV, p. 122 et 123.
3. « È persona molto destra nel negoziare con ognuno, molto gentile e cortese. » *Relazione curiosissima*, etc. Ms. B. I., 10,090 [2].— « È gentil huomo Ruy Gomez affabile, di buono ingegno, accorto e discreto in ogni cosa. » *Relazione di Tiepolo*. Ms. B. I., 1203.
4. Voy. chap. IV, p. 130 et suiv.

d'Osorio[1]. Don Carlos paraît l'avoir alors honoré d'une haute estime, puisqu'il le désigne parmi ses exécuteurs testamentaires, dans son testament écrit cette année même. En 1565, Ruy Gomez est nommé par le roi *mayordomo mayor* de l'infant, après la mort de don Garcie de Tolède, et don Carlos a tant d'amitié pour le prince d'Eboli qu'il lui confie, on le verra plus loin, son premier dessein de quitter l'Espagne. Le plan échoua, et ce fut sans doute à partir de cet échec que don Carlos commence à se défier de Ruy Gomez. Les rapports des ambassadeurs de France et de Venise ne nous permettent pas de douter qu'au moins en 1567 l'infant ait considéré cet homme d'État comme un espion et comme un ennemi. Un mot de Forquevaulx nous explique ce changement: l'infant, quel que fût son but, cherchait à se créer des ressources pécuniaires indépendantes : « Il est après pour amasser des escus, dit l'ambassadeur, et naguères il vouloit que Ruy Gomez luy en fit prester 200,000 sans le sceu de son père, dont il a esté découvert, et Ruy Gomez bien avant dans sa disgrâce[2]. » Ce serait donc à la suite d'une dénonciation faite par le prince d'Eboli à Philippe II que don Carlos aurait commencé de haïr ce ministre, et à tel point que parmi « les cinq personnes auxquelles il disoit vouloir mal extresmement, le roi estoit le premier, et après Ruy Gomez, auquel il impute tout

---

1. « Con lo cual S. A. y el D⁰ señor Ruy Gomez quedaron muy satisfechos. » Arch. Sim. Contad. gener., 1ª época, leg. 1118.
2. Dépêches manuscr. de Forquevaulx, 24 août 1567.

ce qui lui succède contre son désir [1]. » Lorsqu'on connaît en effet le dévouement du prince d'Eboli aux intérêts de son maître, lorsqu'on sait que « nul travail, nulle fatigue ne l'effrayaient lorsqu'il s'agissait du service du roi [2] », on ne peut guère douter qu'il ne se soit fait aucun scrupule d'éclairer Philippe II sur les divers détails de la conduite de l'infant. Nous voyons toutefois, dans la liste des libéralités faites par don Carlos à son lit de mort, trois objets de prix légués à Ruy Gomez [3]. Le prince avait-il cru ses soupçons injustes, avait-il rendu au ministre son affection et son estime, ou bien ce présent, à l'heure suprême, était-il un gage solennel d'oubli et de pardon? C'est ce qu'on ne peut déterminer avec exactitude. Mais il ressort avec évidence de cette rapide analyse et de l'examen des diverses antipathies du prince pour les ministres de son père, que la politique n'a été l'origine d'aucune d'elles. Ajoutons qu'il eût été peu logique de haïr tout ensemble Ruy Gomez et le duc d'Albe, qui étaient des adversaires déclarés. « Ils sont presque toujours d'avis différents, dit l'ambassadeur de Venise, et qui recherche la faveur de l'un perd celle de l'autre [4]. » Don Carlos ne

---

1. Dépêches manuscr. de Forquevaulx, 22 janvier 1568.
2. « Non fugge travaglio nè fatica alcuna per servizio del re. » *Relazione*, etc. Ms B. I. déjà cité.
3. Arch. de Sim. Contad gener., 1ª época, 1051. Certificat de Diego de Chaves, confesseur de S. M.
4. « Li quali son fra loro di pareri quasi sempre diversi... » *Relazione di Tiepolo*. Ms déjà cité. — « Che vole il favor del duca d'Alva perde quello di Ruy Gomez. » *Relazione di Michele Soriano*. Ms. B. I., 1203.

pouvait donc, s'il se fût agi de questions de gouvernment, les envelopper dans la même haine. Il est clair que ces griefs ont été tout personnels ; il manifeste ses sentiments au duc d'Albe dès 1559 : or, à cette époque, il n'avait que quinze ans, et certes ne pouvait songer à montrer une opinion quelconque sur le système politique ; s'il s'irrite contre Espinosa, c'est à la suite de l'expulsion de Cisneros ; si Ruy Gomez tombe dans sa disgrâce, c'est après une révélation que l'intérêt de l'État pouvait, je crois, excuser, mais qui a dû indigner violemment le prince d'Espagne. Dégageons-nous donc du système dépourvu de vraisemblance et démenti par tous les documents, qui lui attribue des doctrines contraires à celles de son père, et rattache habilement à ces divergences sa haine contre les favoris de Philippe II. Nous avons étudié les causes réelles de cette attitude hostile, et nous avons aperçu le néant de l'opinion qui les passe sous silence par ignorance ou parti pris. Il convient d'y ajouter le désir aussi ardent qu'inconsidéré d'obtenir une certaine part dans le gouvernement de l'État. Dès 1565, Forquevaulx signalait cette ambition prématurée : « L'on s'aperçoit, dit-il, qu'il s'ennuye de n'avoir déjà quelques grands estats en son pouvoir pour y commander [1]. » L'ambassadeur d'Allemagne, à la même époque, s'exprime en termes analogues : « Le principal sujet de plainte que le Prince a contre son père, c'est que, malgré son âge, il n'a ni commandement ni pouvoir, mais est traité comme

---

1. Lettre du 21 novembre 1565.

un *minor annis* [1]. » Bien que don Carlos n'eût alors que vingt ans, il n'eût pas été contraire aux traditions de la maison d'Autriche qu'un grand gouvernement lui fût remis, soit en Italie, soit en Flandre. Charles-Quint avait confié l'administration de l'Espagne aux mains de Philippe II alors âgé de seize ans : en laissant son fils inactif, le roi lui manifestait donc une certaine défiance qui n'était que trop justifiée [2], mais dont l'infant lui gardait rancune. De plus, don Carlos reconnu comme héritier de la Couronne, ainsi que nous l'avons rappelé, par les cortès de Castille dès 1560, n'avait pas été présenté de même aux cortès de Catalogne, de Valence et d'Aragon, soit que le Roi eût des doutes graves sur ses aptitudes, soit que les circonstances eussent retardé cette cérémonie. On ne saurait douter enfin que don Carlos ne fût irrité des retards apportés par son père à la célébration de son mariage avec l'archiduchesse Anne : il s'expliquait mal les motifs de Philippe II et ne voyait dans la conduite royale que le désir de le retenir en tutelle.

La situation des Flandres lui fournit une occasion de témoigner non pas une hostilité politique réfléchie et sérieuse, mais un empressement ambitieux d'une nature toute personnelle. L'attitude menaçante de ces provinces était dès lors le grand souci du cabinet de l'Escurial [3]. Philippe était déterminé à ne pas céder; profon-

1. Lettre du 2 janvier 1566.
2. Forquevaulx écrivait le 21 novembre 1565 : « C'est un personnage sujet à sa teste et facilement ferait-il telles choses dont l'un et l'autre (le Roi et lui) se repentiroient. »
3. La duchesse de Parme était alors régente. — Marguerite, du-

dément imbu des principes qui ont toujours été funestes aux souverains et aux dynasties, il croyait d'une foi inébranlable aux droits absolus de la couronne, considérait les réclamations des Flamands comme les murmures insolents de vassaux mal soumis, et n'estimait devoir compte de ses actes qu'à lui-même et à Dieu. L'omnipotence royale avait à ses yeux la valeur d'un dogme, et s'il poursuivait l'hérésie avec tant de violence, c'était moins comme erreur théologique que comme rébellion ouverte contre l'unité religieuse et politique tout ensemble représentée par l'État, contre l'État incarné dans le prince. L'Église et le roi lui apparaissaient comme une seule et même chose sous deux noms différents, comme l'expression temporelle de la même pensée mystique, comme la double face du même idéal. L'un et l'autre, également sacrés, infaillibles, irresponsables, devaient obtenir une obéissance aveugle. Attaquer le principe de l'Église, c'était attaquer le principe de la royauté, et réciproquement; donc il appartenait au roi, exclusivement investi du pouvoir séculier, de défendre avec toutes ses forces et par tous les moyens quels qu'ils fussent, même en dehors de la légalité, en vertu de sa prérogative spéciale, cette autorité unique sous deux formes, qui représentait le double aspect de Dieu enseignant et agissant dans la société. C'est là ce qui explique le caractère politique de l'inquisition espagnole, dont le chef était en même temps

---

chesse de Parme, fille naturelle de Charles-Quint et de Marguerite Vangest, née en juin 1522, femme d'Octave Farnèse, duc de Parme, mère du fameux Alexandre Farnèse.

un membre du conseil d'État. Philippe sans doute était trop jaloux de sa prérogative royale pour établir la théocratie pure dans ses royaumes, mais l'idéal qu'il a poursuivi et que, dans une certaine mesure, il est parvenu à réaliser, était un compromis entre la pensée exclusivement religieuse et la pensée exclusivement monarchique, à savoir, une théocratie dirigée par un laïque qui était le roi. Il a fondé sur ces bases cet étrange établissement politique dont l'histoire n'offre pas d'autre exemple.

Toute nation semble forcément placée entre ces trois systèmes par rapport à ses affaires religieuses : ou l'Église, représentée par la caste sacerdotale, domine le souverain et se sert de son bras pour l'exécution de ses plans : telle fut jadis la théorie juive, égyptienne et hindoue, tel est encore aujourd'hui le rêve d'un petit nombre de catholiques extrêmes ; ou l'État asservit l'Église et parfois se l'assimile, ce qui est pour elle la plus avilissante de toutes les situations ; ou encore l'État ne cherche pas à s'immiscer dans l'action spirituelle de l'Église et ne réclame, en retour de cette indifférence, que le respect de son autorité temporelle et de sa constitution civile. Tel est l'ordre établi actuellement en France et qui tend à prévaloir dans tous les États catholiques. Le gouvernement de Philippe II ne reposait sur aucune de ces diverses doctrines ; un même souffle, une même pensée animaient l'Église et l'État ; pénétrés l'un et l'autre du sentiment de leur infaillibilité, visant au même but, c'est-à-dire à l'abaissement de l'individu devant leur propre puissance, ils sentaient bien que la moindre rivalité eût divisé leurs forces et unissaient leurs efforts en faveur de la cause commune, sans vaine jalousie et sans défiances puériles. Ils acceptaient l'un de l'autre tous les secours et toutes les ressources que chacun d'eux pouvait mettre au service de l'œuvre colossale dont ils se croyaient, avec une foi inébranlable, isolément et réunis, les champions et les prophètes, le roi soutenant l'autorité théologique et morale de l'Église dont il prétendait confondre l'origine et l'expression avec celles de son autorité propre, l'Église reconnaissant le roi comme élu de Dieu pour assurer par des moyens humains le triomphe définitif de la religion sur les consciences. Ainsi s'était établi, ainsi persistait l'équilibre de ces deux puissances formidables qui appréciaient trop bien leur valeur mutuelle et la valeur que chacune d'elles empruntait à la présence de l'autre pour ne point se respecter, et qui usaient de leurs forces respectives pour affermir la force commune; chacune se sentait froissée dans le plus intime d'elle-même dès qu'on touchait à l'autre, et leurs convictions jointes à leur habileté fortifiaient, pour le plus grand malheur des libertés religieuses et civiles, leur puissance et leur unité [1].

---

[1]. Un mot de Colmenares (*Hist. de Segovia*, déjà citée) résume bien la pensée non seulement du roi, mais de l'Espagne à cette époque: il parle des révoltés de Flandre, et il ajoute : « Que prestoso rebelaron á Dios y al rey *in uno*. » C'est là aussi le sentiment qui explique la fureur de Philippe II contre les hérétiques et son mot célèbre au luthérien Carlos de Sessa, qui lui reprochait sa cruauté avant de monter sur l'échafaud : « J'apporterais le bois pour brûler

Les Flamands comprenaient le danger. Éloignés du centre du gouvernement, mais témoins des résultats qu'un tel système avait obtenus en Espagne, soumis à un pouvoir qui, sans avoir atteint encore de telles proportions, grandissait de jour en jour, ils pressentaient l'instant où le cabinet de l'Escurial étendrait sur eux comme sur l'Espagne un despotisme fanatique de soi-même. Ils comprenaient que ce despotisme serait d'autant plus implacable que ses triomphes passés l'auraient affermi et de plus en plus persuadé de son droit, que la moindre résistance lui paraissant un attentat monstrueux contre un système sacré serait pour lui une déception douloureuse, inattendue, en même temps qu'un sujet de scandale et de pieuse indignation. Si l'Inquisition manquait encore au mécanisme du gouvernement qu'on leur avait donné, l'établissement du redoutable tribunal dans les Pays-Bas était la conséquence logique des principes reconnus à Madrid et dont on préparait sous main chez eux l'avènement définitif. Ils aperçurent, suspendue au-dessus de leur tête, la menace d'une centralisation qui absorberait en soi les libertés et les consciences, et résolurent d'arrêter, s'il était possible, par des plaintes respectueuses, la marche du cabinet espagnol.

Il était trop tard; le plan de Philippe II avait acquis dans la pensée du gouvernement une force et une autorité aussi absolues que si l'asservissement des

---

mon fils, s'il était aussi pervers que vous l'êtes. » (Yo trahere la leña para quemar á mi hijo, si fuere tan malo como vos.) Colmenares, *ibid.*

Pays-Bas était un fait accompli ; le roi ne pensait même pas à modifier l'œuvre qu'il considérait comme achevée, et manifestait une ténacité inébranlable. Ses conseillers, fidèles échos de ses paroles, ne cachaient pas la détermination de leur maître : le roi d'Espagne entend, disait Ruy Gomez à l'ambassadeur de France, « parler et procéder dans les Flandres en leur seigneur souverain et naturel comme il l'est » (on sait quelle était la portée de ces termes), « car pluslôt que sa Majesté l'endure autrement, il veult demeurer sans Estats et sans vie[1]. » On voit par ces expressions combien le roi était inflexible ; il hâta toutes les mesures qu'il comptait prendre dans l'avenir, comme précaution et comme châtiment. Les Pays-Bas, qui avaient cru au contraire les détourner par leur attitude, étaient déçus dans leurs espérances ; il fallait adopter sur-le-champ les suprêmes résolutions qu'ils avaient longtemps espéré éviter. L'orage était proche : on sait comme il éclata.

Les Flamands hésitèrent longtemps toutefois avant d'en venir à cette extrémité. Des édits formels avaient bien été portés contre les hérétiques, mais ces édits n'étaient pas exécutés dans toute leur rigueur. La politique espagnole tantôt avançait et tantôt reculait, s'efforçant de gagner du terrain en chaque circonstance, augmentant le nombre des soldats espagnols dans les Pays-Bas et prétendant multiplier les évêchés. D'autre part, la duchesse de Parme, régente,

---

[1]. Dépêches manuscr. de Forquevaulx, 3 décembre 1566.

qui sentait bien les périls de la situation, donnait l'ordre de procéder avec moins de rigueur contre les hérétiques, envoyait à Madrid faire des remontrances respectueuses, et n'obéissait qu'à demi aux ordres rigoureux qu'elle recevait de l'Escurial. C'est pourquoi, tandis que Philippe II lui écrivait que les Flamands auraient bientôt le salaire de leurs perfidies, et qu'ils seraient châtiés de façon « à faire tinter les oreilles de la chrétienté, dût-il mettre en danger tout le reste de ses États[1] », tandis que le comte Louis, frère du prince d'Orange, insistait pour une insurrection immédiate, Guillaume de Nassau lui-même, envisageant les choses d'un regard plus ferme, décidé à ne point fournir de prétexte à des violences qu'il prévoyait inévitables, et que la modération des opprimés devait rendre plus odieuses, inclinait vers des résolutions prudentes et, appuyé par le comte d'Egmont, se bornait à conseiller une surveillance active des actes accomplis et des projets caressés par le cabinet espagnol[2].

Ce fut vers cette époque, et tandis que ces dispositions expectantes dominaient encore parmi les grands seigneurs flamands, que deux d'entre eux, le marquis de Berghes et Florens de Montmorency, baron de Montigny, furent désignés pour aller porter au roi les doléances des Pays-Bas. Ils devaient en outre s'efforcer d'obtenir la suppression des édits

---

1. Brandt, *Hist. de la réformation dans les Pays-Bas*, p. 216. — Rudanus, p. 3. — Meteren, *Hist. des Pays-Bas*. Amsterdam, 1597, in-fol., liv. II.

2. Bentivoglio, *Hist. de la guerre des Flandres*.

sévères rendus par le gouvernement Espagnol en matière de religion. Le choix de ces envoyés n'était pas heureux : l'un et l'autre étaient particulièrement suspects à Philippe II. Ils avaient pris grande part à l'agitation des Flandres, ils étaient nettement opposés aux mesures de rigueur contre les hérétiques [1]. Le marquis de Berghes avait déclaré qu'il ne fallait pas les tuer parce qu'ils pouvaient se convertir [2]. Il avait laissé entendre que, dans peu de temps, le roi devrait se servir de ceux qui avaient abandonné le catholicisme [3]. Montigny avait accusé Philippe II de haïr les Belges : il avait des relations avec la maison française des Châtillon, que le roi considérait comme ses ennemis [4]. Leur mission était donc frappée d'avance de stérilité.

Le marquis de Berghes, à la suite d'un accident, dut laisser Montigny partir seul pour l'Espagne : il ne le rejoignit que beaucoup plus tard, dans un état de santé qui ne lui permettait guère d'activité personnelle ; il s'associa cependant à plusieurs démarches de son collègue, assista aux audiences que le roi accorda le 22 et le 24 août 1566, et fut mêlé aux pourparlers que provoquèrent à cette date les excès commis par les calvinistes en Flandre. Mais sa maladie s'aggrava au point qu'il dût solli-

---

1. Lettre de Granvelle, à Philippe II (9 mai 1563). Papiers d'État de Granvelle, VII, 74.
2. Mémoire de Villavicencio (correspondance de Philippe II, t. II, p. 36. 7 janvier 1566).
3. Lettre de la duchesse de Parme, 11 juin 1566 (Arch. Sim. Est., 530).
4. Lettre de Granvelle, 18 juillet 1565.

citer du roi la permission de quitter l'Espagne et mourut avant de l'avoir obtenue, le 21 mai 1567.

Montigny fut donc le principal agent de ces négociations vaines; mais ce fut en réalité seulement pour la forme que Philippe II le laissa les poursuivre. Il le reçut bien en apparence [1], mais le paya de paroles sympathiques avec la ferme volonté de ne rien changer à sa conduite. Bien plus, ce n'est pas outrepasser les droits de l'histoire que de lui attribuer, dès l'origine, l'intention de ne pas perdre l'occasion de se débarrasser d'un dangereux adversaire : peu à peu, avec un art de dissimulation dont l'étude serait étrangère à notre sujet, mais dont les détours révèlent toutes les hypocrisies de sa politique, il engagea l'envoyé flamand dans une série de discussions et de démarches sans issue qui durèrent pendant les années 1566 et 1567; puis il prépara sous main, tandis que les pourparlers se continuaient en apparence, la réunion des forces destinées à écraser les Pays-Bas et à soutenir la terrible mission du duc d'Albe [2]. Il fut bientôt évident pour Montigny que le roi ne songeait pas à donner satisfaction aux Flandres, que les concessions dont il l'avait flatté au premier abord

---

1. Montigny se félicitait même de ce bon accueil dans une lettre à la duchesse de Parme du 2 août 1566. (Arch. de Simancas, Est., l. 533.)

2. On peut étudier ces curieuses négociations dans les lettres de Montigny qui sont aux archives de Simancas, dans les mémoires d'Hopperus (ministre belge) sur les troubles des Pays-Bas, dans les lettres d'Alonso de Laloo au comte de Hornes, dans la correspondance de Philippe II. Elles n'intéressent pas directement l'histoire de don Carlos, et j'ai dû m'abstenir de les rapporter. On ne trouve dans ces divers documents aucun indice d'une intervention du prince.

n'étaient à aucun degré sincères [1] et n'impliquaient aucune obligation dans la pensée et dans la conscience du souverain, enfin que sa présence en Espagne était complètement inutile. Philippe II était décidé, en effet, malgré les instances des Pays-Bas, les conseils de la duchesse de Parme. malgré les avis réitérés du Pape Pie V, à ne recourir qu'à la violence et à étouffer dans une répression sanglante les réclamations des Pays-Bas : « La voie de la négociation avec eux, écrivait-il à son ambassadeur à Rome, est si mauvaise et pernicieuse pour le service de Dieu et l'établissement de notre sainte foi catholique, que j'ai préféré risquer l'aventure de la guerre avec tous les inconvénients et dommages qui pourront en résulter pour moi. plutôt que de condescendre à rien qui soit contraire à la foi et à l'autorité du Saint-Siège[2]. » Dans cette extrémité, Montigny n'avait plus qu'à se retirer, et il avait demandé au roi, dès avant la mort du marquis de Berghes, l'autorisation de retourner en Flandre. Ses efforts furent vains : sous divers prétextes, Philippe II ajournait sa décision, étant bien résolu au fond à ne pas laisser un homme aussi considérable rapporter dans les provinces l'impression de son découragement et donner ainsi son concours et de nouveaux prétextes à l'agitation qu'il prétendait calmer par la terreur.

Nous sommes ici en présence d'un point histo-

1. Voy. aux arch. de Sim. (Est., l. 531) la déclaration de Philippe II à ses conseillers intimes.
2. Lettre de Philippe II au commandeur de Castille, en date du 26 novembre 1566.

rique très discuté. Plusieurs historiens, entre autres Cabrera, Colmenares et Van den Hammen [1], ont affirmé que Montigny, édifié sur les sentiments de l'infant à l'égard de son père, a cherché à utiliser cette haine pour le plus grand avantage des Pays-Bas, et que, par l'entremise d'un gentilhomme de la chambre, il était entré en relations suivies et directes avec Don Carlos. Il est vrai que lui-même n'en parle pas dans les lettres qui restent de lui, et qu'on ne trouve pas trace de ces entrevues dans les documents officiels contemporains. Mais je ne me trouve pas autorisé à nier les rapports du prince et de Montigny par le silence de celui-ci qui avait tout intérêt à se taire. Quant aux rédacteurs des documents officiels, les uns ont pu ignorer ces entretiens, les autres avoir le mot d'ordre pour ne point rappeler un fait aussi grave et aussi pénible au roi d'Espagne. En revanche, le public, qui n'avait point les mêmes motifs de discrétion, croyait à ces menées mystérieuses, et l'ambassadeur de France y faisait allusion dans ses dépêches : « On dist qu'il (le prince) s'entendoit avec les Flamands, nommément avec le sieur de Montigny [2]. » D'autre part on lit dans une lettre qu'Hernan Suarez, l'alcade de cour si fidèle à don Carlos, lui écrivit en décembre 1567, et dont je reparlerai

---

[1]. Cabrera, *Felipe II*, VII, xxii. — Colmenares, *Hist. de Segovia*. — Lorenzo van den Hammen, *Don Juan de Austria* : « por medio de M. de Vandosmes, cavallero de camara del Rey, communicó su comision particular al principe de parte de los Estados. »

[2]. Dép. de Forquevaulx, 22 janvier 1568.

plus loin, cette phrase énigmatique : « Votre Altesse sait avec quel étonnement douloureux on a su ses rapports et conversations avec les députés [1]. » De quels députés est-il question ici ? On a prétendu qu'il s'agissait de l'allocution violente que le prince adressa dans les derniers jours de 1566 aux cortès de Castille, ainsi qu'on le verra tout à l'heure. Cela se peut, mais les dates ne coïncident pas [2]. Comme, au contraire, à cette époque, Montigny poursuivait ses négociations avec la cour d'Espagne, et comme le terme de députés « procuradores » peut s'appliquer aussi bien aux envoyés flamands qu'aux représentants des villes de Castille, il est plus vraisemblable qu'Hernan Suarez parle des relations du prince avec Montigny : ses expressions d'ailleurs, « rapports et conversations », *tratos y conversaciones*, paraissent désigner plutôt des menées secrètes qu'un discours prononcé devant les cortès.

Enfin si de ces considérations hypothétiques nous passons aux conjectures morales, comment pourrait-on supposer qu'un personnage aussi habile que Florens de Montmorency n'ait pas cherché à profiter pour sa cause des dispositions de l'infant ? Il savait que la

[1]. Con cuan lestima se habian sabido sus tratos y conversaciones con los procuradores. » Lettre d'Hernan Suarez à don Carlos, citée par A. de Castro, *Historia de los protestantes Españoles*, p. 377, à la date de décembre 1567.
[2]. Il est vrai que M. Gachard conteste cette date, sans indiquer ses motifs, et assigne pour la lettre d'Hernan Suarez le mois de décembre 1566, uniquement en vue d'établir qu'elle a été écrite au moment de l'allocution aux cortès de Castille. Je crois la date de M. de Castro exacte jusqu'à preuve du contraire, et en ce cas on ne peut croire qu'Hernan Suarez ait rappelé cet incident un an après.

discorde existait dans le camp ennemi, et il eût hésité à s'en servir ! Tout au moins il n'eût pas même essayé de tâter le terrain et d'intéresser le Prince aux malheurs de son pays ! Il connaissait d'un côté l'hostilité systématique de Don Carlos envers son père, ce qui lui assurait un bon accueil, et de l'autre le désir du Prince d'aller en Flandre, ce qui devait inspirer à un négociateur flamand la pensée de l'entretenir avant son départ de l'état des choses dans les Pays-Bas. Soit donc que Montigny eût l'intention d'exploiter l'ambition malheureuse qui poussait le Prince vers les affaires politiques et ce grand empressement à changer de lieu, soit qu'il eût voulu simplement connaître au juste ce que son pays devait attendre de l'héritier de la couronne d'Espagne, il est extrêmement naturel qu'il ait provoqué les occasions de le voir en secret et de bien disposer pour les Flandres le Prince qui pouvait être appelé à les visiter d'abord et peut-être à les gouverner ensuite.

En toute hypothèse, don Carlos paraissait devoir être utile aux Pays-Bas. Si, comme il était encore possible de le croire, et comme l'infant n'avait cessé de l'espérer, ainsi qu'on le verra plus tard, son père se décidait à lui donner une mission en Flandre, il était indispensable qu'il fût prédisposé à des sentiments bienveillants : si au contraire il s'y rendait un jour malgré son père, il eût été un chef précieux pour une insurrection, en supposant qu'il fût capable de la conduire. Quoi qu'il en fût d'ailleurs, les chefs réels pouvaient user de son nom, nuire sensiblement à Philippe II dans l'opinion de l'Europe en le montrant désavoué par son propre fils ; enfin, comme dernière ressource, don Carlos pouvait être un précieux otage. Il n'avait d'ailleurs ni assez de raison ni assez d'expérience pour se défier de ces ouvertures : on sait que sa crédule vanité se repaissait volontiers de chimères : il recherchait depuis quelque temps surtout l'apparence d'un rôle sans qu'une avance quelconque du côté de son père ait pu l'y encourager. Montigny était donc à peu près certain de rencontrer auprès de lui une certaine sympathie, et d'autre part l'infant ne pouvait voir qu'avec plaisir l'envoyé Flamand lui montrer de la confiance, faire fonds sur ses opinions et ses paroles et l'entretenir des espérances que tout un peuple avait placées en sa personne. Remarquez bien qu'à cette époque même (fin de 1566) il affectait de se considérer comme l'appui des Flandres à la cour : il en vint même jusqu'à exhorter les membres des conseils d'État et de la guerre à « remontrer au roi son père qu'il veuille embrasser vivement les affaires des Pays-Bas et postposer toutes choses pour y remédier [1] ». Eût-il tenu un tel langage s'il n'eût pas vu le baron de Montigny ?

Je n'oserais dire avec Van den Hammen que ce dernier ait agi de la part des États et lui ait offert l'argent nécessaire pour un voyage en Flandre [2], ni avec Colmenares [3] que Montigny eût directement

1. Dép. de Forquevaulx. *Advis secret des négociations qui se traictent en la cour catholique.* (Mémoire de la fin de 1566.)
2. « Ofreciòle dinero y todo lo necesario para el viaje si se resolvia a ir. » V. D. Colmenares, Hammen, *ibid.*
3. Colmenares, *Historia de Segovia.*

engagé le Prince à se rendre aux Pays-Bas, soit avec la permission de son père, soit malgré lui ; mais je crois, d'après ces indices et ces conjectures, que Montigny eut des entrevues avec l'infant, usa de son art diplomatique pour le gagner aux intérêts flamands, et même qu'il y parvint.

Ce n'était pas, il faut le dire, chose difficile. Don Carlos avait déjà songé l'année précédente à un départ secret pour les Pays-Bas[1]. En 1565 sa fuite avait été préparée : soit que ce plan lui eût été suggéré par des lettres de Flandre, soit qu'il l'eût imaginé lui-même, l'infant résolut de saisir le prétexte du siège de Malte, pressé vivement alors par les Ottomans, et de partir en secret. Il comptait dire sur son chemin qu'il allait secourir cette place de l'aveu de son père, puis il aurait gagné les Flandres par l'Allemagne. Après avoir ramassé une somme de cinquante mille écus, il fit faire des habits de voyage et donna ordre de les apporter dans une maison de campagne, où il devait se rendre en quittant Madrid. L'entreprise fut

---

1. On a prétendu qu'il avait écrit une lettre au comte d'Egmont, et cette pièce se trouve même citée tout au long dans le livre de Gregorio Leti. Elle nous a semblé porter le caractère des documents apocryphes, et le livre où elle se rencontre nous est trop suspect pour atténuer le moins du monde notre soupçon. Je ne retrouve dans cette pièce ni le style du prince, ni celui de ses secrétaires, mais plutôt le caractère à la fois léger, subtil et déclamatoire des œuvres d'imagination composées par des Italiens romanesques. Il est inutile de la citer. Cependant voici les premières lignes, qui doivent, je le crois, mettre aussitôt le lecteur en défiance sur l'authenticité de ce document : « Se l'humor di mio padre corrispondesse al mio, siccome il mio non corrisponderà mai al suo, certo che i signori fiamenghi viverebbono in altro riposo di quel che vivono adesso sotto il dominio d'un re che l'odia, e d'un ministro che li tiranneggia. » etc.

confiée au prince d'Eboli : celui-ci promit à l'infant de l'accompagner dans sa fuite, et don Carlos eut la simplicité de le croire. Philippe II connut par le ministre les projets de son fils, mais, le sachant entre les mains de Ruy Gomez, il jugea inutile de faire un éclat. Au jour marqué, l'infant et le prince d'Eboli se trouvaient dans la maison de campagne désignée, lorsque ce dernier apprit à don Carlos qu'il venait de recevoir une lettre du vice-roi de Naples, mais ne l'avait pas encore ouverte. Il était à propos, ajoutait-il, d'en prendre connaissance et de savoir où en étaient les affaires de Malte. Dans le cas, en effet, où la place aurait été secourue ou prise, le départ devrait être différé, puisque, faute de prétexte, les véritables projets du prince seraient dévoilés. Aussitôt il ouvrit la lettre, où le vice-roi annonçait que Malte était secourue. Don Carlos, sans soupçonner la supercherie, recommanda le silence à Ruy Gomez et retourna à Madrid [1] (1565).

Tel est le récit de Ferreras : s'il est exact d'un bout à l'autre, si réellement le siège de Malte fut le prétexte choisi par le prince, cette tentative eut lieu en 1565, puisque les Ottomans quittèrent la ville des chevaliers de Saint-Jean de Jérusalem en septembre de cette année. Montigny n'arriva en Espagne qu'en 1566, et, par conséquent, a été complètement étranger à ce premier projet de fuite. En a-t-il proposé un second? Tout en croyant à ses relations avec le prince, je ne puis affirmer qu'il ait

---

1. Ferreras, IX, 507.

risqué des conseils aussi dangereux. Mais je ne doute pas que ces menées, révélées à mesure au roi par sa police secrète, n'aient été l'une des causes majeures de l'atroce détermination dont Montigny fut plus tard victime.

Quoi qu'il en soit, Philippe II sut habilement dissimuler : il conserva vis-à-vis de l'envoyé des Flandres la même attitude, et le pria même, avec une politesse qui dans cette circonstance était une poignante ironie, de vouloir bien prolonger le plus possible son séjour en Espagne [1]. Quant aux projets de don Carlos, il feignit de les ignorer; lui faire voir qu'il en avait eu connaissance, c'était risquer d'effarer le prince et le pousser à quelque résolution imprévue. Il se contenta de faire écrire par Hernan Suarez une longue lettre à don Carlos, où ce vieux serviteur, qui avait obtenu et méritait l'estime du prince, se bornait à lui recommander de plus en plus la soumission filiale, blâmait respectueusement, mais avec fermeté, les entrevues avec les Flamands que toute la cour avait apprises, et, sans parler des projets de fuite, qui peut-être lui étaient demeurés inconnus, l'exhortait à la patience, citait tour à tour les préceptes religieux et les exemples historiques les plus propres à le toucher, ne craignait pas même de proposer des faits de la mythologie à ses méditations, lui rappelait l'histoire de Dédale et d'Icare, et, invoquant la Bible et les commandements de Dieu, terminait sa lettre bizarre

---

1. Meteren, III, 54.

par un quatrain ainsi conçu : « C'est un proverbe célèbre que Salomon nous offre comme enseignement, qu'il doit être malheureux celui qui afflige son père[1]. »

Cette longue épître n'était pas de nature à toucher don Carlos, dont les désirs étaient concentrés dans une idée fixe, sortir d'Espagne. Tous les actes de ses dernières années se rattachent à ce rêve qu'il poursuit avec une inébranlable ténacité. Son empressement était d'autant plus grand que la volonté paternelle paraissait plus contraire à une telle entreprise. Du moins pouvait-il se flatter encore que, si son mariage avec l'aînée des filles de l'Empereur venait à se conclure, il lui serait permis d'aller en Allemagne au-devant de sa fiancée ; de là son vif désir de voir décider cette union. Mais, d'une part, les négociations traînaient en longueur de telle sorte, qu'on ne pouvait en prévoir l'issue ; d'autre part, le bruit se répandit à la cour que, si l'infant épousait la princesse de Bohême, on amènerait en Espagne la princesse à son mari, et que « le duc de Médina-Cœli recevrait commission de l'aller quérir[2] ».

Don Carlos désespérait donc de pouvoir réussir soit à tromper la surveillance de son père, soit à

---

[1]. Voici ce quatrain, populaire sans doute en Espagne alors, et qui termine la lettre d'Hernan Suarez :
« Es proverbio señalado
Do' Salomon nos corrige,
Que quien los padres aflige
Será mal aventurado. »

[2]. Dépêches manuscr. de Forquevaulx, 1566.

s'éloigner avec son assentiment, lorsqu'on apprit à la cour que le roi, décidé à réprimer l'insurrection des Pays-Bas, comptait lui-même se rendre en Flandre. Tous les ambassadeurs informèrent leurs souverains de cette grande nouvelle; l'Europe s'attendait à de mémorables événements. Don Carlos se flatta soudain de l'espoir d'accompagner son père. Ce bruit, qui n'était d'abord qu'une vague rumeur, prit bientôt de la consistance ; la situation des Pays-Bas devenait de plus en plus grave, et bien que le roi lui-même, dans ses entretiens avec les ambassadeurs, n'affirmât rien encore, son voyage était, dans tous les cabinets, l'objet d'une attention sérieuse et même d'une curiosité passionnée. Philippe cependant ne daignait ni l'annoncer ni le démentir, et l'Europe, le corps diplomatique, la cour, étonnés de ce silence, l'infant lui-même, impatient de partir, demeuraient dans une égale incertitude [1].

Cet état de choses dura pendant les huit premiers mois de 1566. En septembre, et lorsqu'on s'attendait à voir fixer enfin le jour du départ, on sut que peut-être le duc d'Albe précéderait son maître « pour aller dresser les affaires, et qu'il s'en estoit parlé en conseil [2] ». Bientôt cette nouvelle fut officiellement annoncée, et, ce qui prouve la profonde dissimulation de cette politique, la patente qui nommait le duc d'Albe gouverneur des Pays-Bas est du

---

1. Dépêches manuscr. de Forquevaulx, janvier 1566 ; 18 août 1566. — Lettres de Catherine de Médicis. Ms. 9 février 1566 ; 13 mai 1566. — Lettres de Charles IX. Ms. 30 juin 1566.

2. Dépêches manuscr. de Forquevaulx, 22 septembre 1566.

31 janvier 1566[1]. Ce ne fut qu'en novembre, au moment où le duc allait quitter Madrid, que l'on connut tout ensemble sa nomination et son départ.

Ce fut un coup de foudre pour don Carlos. Sa déception fut vive et sa colère terrible. Il ne put maîtriser ses sentiments, et son indignation, qui ne pouvait atteindre Philippe II, se tourna contre le duc d'Albe. Lorsque le général vint lui présenter ses devoirs, l'infant, élevant la voix, lui reprocha, comme une présomption audacieuse, le voyage qu'il allait entreprendre, et lui défendit de partir. Le duc, surpris de ces paroles, leur opposa la résolution royale et les ordres qu'il avait reçus ; mais l'infant ne voulut rien entendre, prétendit que lui seul devait être chargé d'une mission dans les Pays-Bas, et s'irrita de plus en plus en face de la respectueuse fermeté du duc d'Albe. Celui-ci essaya vainement de l'apaiser ; il lui représenta que, s'il allait en Flandre, c'était pour y dompter l'insurrection, que le prince pourrait s'y rendre un jour quand les provinces seraient pacifiées. Don Carlos interrompit ce discours par des menaces, et, tirant enfin son poignard : « Je vous percerai le cœur, s'écria-t-il, avant de souffrir que vous partiez pour les Flandres[2]. » Une lutte s'engagea alors, mais le duc parvint à se rendre maître de ce furieux ; puis il appela les gentilshommes de la chambre et alla rendre compte au roi de ce nouvel

---

1. Il en existe une copie à Simancas. (Est., leg. 535.)
2. « Antes os atravesaré el corazon que consentir en que hayais de ir á Flandes. » Lafuente, *loco cit.*

acte de démence. Philippe parut singulièrement affligé ; la reine et la princesse Jeanne partagèrent sa douleur ; l'une et l'autre, on le sait, aimaient le malheureux prince. Beaucoup de gens à la cour pensaient que, « si ce n'estoit pour le parler du monde, le roi logeroit son fils dans une tour [1]. » Mais le roi suspendit encore sa résolution et demeura, vis-à-vis de l'infant, sombre, sévère, mais silencieux [2].

Don Carlos avait désespéré vite du voyage royal, mais Philippe II n'entendait pas que la mission du duc d'Albe fût interprétée de la sorte. Le duc lui-même, entretenant l'ambassadeur de France peu de jours avant son départ, affirmait que le roi, décidé à réprimer l'insurrection, devait « aller luy-mesme en personne en Flandre, et y mener forces si raisonnables qu'il n'aura à craindre les rebelles [3] », et le voyage de Philippe II fut fixé au mois de février 1567. Don Carlos reprit alors quelque espérance : on était à la fin de 1566, et les cortès étaient assemblées. L'infant, ayant appris que les députés pensaient à demander au roi de le laisser en Espagne, se rendit dans la salle de leurs séances, et là, prenant la parole, leur déclara qu'une telle proposition serait considérée par lui comme une offense capitale et personnelle. Puis, avec cette promptitude d'idées familière aux imaginations déréglées, mêlant les questions de fa-

---

1. Dépêches manuscr. de Forquevaulx, 24 août 1567.
2. Strada, *de Bello Belgico*, VII. — Ferreras, IX, 538. — Lafuente, XIII, 310.
3. Dépêches manuscr. de Forquevaulx, 3 décembre 1566.

mille aux questions politiques, il rappela le projet de mariage entre lui-même et la princesse Jeanne, sa tante, mis en avant autrefois par les cortès, leur reprocha énergiquement cette pensée, et, revenant sans transition au premier objet de son discours, ajouta que nul ne saurait l'empêcher de suivre son père en Flandre. Il termina par un trait de naïveté singulière en imposant à cette nombreuse assemblée le plus inviolable secret. On devine si cet ordre fut exécuté[1].

Philippe, en présence de cette exaltation redoutable, qui se manifestait tantôt par des attentats contre la vie de ses ministres, tantôt par de bizarres discours aux cortès, tantôt par d'inexplicables brutalités et tantôt par des projets de départ clandestin, craignait sans cesse quelque scandale ou même quelque entreprise. Il s'apercevait bien qu'il ne fallait pas imputer à une mauvaise nature, mais bien à une maladie mentale évidente, les fantaisies et les fureurs de l'infant. Il voyait, comme le dira plus tard Ruy Gomez à l'ambassadeur de France, « que le prince estoit encore plus mal composé de son cerveau que de sa personne, et qu'il n'auroit jamais l'entendement bien rassis, ainsi que ses actions le donnoient à connoistre par expérience[2]. » Il essaya donc de le prendre par la douceur et de l'apaiser, s'il était possible, par des concessions bienveillantes. Un instant il lui parut opportun de changer de sys-

---

[1]. Dépêches manuscr. de Forquevaulx, 4 janvier 1567. — Dép. de l'ambassadeur génois du 8 janvier ; — du baron de Dietrichstein (2 et 8 janvier); du nonce le 7 janvier.

[2]. Dépêches manuscr. de Forquevaulx, 5 février 1568.

tème pour éviter de grands périls. Il savait que don Carlos avait souvent besoin d'argent, même pour des dépenses utiles, que plusieurs fois, les années précédentes, le sage don Garcie de Tolède s'était plaint avec raison d'être réduit à une économie trop stricte, parfois même à des emprunts onéreux pour la maison du prince [1]; il espéra qu'une générosité inattendue satisferait son fils, et éleva ses revenus de 60,000 à 100,000 écus[2]. A cette première concession il ajouta bientôt une seconde plus importante encore : il ordonna que les séances des Conseils d'État et de la guerre se tiendraient désormais dans la chambre de son fils[3]. Sans doute un grand nombre de ces réunions, celles où se discutaient les résolutions décisives de sa politique mystérieuse, étaient dérobées au prince d'Espagne, dont on ne pouvait immiscer la faible raison dans toutes les affaires intérieures ou étrangères, et surtout qu'il eût été imprudent d'initier aux secrets d'État. Mais le roi se flattait peut-être, par cette confiance apparente, d'amener une diversion heureuse aux préoccupations maladives de l'esprit de son fils, et d'atténuer un peu, par l'usage même, cette étrange impatience de gouverner. Il n'ignorait pas qu'une ambition malencontreuse con-

---

1. Le 15 décembre 1563, don Garcie de Tolède écrivait à Fr. de Eraso, secrétaire du conseil de la guerre : « En esta casa de S. A. no hay un real... y cualquiera socorro que se hace en casa de Nicolao de Grimaldo cuesta dineros, y así de la falta que hubo el año pasado, le hemos pagado en esta feria quinientos mil maravedís de interese... la necesidad es extrema. » Arch. Sim. Est., leg. 143.
2. Dépêches manuscr. de Forquevaulx, 16 juillet 1567.
3. *Ibid.*, août 1567.

tribuait à troubler les facultés de l'infant [1], et par cette décision que jamais il n'aurait prise s'il avait attribué les fautes de son fils à une volonté perverse, par ces mesures qui ressemblaient à une récompense lorsque le prince, s'il eût été raisonnable, eût mérité un châtiment, par cette indulgence si contraire à l'inflexibilité de son âme, il donnait assez à entendre que l'infant, à ses yeux, n'était pas coupable de tant de violences et d'erreurs, et que lui-même n'espérait plus rien, s'il espérait encore, que du temps et de la patience.

Il n'eut pas malheureusement à se féliciter de ces décisions paternelles. Don Carlos, il est vrai, sembla trouver de l'intérêt dans les questions dont il avait connaissance aux Conseils d'État et de la guerre, mais il devint bientôt impossible de se faire illusion sur ses aptitudes politiques. Je lis dans une lettre de l'ambassadeur de Venise que lorsque le prince siégait au Conseil, il « mettait le trouble dans toutes les affaires et empêchait toute délibération [2] ». Quant aux nouveaux revenus qui lui étaient assignés, ils étaient loin de suffire à ses prodigalités insensées : sans cesse il empruntait pour subvenir à ses dépenses et à ses

---

1. « Il demandera Naples, Milan ou les Flandres pour son entretenement, car son père n'est pas d'aage ni de complexion pour luy céder de longtemps sa couronne... Il seroit à craindre, selon les discours qu'on fait de ses desportemens, qu'il ne soit homme à remuer quelque mesnage. » Dépêches manuscr. de Forquevaulx, 23 août 1567.

2. Lettre de Sigismondo Cavalli (février 1568). Ce témoignage peut être suspect, puisque l'ambassadeur cite ici les paroles du confesseur du duc, mais l'état ordinaire de l'esprit du prince ne permet guère de mettre en doute l'exactitude de ce détail.

gageures multipliées ; il n'avait aucune fantaisie qu'il ne prétendît satisfaire [1]

Cependant, soit pour gagner du temps, soit pour tenter une dernière épreuve. Philippe II annonça au prince, le 16 juillet 1567, qu'il l'emmènerait en Flandre dans le voyage qui paraissait prochain [2]. De jour en jour le départ avait été retardé sous des prétextes divers : on l'avait d'abord fixé, je l'ai dit, au mois de février; bientôt il fut ajourné jusqu'en juillet, et le roi fit ostensiblement tout préparer pour cette époque. Il déclara, il est vrai, ne vouloir autour de lui qu'une « très petite cour », insista pour qu'on fît peu de dépense et n'accepta point les offres de plusieurs gentilshommes qui lui offrirent de l'accompagner. Mais il désigna ceux qui le devaient suivre, fit prévenir les ambassadeurs qu'il les avertirait la veille de son départ, que ceux qui voudraient aller à Bruxelles trouveraient des navires disposés, et dit lui-même au nonce du pape qu'il partirait avant septembre, « afin d'esviter les tempestes de ce mois [3]. » Ordre fut donné à la garde de se tenir prête pour le 3 août : on envoya « vitrer le logis du roi sur le na-

---

1. L'ambassadeur de Toscane, Leonardo de Nobili, raconte entre autres faits que don Carlos acheta au comte de Modica, pour 20,000 écus, une garniture de lit qui en valait 1500, et que, pour s'acquitter de cette somme en même temps que d'autres dettes, il usa de menaces et de violences envers le banquier Nicolo Grimaldi auquel il empruntait cent mille écus en lui donnant 24 heures pour les apporter. — On trouve aussi dans la *Coleccion de documentos ineditos*, déjà citée, l'achat d'un diamant de 25,000 écus à un marchand Portugais sans que le prince pût savoir comment il s'acquitterait.

2. Dépêches manuscr. de Forquevaulx, 16 juillet 1567.

3. *Ibid.*, 16 juillet 1567.

vire »; tous les chevaux de poste du chemin de Madrid à Bayonne furent retenus et détournés sur la route de la Corogne, où Philippe devait s'embarquer. Les commissaires de l'embarquement partirent le 9 et le 15 juillet pour se rendre à leurs postes. On disait que Pierre Mélendez, le fameux chef des Espagnols en Floride, était venu d'Amérique tout exprès pour conduire le vaisseau royal, et le roi réunit cinquante docteurs et théologiens pour les emmener en Flandre, où ils devaient installer l'inquisition [1]. Catherine de Médicis, persuadée cette fois, avec toute l'Europe, de la sincérité de son gendre, envoya au prince d'Espagne et à don Juan d'Autriche un passeport que ces princes lui avaient fait demander pour cent chevaux, et ordonna au vicomte d'Orthes, gouverneur de Bayonne, de fournir des gentilshommes et des guides pour accompagner « les trains et chevaux du roy, du prince son fils, des princes de Bohême [2] et de don Juan d'Autriche, de telle sorte qu'il n'y ait faulte de toute la courtoisie, faveur et commodité dont on se pourra adviser [3]. » Cependant, le 21 août, Philippe n'était pas encore parti : on ignorait sa résolution dernière ; don Carlos et la reine

---

[1]. Dépêches manuscr. de Forquevaulx, 2 août 1567.

[2]. Les archiducs Rodolphe et Ernest, fils de Maximilien, étaient en Espagne depuis quelques années. L'archiduc Rodolphe succéda à son père en 1576. Il montra sur le trône la plus grande insouciance, excepté pour les questions religieuses, où il déploya une remarquable intolérance qui lui aliéna tous les princes protestants de l'Allemagne. Il avait profité, on le voit, de son éducation espagnole. Complètement dominé par son frère Mathias, dans les premières années de son règne, il mourut en 1612.

[3]. Lettre manuscr. de Catherine de Médicis, 31 juillet 1567.

Isabelle avouaient même « qu'ils n'estoient pas assurés qu'il aille en Flandres ». On traîna si bien en longueur qu'arriva le mois de septembre, redouté, disait-on, pour les tempêtes. Ruy Gomez commença à laisser entendre que sans doute « le voyage seroit différé, que les meilleurs mariniers font difficulté de le conseiller au roy son maistre, ains lui desconseillent de prendre la mer », et il ajouta que ce serait vraisemblablement pour octobre ou du moins pour le printemps [1]. Ce dernier mot, lancé comme par hasard, disposait les esprits à voir sans trop de surprise un retard nouveau ; néanmoins les préparatifs n'étaient pas interrompus ; on achetait « des bannières de damas cramoisy avec la croix de Saint-André pour les navires du roy Catholique, du prince son fils et des princes de Bohême » ; le roi avertissait ses chapelains, « par un billet de sa main, » de se tenir prêts au départ, et enfin, ajoute l'ambassadeur de France qui nous a transmis tous ces détails, « fesoit tout ce qu'il pouvoit pour faire croire qu'il vouloit aller en Flandres [2]. » En dépit de ces démonstrations, peu de jours après, Ruy Gomez déclarait définitivement à Forquevaulx que la saison « estoit incommode et trop tardive pour naviguer ». Bientôt après, le projet de voyage était abandonné, bien que les ministres du roi continuassent à l'annoncer pour le printemps [3], et Phi-

---

1. Dépêches manuscr. de Forquevaulx, 21 août 1567 ; 23 septembre 1567.
2. *Ibid.*, 23 septembre 1567.
3. Lettre du Nonce (26 septembre 1567). — Dépêches de Forquevaulx du 23 et de Dietrichstein du 26.

lippe, après avoir tenu durant deux années toutes les cours en suspens, se moqua fort agréablement, en causant avec la reine, de leur naïve crédulité. Je veux citer le mot qui lui échappa alors et qui peint l'homme. Forquevaulx le tenait d'Isabelle elle-même : le roi avait dit « qu'on pouvoit aisément deviner qu'il n'iroit pas en Flandres, ces deux années passées, par cela mesme qu'il en fesoit si grande ostentation ». Ainsi l'Europe entière avait été sa dupe, mais elle le connaissait mieux désormais : on savait que s'il disait ouvertement « devoir faire quelque chose concernant son service, c'estoit en intention de ne la point faire[1]. » Il avait bien joué sans doute, mais au fond il n'avait pas atteint son principal but, qui était d'épouvanter les Flamands par la perspective de son voyage ; il n'avait obtenu de cette ruse aucun résultat sérieux, et il avait livré aux puissances rivales le secret de sa politique[2].

L'émotion de don Carlos fut profonde : « Il est bien marri, dit Forquevaulx, et ne peut s'en taire. » Il parut alors de plus en plus disposé, soit de lui-même, soit d'après les suggestions du baron de Montigny, à préparer un départ clandestin[3]. Mais Philippe lui enleva brusquement cet auxiliaire : en octobre 1567, M. de Montigny fut arrêté et enfermé à l'alcazar

---

1. Dépêches manuscr. de Forquevaulx, 25 juin 1568.
2. J'ai emprunté ce dernier paragraphe à mon étude sur les dépêches de Forquevaulx : *Grands seigneurs et grandes dames du temps passé*.
3. « Acetó don Cárlos la jornada. » L. Van den Hammen, *Don Juan de Austria*.

de Ségovie [1]. Sans doute cette arrestation est intimement liée à celle d'Egmont et de Hornes, qui avait eu lieu en Belgique un mois auparavant et dont la nouvelle venait d'arriver à Madrid; mais je crois pouvoir répéter que les rapports de Montigny avec l'infant ne furent pas étrangers à cet événement. Philippe II se défiait en outre des opinions politiques et religieuses de Montigny, il savait que ce seigneur avait eu l'insigne audace de déclarer tout haut « qu'il est mal de verser le sang en matière de religion [2] », et de tous ces griefs se forma cette formidable rancune, cette haine sans pitié, sans scrupule, qui devaient triompher quatre ans plus tard, en cette nuit lugubre où Montigny fut secrètement exécuté dans une salle de la forteresse de Simancas [3].

Quant à don Carlos, l'instant n'était pas encore venu. Le roi pouvait croire que l'arrestation de Montigny déjouerait tous les plans de fuite. Mais l'infant, lorsqu'il vit le voyage de Bruxelles définitivement rompu et toutes ses espérances de départ évanouies, n'avait plus à compter que sur lui-même, et songea à se créer de nouvelles ressources pour un avenir prochain. Il ne laissa pas néanmoins de laisser voir

---

1. Cet événement est ainsi raconté par Lorenzo Van den Hammen, *Don Juan de Austria :* « Ordenó à Ruy Gomez hiciese de manera que estos en palacio echassen manos à las espadas ó cosa tal. Hízose asi y tambien que un alcade de corte puso preso en Segovia à **Montigny**, y en la Mosa de Medina à **Vandosmes**. »

2. Papiers de Granvelle. VII, 74.

3. Voy., pour le récit de cette exécution, la lettre de Philippe II dans sa *Correspondance* publiée par M. Gachard, II, p. 870 et suiv. — M. Lothrop Motley, dans son *Histoire de la révolution des Pays-Bas*, II, 430-443, a raconté cet événement dans tous ses détails.

combien les fallacieuses assurances de Philippe II au sujet du voyage de Flandre l'avaient vivement troublé. Son dépit se fit connaître par sa contenance et par ses discours. Ce fut alors sans doute qu'il fit faire ce livre de papier blanc dont parle Brantôme, où il écrivit par dérision : « Les grands et admirables voyages du roi Philippe II, de Madrid au Pardo, du Pardo à l'Escurial, de l'Escurial à Aranjuez, d'Aranjuez à l'Escurial, de l'Escurial au Pardo, du Pardo à Madrid, etc. », et « il emplit le livre, continue le chroniqueur, de telles inscriptions et escritures ridicules, se mocquant du roy son père ». Ceci était de peu d'importance, mais ce qui fut grave, ce fut la tentative désespérée que lui inspira la résolution définitive de Philippe II.

CHAPITRE VII

CONSIDÉRATIONS SUR L'ÉTAT PHYSIQUE ET MORAL DE DON CARLOS
MISSION D'OSORIO
RÔLE DE DON JUAN D'AUTRICHE EN CETTE CIRCONSTANCE
INQUIÉTUDES DE PHILIPPE II. — DÉCOUVERTE DES PLANS DU PRINCE

Durant cette année 1567, les rapports du roi et de l'infant subirent successivement plusieurs modifications, selon les diverses dispositions de don Carlos. Il retrouvait souvent, en effet, des périodes sinon de calme absolu, du moins de raison relative. Si, dans son état général, son cerveau était faible et agité, sa folie proprement dite n'était qu'intermittente. Les dépêches de l'ambassadeur de France nous le montrent, en mai 1567, d'accord avec son père, qui venait d'augmenter ses revenus; mais, en juin, la situation n'est plus la même. Forquevaulx remarque de nouveaux indices de désunion, et il écrit : « Il y a eu quelque prinse (prise, querelle) entre le roi Catholique et son fils pour les désordres que celui-cy continue à faire assez mal à propos; » c'est dans ce même mois que le médecin de la reine déclarait que l'infant ne serait jamais apte au mariage. En juillet, on crut un instant que le traitement imposé à don Carlos réussirait à corriger ce vice de nature, et en même temps le prince parut se rapprocher du roi : « Il est à présent le bon fils, écrit l'ambassadeur, de sorte qu'il a de son père tout ce qu'il veult. Il commande absolument en beaucoup de choses et veult estre obéi sans resplique. » Ces paroles sont confirmées par les rapports des gens de la maison de l'infant, rapports que j'ai cités ailleurs, et ils emploient exactement les mêmes termes pour caractériser l'esprit impérieux et irascible de don Carlos. Forquevaulx était donc bien informé, et nous devons croire, connaissant du reste sa prudence, qu'il n'envoyait pas à Paris des renseignements pris à la légère.

Or, n'y a-t-il pas lieu d'apercevoir une singulière corrélation entre les dispositions physiques de l'infant et les faits moraux qui nous ont frappés? Je prends deux mois de sa vie : dans l'un (juin 1567), énervement complet du malade, découragement des médecins, et en même temps surexcitation des idées, actes violents dont plusieurs ont été rappelés plus haut [1], mais qui sont suffisamment indiqués par le mot de Forquevaulx : « Désordres que le prince continue à faire mal à propos. » Dans l'autre mois, au contraire (juillet 1567), amélioration dans les fonctions organiques, espérances manifestées par les médecins, et en

---

1. Voir chap. IV, *passim*.

même temps conduite plus régulière, apaisement du cerveau, symptômes suffisamment démontrés par la satisfaction du roi.

Ce rapprochement, que les dates des dépêches de l'ambassadeur et un peu d'attention donnée aux faits me mettent à même d'établir, est à mes yeux d'une grande importance. Nous avons reconnu précédemment que des fièvres quartes intermittentes avaient tourmenté l'enfance et la première jeunesse du prince, qu'au moment de la chute d'Alcala, depuis cinquante jours, il est vrai, la fièvre avait cessé, mais qu'elle reparut après cet événement, par accès plus ou moins longs, comme autrefois. Nous avons observé en même temps que, dès avant le séjour à Alcala, les maîtres de don Carlos se plaignaient en termes vagues de son insubordination, et même exprimaient des inquiétudes extrêmement vives ; qu'à la suite de cet accident terrible qui laissa évidemment des traces dans l'organisation physique de l'infant, apparaît cette série d'emportements attestés par nombre de documents sérieux. Nous avons remarqué encore que, par suite de cet état fiévreux, le prince, à vingt-trois ans, n'était pas encore apte au mariage. Nous avons été frappés de ce fait incontestable que les indices de maladie mentale, révélés par diverses circonstances de sa vie, se produisent par intervalles aussi bien que les indices de maladie physique ; que parfois l'infant paraît raisonnable et doux, parfois aussi d'une santé, sinon vigoureuse, du moins assez satisfaisante pour qu'on puisse en donner de bonnes nouvelles sans mentir, soit à son père, soit aux souverains étrangers; que de même, pour ce qui concerne sa virilité, tantôt les médecins espèrent, et tantôt ils se découragent. Nous voyons en outre, par un dernier témoignage, tout à fait spécial et précis, que son état mental répond exactement à son état physique: que le dernier s'affaiblissant, le premier s'égare; que celui-ci devenant meilleur, celui-là se raffermit. Que conclure de ces nombreuses observations? Les deux dispositions, morale et physique, sont également prouvées; leur connexion me semble désormais évidente. L'influence fébrile tourmente également le corps et l'esprit de l'infant; l'état de son intelligence s'élève ou s'abaisse selon le niveau de sa santé; quand la fièvre se déclare, quand la faiblesse générale, caractérisée par les symptômes de l'impuissance, se manifeste avec plus d'évidence, l'esprit, par suite d'une réaction fréquemment observée par la science, acquiert une surexcitation redoutable; quand, au contraire, le corps se fortifie et la fièvre diminue ou disparaît, un calme inusité se répand dans cette débile intelligence. Les alternatives de douceur et de démence furieuse, qui ont été si diversement appréciées par les historiens, s'expliquent donc par les alternatives de santé et de maladie que subit constamment l'organisation du prince d'Espagne.

La disposition mentale avait longtemps affecté diverses formes, s'était manifestée par des caprices ou des emportements renouvelés et modifiés suivant les circonstances; mais on a vu que, depuis près d'une année, une seule pensée avait dominé toutes les autres. Dans un seul désir, celui de quitter l'Espagne, s'étaient concentrées les forces disséminées naguère en des fantaisies multipliées. Avant d'aller plus loin, il importe donc de savoir pourquoi don Carlos voulait fuir : on a cru longtemps à tort qu'il y a eu dans toutes les idées qui ont tour à tour agité son esprit une suite logique, et les apparences semblaient le démontrer ; de même qu'on s'était imaginé que l'infant haïssait les ministres de son père comme les appuis et les confidents de la politique paternelle, de même a-t-on pu supposer qu'il désirait sortir d'Espagne pour ne point demeurer plus longtemps en présence de Philippe II. Or j'ai exposé plus haut les causes de sa haine contre les favoris de son père, et l'on a pu voir combien étaient vaines les inductions des historiens qui ont cru surprendre là une conséquence de ses sentiments envers le roi. Quant à ses projets de fuite, si le désir de se dérober à la surveillance paternelle a pu y entrer comme un accessoire qui ne déplaisait pas à l'esprit indépendant de don Carlos, il faut reconnaître que cette pensée n'a pas été le but principal de ses entreprises. Je n'en veux pour preuve que son empressement à partir pour les Flandres avec Philippe II. S'il eût désiré, avant tout, s'affranchir de la domination importune de son père, il eût évidemment mieux aimé demeurer seul en Espagne, où il eût été libre, que de suivre le roi dans un voyage où les circonstances mêmes les eussent sans cesse rapprochés. Les cortès, qui ignoraient sa vraie valeur morale, avaient l'intention de le demander pour régent à Philippe II ;

il eût appuyé ce vœu au lieu de le combattre avec l'exaltation dont il fit preuve dans la séance que j'ai racontée. Il ne faut donc, je crois, attribuer qu'à un désir de mouvement et de distraction cette fantaisie de départ; elle n'était pas née d'une déduction logique de sentiments et de pensées, mais d'un caprice de son imagination vagabonde.

La détermination de Philippe II, évidente pour tout le monde dès l'automne de 1567, bien qu'elle ne dût pas être officiellement annoncée avant l'année suivante, vint détruire l'espérance dont s'était flatté le prince d'Espagne. Dès lors il revint à ce premier projet qui avait échoué en 1565 par les soins de Ruy Gomez et dont le baron de Montigny avait probablement présenté de nouveau à son esprit les brillantes perspectives, et il résolut de partir en secret. Il avait perdu toute confiance en son majordome; il avait appris, on s'en souvient, que, dans un moment où il cherchait à emprunter 200,000 écus, il s'était trouvé dénoncé au roi par Ruy Gomez. Il considéra dès lors cet homme d'État comme un espion [1], et chercha d'autres agents. Mais ici encore se révèlent cette absence de réflexion, cette faiblesse d'idées et de ressources, cette incapacité extravagante, qui le condamnaient d'avance à voir ses plans infailliblement déjoués. Sans songer qu'il ne suffisait pas de cacher ses projets à Ruy Gomez, que le secret le plus absolu était nécessaire, et que les chances de la

---

1. « No pudiendo sufrir... la relacion de sus hechos á su padre del príncipe Ruy Gomez. » E. Van den Hammen, *Don Juan de Austria*, déjà cité.

discrétion sont en raison inverse du nombre des confidents, il écrivit, dit le nonce, à plusieurs seigneurs, entre autres au marquis de Pescara, au duc de Medina Rioseco, à l'amirante de Castille, et, sans leur indiquer sa pensée, leur demanda leur concours pour une entreprise qu'il méditait [1]. Le nonce ne le dit pas, mais les faits parlent assez d'eux-mêmes ; il est clair que ce concours réclamé n'était pas un acte personnel ; il s'agissait seulement d'un emprunt, car l'infant n'avait pas d'argent disponible pour son départ [2]. Nous verrons tout à l'heure une lettre de lui, adressée à divers gentilshommes et banquiers auxquels il demande des fonds d'une façon précise. Le roi, comme on le devine, connut bientôt cette démarche par les seigneurs mêmes qui avaient reçu ces lettres imprudentes. L'amirante, le premier, dit-on, lui envoya le billet qui lui avait été remis en le priant d'examiner [3]. Puis tous répondirent avec empressement à don Carlos, affirmant qu'ils le seconderaient volontiers pourvu qu'il ne s'agît d'aucune entreprise contraire à l'autorité du roi [4]. C'était un refus courtois, car on soupçonnait à la cour les projets de don Carlos.

---

1. « Avea comunicato questo suo pensiero con alcuni tra' quali furono il marchese di Pescara, il duca di Medina Rioseco e forse qualche altri. » Dépêches manuscr. du nonce, 30 avril 1568.
2. Escrivió á todos los grandes y títulos, pidiéndoles le ayudasen para un negocio que se ofrecia. Era su ánimo obligarlos con dineros. » Lorenzo Van den Hammen, *loco cit.* — Ferreras, IX, 507. — Cabrera, VII, 470.
3. « El almirante embió su carta al rey y le pidió examinase e intento della. » Cabrera, *loco cit.*
4. Ferreras, IX, 507.

Le prince d'Espagne comprit qu'il n'y avait guère à compter sur de telles assurances, et résolut de ne plus se fier à des sujets si fidèles. Il n'avait gagné à cette confidence mal placée que d'augmenter de plus en plus les inquiétudes de Philippe II. Le roi, sachant Ruy Gomez en disgrâce auprès de l'infant, pouvait craindre, à toute heure, une fuite audacieuse, non pas imprévue, puisqu'il en avait surpris les premiers préparatifs, mais inévitable peut-être, puisqu'il lui fallait attendre désormais du hasard un avertissement et des preuves. Du moins essaya-t-il, par d'officieux avis donnés selon ses ordres à l'infant par divers gentilshommes, de le détourner de sa résolution [1]; mais c'était là une ressource bien insuffisante. Philippe ignorait quelles étaient les combinaisons de son fils, quels hommes l'infant faisait agir ; il sentait qu'un immense péril le menaçait, sans deviner d'où lui viendrait la lumière et comment il pourrait parvenir à le conjurer.

Cependant le prince d'Espagne qui, d'après la réponse des seigneurs, avait jugé cette première démarche vaine, dut songer aux moyens les plus prompts d'obtenir les fonds nécessaires à son voyage. Philippe avait l'éveil, don Carlos n'en pouvait douter; il était urgent de presser les choses si l'on voulait réussir. C'est alors que nous voyons reparaître un personnage qui naguère avait été fort maltraité par l'infant dans l'exercice de fonctions honnêtes, mais

---

1. « Pensó molto e fece far orazioni... onde all'ultimo, vedendo che le dissuasioni sopradette non l'havevano mosso... » **Dépêches manuscr. du nonce, 30 avril 1568.**

qui, par suite, d'une part, de la versatilité familière à l'esprit troublé du prince, d'autre part, de son ambition et de son adresse, avait reconquis la faveur de son maître, et s'était décidé à tout faire, à le servir même dans une entreprise insensée et coupable, pour arriver rapidement par ce moyen à une fortune brillante. Je veux parler de Garcie Alvarez Osorio [1]. On se souvient qu'élevé par Philippe II aux fonctions de maître de la garde-robe, il avait été pendant trois années (1561-1564) abreuvé d'ennuis et d'outrages, grâce à la malveillance du prince, et l'éclat avait été si grand que Philippe avait dû lui retirer sa charge et le réduire aux fonctions plus humbles d'*ayuda de cámara*. Mais, depuis ce temps, l'homme que don Carlos lui avait préféré, Estevez de Lobon, était tombé en disgrâce, et Osorio avait peu à peu reconquis la confiance de l'infant. Ce fut lui qu'à l'insu du roi don Carlos choisit pour son confident, et il le chargea de se rendre à Séville pour y contracter un emprunt secret en son nom.

Un autre *ayuda de cámara*, Juan Martinez de la Cuadra [2], avait été précédemment envoyé à Burgos et à Valladolid et n'avait que médiocrement réussi. Gaztelu, le secrétaire du prince, était informé de ces

---

1. Voy. chap. IV, p. 128 et suiv.
2. Juan Martinez de la Cuadra était *ayuda de cámara* depuis longtemps. Il avait été sans doute partisan d'Osorio et ennemi de Lobon, car je le trouve, dans les *Contadurias* de Simancas, désigné par le prince pour l'enquête sur les comptes de ce dernier: « Dió el príncipe órden á J. M. de la Cuadra y al contador Colonna le tomasen cuenta de lo que era a su cargo. » Arch. Sim. Contad. gener., 1ª época, leg. 1050. (Voyez chap. IV, p. 131.)

diverses démarches, car je trouve contre-signée de lui la lettre suivante, adressée par don Carlos à Osorio, et qu'évidemment Gaztelu avait rédigée. Elle est datée du 1er décembre 1567. Garcie Alvarez Osorio était déjà, aussi bien que Martinez de la Cuadra, en quête d'argent depuis un mois; le prince était fort anxieux, car leurs efforts n'avaient abouti, jusqu'à ce jour, qu'à des résultats sans importance. Don Carlos, imaginant d'autres expédients, fait donc écrire par Gaztelu : « Garcie Alvarez Osorio, aide de ma chambre, le 19 du mois passé, j'ai répondu à votre lettre du 17 par Juan de Nodar, mon laquais, que vous devez avoir vu. Hier soir j'ai reçu une lettre de Cuadra du 27, et il m'apprend, entre autres choses, qu'ayant mis la lettre d'avis et le billet de 7.000 ducats du maréchal Bernuy entre les mains de la personne à qui ces pièces étaient adressées [1], il lui fut répondu ce que vous verrez par la copie que je vous envoie. Vous en parlerez au maréchal sans lui montrer cette copie, qui pourrait le blesser [2], et vous ferez en sorte qu'il donne des ordres pour que nos engagements soient librement acceptés et menés à bien cette semaine. En même temps, vous insisterez pour la garantie des 15,000 ducats qu'en mai dernier il a offert de payer à Cuadra ou à son fondé de pouvoirs. Cela fait, vous livrerez mes billets.

1. Probablement le banquier du maréchal, lequel refusa de donner l'argent.
2. Cuadra, indigné de ne pas recevoir les fonds, avait sans doute, dans sa lettre, employé des expressions peu flatteuses pour le maréchal.

« Je vois qu'en dépit du zèle déployé par Cuadra à Valladolid et à Burgos, il n'a pu, avec mes lettres de créance, obtenir plus de 6,000 ducats d'Hippolyte Affeitati; or j'ai fait le compte de ce qui m'est absolument nécessaire pour accomplir mon projet, et il me faut 600,000 ducats. Au reçu de cette lettre vous partirez donc pour Séville, et vous vous efforcerez par tous les moyens d'obtenir une bonne somme. Vous vous aiderez du comte de Gelves[1], auquel j'écris par le même courier, et de Juan Nuñez de Illescas, et je vous envoie dans ce but douze lettres, le nom en blanc; vous les distribuerez comme il vous paraîtra convenable. Comprenez bien que vous n'avez pas seulement à vous procurer les 100,000 ducats dont nous avons parlé, mais bien la plus forte somme possible. Agissez avec le plus grand secret, recommandant les mêmes précautions à tous ceux avec lesquels vous traiterez; stipulez les plus longues échéances que vous permettra la volonté des parties. Donnez-moi de vos nouvelles aussitôt que vous serez arrivé à Séville; j'ai pleine confiance en votre zèle, et soyez certain que vos services me sont extrêmement agréables[2]. »

1. Il était gentilhomme de la chambre du prince.
2. « ... A noche recibí otra carta de Cuadra... en qué otras cosas dice que aviendo presentado la carta de aviso y cédula de los 7000 ducados del mariscal Bernuy, á quien venia dirigida, respondió lo que veréis por la copia del capitulo que va con esta. Hablarleeis sin mostrársele, porque se agraviaria, y trataréis que embie la órden que conviene, de manera que se acete libremente y cumpla en esta feria. Y asi mismo cobraréis recaudo de 15,000 ducados que ha ofrecido de pagar en la de mayo al D° Cuadra ó á quien su poder oviere sin que haya falta... paréceme que con quantas diligencias ha

Osorio reçut en même temps que cette lettre les douze billets du prince qu'il pouvait remettre à des gens choisis par lui et dont la discrétion paraîtrait sûre. Voici le texte de ces billets que don Carlos écrivait avec tant d'imprudence à des inconnus : « Garcie Alvarez Osorio, aide de ma chambre, qui vous remettra cette lettre, doit vous parler et vous demander de ma part le prêt d'une certaine somme d'argent pour une nécessité absolue et extrêmement urgente. Je vous prie instamment d'accéder à ma demande; ce sera tout ensemble satisfaire à votre devoir de vassal et me complaire extrêmement. Pour le remboursement je m'en remets audit Osorio, et je souscris d'avance à tout ce qu'il aura stipulé [1]. »

hecho Cuadra en Valladolid y Burgos no ha sacado mas de solo seis mil ducados á Hipolito Afeitati, y aviéndose hecho aquella cuenta de lo que forzosamente he menester para cumplir lo que tengo ordenado, parece que llegan à seiscientos mil ducados... por lo cual he acordado que en recibiendo esto vais á Sevilla, y trabajeis por todas las vias que pudiéredes de sacar buena cantidad, ayudandoos del conde de Gelves... y de Juan Nuñez de Illescas... para cuyo efecto os envio doce cartas mias en vuestra creencia y en blanco. Sobrescrivirlaseis para las personas que allá os pareciere convenir... y aveis de tener entendido que no solo aveis de procurar de aver los dichos cien mil ducados, pero todo lo mas que sea posible con el secreto y decencia que ser pueda, encargándolo á los con quien lo trataredes, y à pagar à los mas largos plaços que con voluntad de las partes pudieredes... 1º de deciembre 1567. Madrid. Por mandado de S. A. Gaztelu. » — Cette curieuse lettre est citée tout au long dans le livre extrêmement rare de Van den Hammen, *Don Juan de Austria*.

1. « Garcia Alvarez Osorio que esta os dará, os hablará y pedirá de mi parte cierta cantidad de dinero prestado para una necesidad forzosa y urgentísima : os ruego y encargo mucho que lo hagais, que allende que corresponderéis con la obligacion de vasallo, me haréis sumo placer. Y en lo que toca á la paga, me remito al D° Osorio que lo que él hiciere doy por hecho. » Cette lettre est citée également par Van den Hammen, *loco cit.*

Don Carlos ajouta de sa main sur chacune des copies : « En ceci vous me ferez le plus grand plaisir [1]. » Muni de pleins pouvoirs, Osorio pouvait agir : il partit immédiatement pour Séville. Mais, tandis qu'il préparait à grand'peine de graves événements, le prince, à Madrid, précipitait, par sa faute, un dénoûment imprévu.

Soit qu'il fût entraîné par ce besoin d'épanchement qui sollicite les âmes préoccupées d'importants desseins et qui a si souvent amené la ruine des entreprises les mieux conçues, soit qu'il espérât tirer quelque avantage d'une indiscrétion nouvelle, soit plutôt que son imprudence naturelle fût la plus forte, don Carlos découvrit quelques jours après tout le plan de sa fuite à son oncle don Juan d'Autriche [2]. C'était mal placer une confidence inutile. Don Juan, prince de grand esprit, aimé de tous et qui méritait de l'être, n'était pas cependant, à la cour, vanté pour la franchise. Nul ne savait au juste le sens de son apparente bienveillance, et ne pouvait même avec certitude, s'il faut en croire un manuscrit, se regarder comme son ami ou son ennemi [3]. Le rôle de don Juan, dans cette circonstance, a été diversement raconté : on a dit d'abord qu'il était au

---

1. « Y de mano propia : « En esto me haréis sumo placer. » *Ibid.*
2. Ferreras, *loco cit.* — Lafuente, XIII, 311 et 313. — Strada, *loco cit.* — « Preguntó al señor don Juan si se sentia con ánimo de seguirle en todo y contra todo. » Ms. attribué à Perez, déjà cité. — Dépêches manuscr. du nonce, 30 avril 1568.
3. « Non se può assicurar persona di quando dice il nero o da burla e segli è amico o no. » *Ordine della casa del re Cattolico.* Ms. B. I. St-G., 791.

nombre des seigneurs auxquels l'infant avait écrit sa première lettre, et qu'il avait, comme eux, fait part au roi de cette étrange communication[1]. J'hésite à le croire. Don Carlos et don Juan se voyaient sans cesse et dans la plus grande intimité, et il est peu vraisemblable que l'infant ait écrit solennellement à son oncle. Lui a-t-il confié sa pensée dans une conversation particulière? c'est ce qu'il est impossible de savoir. Don Juan a-t-il, dans cette hypothèse, rapporté à son frère les paroles de l'infant? Rien ne peut ici être affirmé; mais si, à cette époque, il a reçu quelque confidence de don Carlos, peut-être a-t-il préféré combattre par ses exhortations et ses conseils la résolution de son neveu. Quoi qu'il en soit, il y a évidemment confusion lorsqu'on lui fait répondre aux ouvertures du prince qu'il l'aiderait volontiers pourvu que ce ne fût pas dans une entreprise contraire au service du roi[2]. C'est la réponse des seigneurs, et elle lui est à tort attribuée.

Maintenant comment agit-il durant ce mois de décembre 1567, où bien certainement don Carlos lui parla de ses projets? Osorio n'était pas de retour, le prince n'avait pas d'argent; rien ne pressait encore : don Juan a-t-il dès lors dénoncé les plans de don Carlos? Il partit, il est vrai, pour l'Escurial, où il passa les fêtes de Noël, et l'on en a conclu qu'il avait, pendant son séjour au palais, tout révélé à son frère. Nous ne pouvons ici nous appuyer sur aucun

---

1. Dépêches manuscr. du nonce, 30 avril 1568.
2. « Don Juan le dió palabra por seguridad de su afición no exceptuando sino la persona del rey. » Ms. attribué à Perez, déjà cité.

document irréfutable. Peut-être se rendait-il à l'Escurial pour éviter les sollicitations du prince qui le pressait de l'accompagner [1] ; peut-être, ce qui est plus vraisemblable, pour recevoir les instructions relatives à la charge que le roi allait lui confier, celle de général de la mer; sa nomination fut en effet signée le 15 janvier 1568 [2]. On ne peut donc que présumer qu'il ne tarda pas davantage à faire connaître au roi les desseins de don Carlos.

Cependant Osorio arriva à Madrid dans les premiers jours de janvier : on a dit qu'il rapportait cent cinquante mille ducats, ce qui me paraît douteux, car on ne trouva pas autant d'argent dans les coffres du prince au moment de son arrestation : en tout cas, des banquiers complaisants promettaient de compléter bientôt la somme que l'infant avait demandée [3]. De son côté, s'il faut en croire le nonce et l'ambassadeur de Toscane, don Carlos avait préparé des lettres qui devaient, après son départ, être envoyées au roi, aux grands, aux villes d'Espagne, au pape et aux souverains de l'Europe pour expliquer sa résolution par la conduite de son père envers lui [4].

---

1. « Pour fuir telle importunité, s'estoit absenté de luy ces festes de Noël, s'estant allé retirer à l'Escurial près du dict roy, d'où il n'a bougé jusques à son retour. » Dépêches manuscr. de Forquevaulx, 5 février 1568.

2. La patente se trouve dans un Ms. du XVIe siècle de la bibliothèque du duc d'Osuña. (Doc. inéd. III.)

3. Ferreras, loco cit. — « Avia llegado de Sevilla Alvarez Osorio con ciento y cincuenta mil ducados de los seiscientos mil que le avia embiado á buscar... pues lo resto le remitiria en polizas en saliendo de la corte. » Van den Hammen, loco cit.

4. Lettre du nonce du 30 mai 1568.

Le moment était venu d'agir : la situation touchait à une crise, et le 17 janvier [1] don Carlos se rendit à l'Escurial [2]. Il s'y présentait sous prétexte de remercier le roi d'avoir confié à don Juan d'Autriche la charge de général de la mer, mais, en vérité, pour raconter à son oncle le retour d'Osorio et la prochaine exécution des projets dont il l'avait entretenu. Il lui apprit qu'il comptait partir l'une des nuits suivantes, et regagner Madrid le même jour. Ce fut alors qu'incontestablement don Juan d'Autriche avertit son frère, d'une façon plus précise, et, en vérité, on ne peut blâmer cet abus de confiance. Les facultés de don Carlos étaient trop profondément troublées, son projet était d'une trop haute importance pour que le devoir de la discrétion ne fût pas contre-balancé par un devoir plus grand encore, celui de l'arrêter dans une entreprise qui ne pouvait être que funeste

---

1. Ce fut évidemment le 17 janvier. La nomination de don Juan est du 15. Si don Carlos était venu le 16, le roi, qui fut informé le jour même de sa venue, de ses projets définitifs, ne serait pas demeuré un jour entier inactif à l'Escurial. Or, ce fut le 17 au soir qu'il arriva à Madrid. Van den Hammen dit positivement qu'il partit, pour ainsi dire, à la suite de son fils : « Vinó à Madrid casi siguiendo el hijo. » et Forquevaulx : « Le soir que S. M. arriva, qui fut un samedi, 17 janvier. » (5 février 1568.)

2. A l'Escurial et non pas au Pardo, comme le disent Cabrera et Van den Hammen. J'ai sous les yeux un paragraphe des *Contadurias generales* de Simancas relatif à ce voyage. Il y est dit qu'Osorio prêta 140 ducats au prince pour payer les postes le jour où l'infant se rendit à l'Escurial pour remercier le roi de la nomination de don Juan : « A Garcia Alvarez Osorio 140 ducados que S. A. le mandó dar por tantos que él habia buscado prestados para pagar las postas cuando S. A. fué al *Escurial* à besar las manos à S. M. por la merced que habia hecho al señor don Juan de Austria del cargo de general de la mar. »

à lui-même aussi bien que dangereuse pour la sécurité de l'État [1].

Le même jour, le grand maître des postes, Raymond de Taxis, se présenta à l'Escurial : le prince avait, la veille, demandé des chevaux pour la nuit. Taxis s'était douté de quelque projet contraire aux volontés du roi, en apprenant que des chevaux étaient ainsi commandés à l'avance pour une heure insolite : il avait fait répondre qu'il n'en avait plus, et, décidé à n'en pas fournir sans ordres supérieurs, il venait avertir le roi [2]. Évidemment il n'y avait pas de temps à perdre : le soir même Philippe était à Madrid.

Depuis quelques jours son anxiété avait redoublé; il avait appris la consultation que don Carlos avait adressée aux religieux hiéronymites pour savoir s'il pouvait recevoir l'absolution avec une grande haine au cœur; il n'ignorait pas que le prince avait avoué que son père était l'objet de cette haine, et avait

---

[1]. C'est aussi la pensée du nonce : « Don Giovanni d'Austria si sia trovato necessitato dal debito suo d'avertire S. M. d'alcune cose che hanno accelerato questa esecutione. » Dépêches manuscr. du nonce, 24 janvier 1568.

[2]. Ce fait se retrouve dans tous les historiens. Strada, Ferreras, Van den Hammen, Cabrera, etc., le racontent en détail. Je ne mentionne ici que pour mémoire l'anecdote suivante, racontée par Ferreras seul, et qui me semble assez peu vraisemblable : Le P. Diego de Chaves, confesseur du prince, voyant qu'il ne pouvait le détourner de son dessein, aurait cru devoir se retirer dans un couvent. Avant de quitter Madrid, il aurait été prendre congé de la femme de don Diègue de Cordoue, premier écuyer. Celle-ci, étonnée de cette détermination subite, aurait su en surprendre la cause et en aurait informé son mari, qui l'aurait rapportée au roi. — Je n'ai rencontré ce récit nulle part ailleurs.

demandé à communier avec une hostie non consacrée[1]; il savait, à n'en pouvoir douter, que l'infant
méditait une grande entreprise, et, tourmenté d'indi-
cibles angoisses, il avait invoqué solennellement le
secours du ciel : « Le 13ᵉ du présent, écrit l'ambassadeur de France, j'avois sceu que le roy avoit fait
ordonner aux églises et monastères de ceste ville
qu'ils feissent prière en toutes les heures cañonielles
et aux messes, qu'il pleust à Dieu l'inspirer et
conseiller sur certaine délibération et desseing qu'il
avoit en son cœur, laquelle chose a donné assés à
discourir aux spéculatifs de ceste court[2]. » Le nonce,
dans sa correspondance, raconte le même fait, en
ajoutant qu'après tout, on avoit été généralement
peu surpris de ces démonstrations pieuses, que ce
prince « très religieux avoit coutume d'agir ainsi
quand il avoit à exécuter un projet important, et que
d'ailleurs nul ne pouvoit s'imaginer qu'il fût question
d'événements si graves [3] ».

Dès avant le 17 janvier Philippe II avait réuni son
conseil pour délibérer sur ces conjonctures, mais il
paraît qu'il assembla également des théologiens pour
les consulter sur la conduite qu'il devrait tenir si les
soupçons qu'il avait conçus venaient à être justi-

---

1. Lettre du nonce du 4 février — Dép. de Forquevaulx 19 janvier. — Lettre de l'ambassadeur Vénitien du 11 février 1568. —
J'ai raconté plus haut cet épisode (p. 95).
2. Dépêches manuscr. de Forquevaulx, 19 janvier 1568.
3. « Questo costume è di questo principe veramente molto religioso quando gl'occurre qualche cosa da esseguire che sia importante. Non potendosi altrui imaginare che negozio fosse questo. »
Dépêches manuscr. du nonce, 24 janvier 1568.

fiés. C'était encore une habitude de cette conscience singulièrement scrupuleuse qui se faisait absoudre à l'avance par la casuistique, même de ses plus noirs forfaits. En cette circonstance, il ne méditait aucun crime, il est vrai, mais l'acte qu'il jugeait nécessaire d'accomplir épouvantait sa volonté. Les principaux savants qu'il réunit étaient : Gallo, évêque d'Origuela, Melchior Cano, évêque des Canaries, et le docteur Navarro Martin d'Azpilcueta [1], qui, peu d'années auparavant, avait fait le rapport dans la grande affaire de Carranza, archevêque de Tolède [2]. On ignore la réponse des deux premiers; un historien, Cabrera, rapporte celle de Navarro d'Azpilcueta, « laquelle, dit-il sans autre explication, est venue entre mes mains [3]. » L'éminent jurisconsulte déclara qu'il « serait périlleux de laisser don Carlos sortir d'Espagne, que ce départ servirait de prétexte à d'innombrables commentaires sur les sentiments respectifs du père et du fils et sur la cause de leurs discordes; que les uns prenant parti pour le père, les autres pour le fils, rien n'énerverait davantage les forces de la monarchie, et n'exciterait mieux les ennemis de l'Espagne à s'armer contre un royaume affaibli par la division; il allégua les périls qu'avait fait courir à la monarchie française la fuite du Dauphin, fils de Charles VII (depuis Louis XI), à la cour de Bourgogne : il en conclut que Sa Majesté devait

---

1. Cabrera *loco cit.* — Strada, *loco cit.*
2. Ce rapport se trouve tout entier dans les *Documentos inéditos*, V, 495.
3. « Vinó á mis manos. » Cabrera, *loco cit.*

éviter les troubles qui seraient la conséquence d'une indulgence coupable, traça le tableau effrayant des dangers, des crimes qui pourraient s'ensuivre, représenta la monarchie ébranlée et les hérétiques profitant de ces désordres pour lever la tête et s'agiter en liberté [1]. » Il y avait beaucoup de vrai dans ces paroles, et, maintenant même, jugeant les choses à la distance de trois siècles et avec une complète indépendance de doctrines, nous devons reconnaître que rarement souverain s'était trouvé placé dans une plus pénible situation.

Le roi arriva à Madrid, l'esprit troublé par ces questions douloureuses, mais toujours calme en apparence : l'ambassadeur de France, qui le vit le lendemain, lui avait trouvé « aussi bon visage que les autres jours [2] ». Son émotion cependant était grande depuis plusieurs mois qu'il se contenait dans un rôle patient; il savait bien toucher à une crise, mais il attendait et ne voulait rien précipiter avant qu'un commencement d'exécution dans les projets de don Carlos justifiât aux yeux de la cour et de l'Eu-

---

[1]. « Haria mal don Cárlos en salir de España, pues, daria gran ocasion de discurrir sobre el ánimo del padre y del hijo y la causa de su discordia... tomando la voz del padre unos, la del hijo otros, debilitando sus fuerzas y animando á sus enemigos para armarse y acometer los reynos flacos por la division... y así devia S. M. evitar estos daños, peligros, gastos, ofensas de Dios, desobediencias, inquietud de su monarquía y la ocasion de tomar libertad los herejes. » Cabrera, *loco cit.* — « Alléguant l'exemple du Dauphin fils de Charles VII, roi de France, parti aussi chez le duc de Bourgogne, il encouragea le roy à s'opposer à ce départ, où il voyait une tentative de rébellion. » Strada, traduit par du Ryer, de l'Académie française.

[2]. Dépêches manuscr. de Forquevaulx, 5 février 1568.

rope les mesures extrêmes qu'il jugeait inévitables. Il savait quel scandale suivrait de tels événements, et, accoutumé à agir sous le regard des hommes, il se sentait responsable, non seulement vis-à-vis de son fils, mais vis-à-vis des contemporains et de l'histoire : il n'ignorait pas qu'on passe aisément pour injuste lorsqu'on s'est montré prématurément sévère. De là cette gravité, ce calme, ce silence qui cachaient tant d'orages intérieurs et tant de doutes navrants.

Bien plus, il était si profondément ému par la perspective de l'avenir, que même après avoir quitté l'Escurial, même après cette néfaste journée du 17 janvier, où les projets de son fils étaient apparus dans une pleine clarté, terribles et menaçants, il n'osa pas encore tout décider par lui-même, et il assembla de nouveau dans la nuit le conseil d'État [1]. Il présida lui-même la délibération des quelques membres convoqués, ce qui était extrêmement rare : dans certaines circonstances majeures seulement, dans les grands périls politiques, les rois présidaient le conseil [2]. Philippe, en cette nuit, comme l'insinue dans ses lettres Antonio Perez, voulait-il plutôt faire

---

[1]. « Asi lo hizo el rey que digo cuando resolvió la prision del príncipe don Carlos » Lettres d'Antonio Perez.

[2]. « Sauf des occasions très rares, comme par exemple lorsque fut résolue l'arrestation de don Carlos, le roi ne présidait pas les délibérations de son conseil. » Gachard, *Correspondance de Philippe II* (introduction). — « Digo que en aquella parte del no hallarse los reyes en los consejos de Estado, podria yo sacar una excepcion de la experiencia que en algun gran negocio, en algun gran aprieto en que el príncipe se vee y quiere consejo, mas para aprobacion que para resolucion. » Lettres d'Antonio Perez.

approuver son plan que consulter ses ministres? on ne sait, mais il est certain que dès lors sa résolution fut prise et ses scrupules furent levés; comme roi, il sentait devoir étouffer le germe de nouveaux troubles; comme père, il ne voulait pas donner à ses ennemis le spectacle de ce descendant dégénéré d'une race illustre, étonnant le monde par ses folies et incapable d'être rebelle au moins avec dignité.

CHAPITRE VIII

TENTATIVE DE L'INFANT CONTRE DON JUAN D'AUTRICHE
ARRESTATION DE DON CARLOS

Soit que don Carlos voulût dissimuler ses projets en paraissant comme de coutume aux réunions de la cour, soit qu'il cherchât à se distraire, il se rendit, le 17 au soir [1], en revenant de l'Escurial, dans l'appartement de la reine, où se trouvaient quelques seigneurs et quelques dames de l'intimité. Il avait dans sa bourse cent écus d'or qu'il venait d'emprunter à son barbier Quintanilla, et il les perdit au jeu jusqu'au dernier. En sortant de chez la reine, il remit cette bourse vide à don Rodrigue de Mendoza en lui ordonnant d'informer le barbier qu'il eût à la remplir de cent autres écus et à ne pas se présenter sans cette somme. Le lendemain, dimanche 18.

---

1. Ce fut bien le 17, car le roi trouva dans la chambre de son fils les cent écus dont il sera parlé plus loin. Il n'est pas vraisemblable que le prince n'eût rien dépensé de cette somme s'il l'avait eue plusieurs jours entre les mains.

Quintanilla put apporter la bourse pleine, et remit à son maître les derniers ducats que don Carlos ait possédés. Le prince ne les devait dépenser jamais [1].

Ce dimanche, au matin, Philippe se rendit publiquement à la messe, accompagné de son fils, de don Juan d'Autriche et des princes de Bohême. Au sortir de la chapelle, il s'entretint longuement avec don Juan, puis il employa le reste de la journée à recevoir divers ambassadeurs. Il montra dans ces audiences une liberté d'esprit qui les étonna depuis par souvenir [2]. Don Juan, pendant cette réception, alla rendre visite à don Carlos. L'infant avait été surpris du prompt retour de Philippe II, qui avait immédiatement suivi sa confidence à don Juan; la longue conversation de son père et de son oncle après la messe avait confirmé ses soupçons. Il se jugea trahi, et son indignation fut telle qu'elle lui fit oublier, en un instant, les plus simples notions du devoir et de l'honneur. A peine vit-il don Juan que, se contenant à peine, il lui demanda quel avait été le sujet de son entretien avec le roi au sortir de l'église. Don Juan répondit qu'il avait été question des galères qui appareillaient dans les ports d'Espagne. Cette réponse était conforme à la vérité peut-être; les

---

1. « Presté á S. A. doscientos escudos en oro, los cientos una noche, y los llevó en su bolsa al aposento de la reyna para jugar al clavo, y cuando bajó S. A., no bajó ninguno en su bolsa, lo cual dió á don Rodrigo de Mendoza, y mandó que me la diese para que en la mañana siguiente le trajese otros cien escudos en oro y que no volviese sin ellos, los cuales busqué y le dí en presencia de los de su cámara. » Note de Quintanilla. Arch. Sim. Contad. gener., 1ª época, leg. 1110.

2. Dépêches manuscr. de Forquevaulx, 5 février 1568.

nouvelles fonctions confiées par Philippe II à son frère en rendaient au moins vraisemblable l'exactitude. Mais don Carlos, saisi tout à coup d'un de ces accès de colère frénétique auxquels il avait déjà tant de fois cédé, tira l'épée et se précipita sur don Juan. Celui-ci dégaina sans hésiter, et parut décidé à se défendre : « Que Votre Altesse prenne garde ! » s'écria-t-il, et cela assez haut pour que les huissiers de la chambre entendissent le bruit de ces paroles ; ils entrèrent, et don Juan put s'éloigner [1]. Quant au prince, fatigué sans doute par une surexcitation si violente, il se mit au lit de bonne heure [2]. Mais il avait joui et abusé de son dernier jour de liberté. Le roi veillait et donnait en cet instant même ses ordres pour la nuit [3].

1. *Relacion de un ugier de la cámara del principe en la cual dice que aquella noche estaba él de guardia en palacio.* Cette relation, qui est à Simancas, est citée par M. Lafuente dans son *Hist. de España*, XIII, 312. — Dépêches manuscr. de Forquevaulx, 5 février 1568 : « Il fit ses efforts de tuer don Juan avec un pistolet, lequel le luy osta et se retira en la chambre du roy. » L'huissier de la chambre dit simplement qu'il mit l'épée à la main, ce qui m'a paru plus vraisemblable. Du reste, son récit s'accorde avec celui de Forquevaulx.

2. *Relacion de un ugier*, etc. Ms. déjà cité. « A las ochos cenó d'un capon cocido y acóstose à las nueves y media. Yo era de guarda y cené esta noche en palacio. »

3. Un écrivain, qui semble décidé à nier, pour le besoin de sa thèse, les témoignages les plus précis, M. A. de Castro, dont j'ai déjà parlé, se refuse, en dépit de tous les documents, à reconnaître les tentatives de meurtre que l'histoire reproche à l'infant d'Espagne. Il prétend qu'elles sont invraisemblables, par cela surtout qu'elles offrent d'étonnantes similitudes. Nous ne saurions admettre ce raisonnement ; lorsqu'il est question de tentatives de meurtre, il est certain que toutes ont en effet même but et qu'elles ont lieu au moyen d'une arme quelconque. Il s'agit seulement de savoir si les documents qui les rapportent sont dignes de foi, et voilà ce que

ARRESTATION DE L'INFANT

Le moment était venu. Dans la journée le comte de Lerme et don Rodrigue de Mendoza, camériers de l'infant, avaient reçu du roi un avertissement secret. Il leur avait été ordonné de disposer la porte de la chambre du prince de façon qu'on pût entrer sans bruit [1]. Les deux gentilshommes obéirent : tous

---

M. de Castro se garde bien de discuter. Il est vrai qu'il rappelle un passage de Salazar de Mendoza où cet écrivain révoque en doute ces tentatives, par cela seul qu'elles sont diversement racontées : « Unos de una manera, otros de otra, y todos con variedad. » C'est justement le système contraire à celui de M. de Castro, qui n'y regarde pas de si près. Le même M. de Castro, pour achever de nous convaincre, nous raconte un trait de la vie de Charles II, roi d'Espagne, qui voulut aussi jeter par la fenêtre un grand personnage, et il en conclut qu'on peut bien n'être pas fou et se livrer à de telles violences. Cela est incontestable, bien que la multiplicité de pareils actes n'indique pas au moins un cerveau très bien organisé ; mais il faut avouer que M. de Castro aurait pu produire des exemples meilleurs. Charles II d'Espagne n'a jamais passé, que je sache, pour un prince d'un sens bien droit : c'était lui qui se croyait de bonne foi ensorcelé, et qui, au point de vue physique comme au point de vue moral, fut le plus dégénéré de tous les successeurs de Charles-Quint. Singulière façon de raisonner : d'une part, pour nier des faits évidents, alléguer à la fois la variété et l'identité des récits comme des preuves d'erreur ; d'autre part, pour combattre une opinion, produire un exemple qui la confirme. Quelle vérité attendre d'un si remarquable esprit de critique ? Je n'ai pas à insister. Quant à ce dernier trait de la vie de don Carlos, il est affirmé à la fois par l'ambassadeur de France et par un huissier de la chambre qui se trouvait au palais au moment de la tentative. Je ne crois pas qu'il soit possible d'élever le moindre doute sur la sincérité de ces deux témoignages, qui se corroborent l'un l'autre, et dont les auteurs n'ont pu communiquer entre eux. Forquevaulx rapporte, lui, le bruit général de la cour : l'huissier donne les détails précis d'un témoin. Une saine critique, en présence de cette double affirmation, ne saurait refuser son adhésion aux faits dont il est ici question.

1. « Fece secretamente intendere al duca (sic p. conte) di Lerma, e a don Diego (sic p. Rodrigo) di Mendoza, camerieri del principe, che la notte veniente, lasciassero aperte le porte onde al principe s'entrava. » *Ragguaglio della prigione del principe don Carlos.* Ms. B

deux étaient dévoués à don Carlos, mais l'ordre était formel, et ils n'osèrent arrêter dans leur marche les événements inconnus. Entre onze heures et minuit [1], le roi était dans son cabinet, et auprès de lui se trouvaient réunis les quatre seigneurs désignés comme témoins de l'acte décisif qui allait s'accomplir, Ruy Gomez, le duc de Feria, le prieur don Antonio de Tolède et Luis Quijada [2]. Il avait jugé

I. Arm. grillée A. I. n° 1961. — « Poco inanzi a mezza notte, faciendo S. M. comandar alli doi camerieri del principe, conte di Lerma e don Rodrigo di Mendoza, che tenessero aperta la porta delle stanze di S. A., finché l'avisase, scese dalle sue stanze a quelle del principe. » *Relazione di un domestico di Ruy Gomez.* Arch. Sim. Est., leg. 2018, f° 195. — Je passe sous silence à dessein le récit d'un historien français, le président de Thou, qui a parlé de Don Carlos avec une étrange légèreté. Cependant il rapporte un fait exact indiqué dans les comptes de Simancas (1ª Epoca, leg. 1036), c'est qu'un ingénieur de l'Escurial, Louis de Foix, désigné sous le titre d'horloger du roi, avait construit dans la chambre du prince, et par son ordre, « une machine avec laquelle, par le moyen de quelques poulies, il pouvait, étant couché, ouvrir et fermer la porte. » (*Hist. générale*, V. 433.) Il ajoute que le roi ordonna à Louis de Foix d'arrêter les poulies la nuit de l'arrestation.

1. Tous les historiens donnent cette heure et ce jour (18 janvier); seul, Colmenares indique le lundi 19. Pour être parfaitement exact, il faudrait dire « dans la nuit du 18 au 19 ». L'ambassadeur de France, dans sa dépêche datée du 22, dit expressément : « Madame, sur le point que j'estois prest lundy dernier, 19ᵉ du présent, de faire partir ma dépesche, la royne m'a mandé de sa main que le roy l'avoit priée m'advertir que je retinsse mon courrier, car lui importoit beaucoup que l'arrestation du prince ne se divulgast sitost ; » et ailleurs, dans la même lettre : « Desjà le lundy matin, dont il avoist esté arresté la nuit ; » et le nonce : « La notte venendo il lunedi. »

2. Colmenares, *loco cit.* — *Relazione*, etc. Ms. déjà cité. — *Ragguaglio*, etc. Ms, déjà cité. — Ferreras ne cite pas Luis Quijada, mais don Manrique de Lara, qui s'y trouvait en effet peut-être, car le nonce dit dans sa dépêche du 24 janvier : « S. M. con quattro o cinque del suo consiglio di Stato. » Or Manrique de Lara était du conseil.

que cette heure nocturne était propice pour l'œuvre de justice sévère qu'il avait résolu d'accomplir Il sortit sans épée et sans gardes, vêtu de son costume ordinaire [1]; don Diego de Acuña, portant un flambeau, précédait ces cinq hommes qui traversaient en silence les sombres galeries du palais désert [2]; Santoro et Bernate, huissiers du cabinet, les suivaient portant des clous et des marteaux [3]. Lorsqu'ils arrivèrent, étouffant le bruit de leurs pas et attentifs à n'éveiller aucun écho sonore sous les voûtes, devant la première porte de l'appartement du prince, Ruy Gomez l'ouvrit avec sa clef de majordome [4]. Quelques instants après ils étaient sur le seuil de la chambre où don Carlos était couché. Grâce aux soins des camériers de l'infant, la porte était entr'ouverte [5]. Tous entrèrent sans être aperçus.

La chambre était éclairée : le prince, sur son lit [6],

---

1. « Senza armi, in habito domestico. » *Ragguaglio*, etc. Ms. déjà cité. — « Senza spada e senza guardia. » *Relazione*, etc. Ms. déjà cité. — On a dit qu'il avait une arme, mais ce fait ne me semble pas suffisamment établi. Peut-être, d'après le récit d'un huissier du palais, portait-il un casque : « Con un casco. »
2. Deux relations disent : « Senza lume. » C'est peu vraisemblable : le palais royal de Madrid était trop grand pour que le roi ait pu y circuler sans lumière. Colmenares, exact je crois, cite au contraire Diego de Acuña comme portant un flambeau : « Alumbrava el rey y con una vela Diego de Acuña. » Colmenares, *loco cit.*
3. « A Santoro e a Bernato, suoi ajutanti di camera, fece pigliar chiodi et martelli. » *Ragguaglio*, etc. Ms. déjà cité. — « Quelli portavano martelli e chiodi. » *Relazione*, etc. Ms. déjà cité.
4. « Aperta la porta del retreto con la chiave ordinaria di Ruy Gomez. » *Relazione*, etc. Ms. déjà cité.
5. « Trovate l'altre porte aperte. » *Ibid.*
6. « Estava el principe en la cama. » Colmenares, *loco cit.* — « Dove stava colcato. » *Relazione*, etc. Ms. déjà cité. — *Relacion de*

le dos tourné à la porte [1], s'entretenait avec le comte de Lerme, don Fadrique Enriquez et don Rodrigue de Mendoza. Le bruit des voix empêchait d'entendre marcher sur les tapis, et Philippe II, avant d'être vu de l'infant, put enlever l'épée et le poignard suspendus au chevet du lit. Il les remit à Santoro [2], puis se montra en pleine lumière, entouré de ses conseillers silencieux et immobiles.

L'effet de cette apparition soudaine fut terrible : la scène prit tout à coup un caractère sombre et navrant. Elle fut à la fois lugubre comme un drame, solennelle comme l'exécution d'un coup d'État. Don Carlos, épouvanté à la vue du sévère visage de son père qui se dressait devant lui, se jeta hors du lit en s'écriant : « Que veut Votre Majesté ? ma liberté ou ma vie ? — Ni l'une ni l'autre, répondit le roi avec un grand sang-froid et beaucoup de douceur : demeurez calme [3]. » Mais le désespoir de l'infant touchait au délire et ne lui permettait plus de rien entendre. Don Carlos courut vers la cheminée et vou-

---

un ugier, etc. Ms. déjà cité. — Salazar de Mendoza, *Dignidades seglares*, etc., *loco cit.*

1. « Volto all'uscio le spalle. » *Ragguaglio*, etc. Ms. déjà cité. — « Con le spalle alla porta. » *Relazione*, etc. Ms. déjà cité.

2. « E prima gli ebbe S. M. dal capo del letto tolta et a Santoro data la spada e il pugnale, » etc. *Ragguaglio*, etc. Ms. déjà cité. — « Tomóle la espada que tenia à la cabecera. » Colmenares, *loco cit.* — « Non prima s'avide che già S. M. l'havea preso la spada. » *Relazione*, etc. Ms. déjà cité. — « Quitóle la espada que tenia à la cabecera. » Herrera, *Hist. generale*, I, x, 290. — Cabrera, *loco cit.* — Strada, *loco cit.* — Ferreras, *loco cit.*

3. « Y viéndoles S. A. desde el lecho, dixo : « ¿ Que quiere ál tal ora por acá el consejo de Estado ? » Cabrera, *loco cit.* — « Se sentó en la cama, y dixo con mucha alteracion : « ¿ Que es esto ? ¿ Quiere me matar ? » Dixo el rey muy severo : « No os quiero ma-

lut se précipiter dans le feu qui illuminait tout l'appartement de ses grandes flammes. Le prieur don Antonio le retint [1], et l'infant, éperdu, se jeta aux pieds de son père, lui demandant la mort comme une grâce. Mais Philippe, dont rien ne semblait émouvoir l'impassibilité, lui dit de ne rien craindre, lui ordonna de se remettre au lit et ajouta: « Ce que je fais est pour votre bien [2]. » Le prince, dont les forces étaient épuisées, demeura immobile et comme frappé de stupeur, et Philippe, qui avait hâte d'en finir, donna rapidement ses ordres aux muets témoins de cette scène. Sur un signe, le comte de Lerme et Ruy Gomez entrèrent dans la garde-robe, où ils prirent les pistolets et les arquebuses du prince [3]; et le prieur don Antonio saisit un coffret d'acier, plaqué d'or, où se trouvaient les papiers de

---

tar. » Colmenares, *loco cit.* — « Il qual turbato e levato in piedi su letto domandò al padre se veniva per torgli la vita o la libertà. — Nè l'una nè l'altra, rispose il re : quietatevi. » *Ragguaglio*, etc. Ms. déjà cité. — « ¿ Que quiere V. M ? ¿ Que ora es ? ¿ Quiere V. M. me matar ó prender ? » *Relacion de un ugier*, etc. Ms. déjà cité. — *Relazione*, etc. Ms déjà cité. — « Con mucha blandura. » Herrera, *loco cit.*

1. « Fù allora il principe per gettarsi nel fuoco il quale ardeva nella camera grandissima. Ma il prior don Antonio lo ritenne. » *Ragguaglio*, etc. Ms. déjà cité.

2. *Relacion de un ugier*, etc. Ms. déjà cité. — Ferreras, *loco cit.* — « Si gettò a piedi del padre, pregando che l'ammazzasse, il quale con l'usata sua temperanza, gli disse che si acquietasse, e fattole tornare al letto. » *Ragguaglio*, etc. Ms. déjà cité.

3. Ce détail est rapporté par de Thou et par Herrera, et il est certain en effet que don Carlos avait quelques arquebuses comme armes de luxe et d'agrément. Il s'amusait souvent à tirer de l'arquebuse. Dans les comptes de sa maison, on cite 60,000 maravédis que lui gagna don Juan d'Autriche à ce jeu d'adresse : « 60,000 maravedís por tantos que habia ganado á S. A. estando en San-

l'infant [1]. Philippe, en même temps, fit enlever tous les instruments de fer ou d'acier qui se trouvaient dans la chambre [2], jusqu'aux chenets de la cheminée [3], puis, passant la main sous les coussins du lit, il en tira une bourse pleine [4] (celle de Quintanilla [5]) et quelques clefs dorées [6]. Dans un coffre il trouva encore trente-six mille écus d'or, un diamant de vingt-cinq mille écus et quelques bagues de grande valeur [7]. Cependant Santoro et Bernate enclouaient les fenêtres [8].

Quand ces recherches furent terminées, Philippe fit venir les officiers qu'on nommait *monteros de Es-*

Gerónimo á tirar con un arcabuz. » Arch. Sim. Contad gener., 1ª época, leg. 1110.

1 « Mandó al prior don Antonio llevase un cofrecillo de acero embutido de oro. » Cabrera, *loco cit.*

2. « Candellieri, grielli et i capifuochi e tutte altre simili cose furono levate via. » *Ragguaglio,* etc. Ms. déjà cité. — Ferreras, *loco cit.*

3. Dépêches manuscr. de l'ambassadeur de Toscane, 21 janvier 1568.

4. « Metió la mano debajo de las almohadas, y halló una bolsa de cuero con algunos escudos. » Salazar de Mendoza, *Dignidades seglares,* etc., *loco cit.* — « Sacó una bolsa con algunos escudos. » Colmenares, *loco cit.*

5. « Y estos dichos cien ducados postreros son los que S. A. tenia al tiempo de su recogimiento en su bolsa, como lo sabe Ruy Gomez y otros. » Note de Quintanilla, déjà citée. Arch. Sim. Contad. gener., 1ª época, 1110.

6. « Y unas llaves doradas. » Salazar, *loco cit.* — » Y unas llaves. » Colmenares, *loco cit.*

7. « Sont esté trouvés environ 36,000 escus dans ses coffres, en or, un diamant qui luy a cousté 25,000 escus, et aultres bagues qui ne valent pas moins. » Dépêches manuscr. de Forquevaulx, 22 janvier 1568.

8. « Indi a gli ajutanti che i chiodi et i martelli havevano portati seco, impose che le fenestre inchiodassero. » *Ragguaglio,* etc. Ms. déjà cité. — *Relazione,* etc. Ms. déjà cité.

pinosa et qui étaient chargés de la garde nocturne du palais : « Je vous charge, leur dit-il, de garder le prince d'Espagne et d'exécuter les ordres que vous donnera en mon nom le duc de Feria, auquel je le confie[1]. »

Tout était achevé. Le roi se retira dans ses appartements. La destinée de don Carlos s'accomplissait : l'héritier de la monarchie était prisonnier d'État.

[1]. Le duc de Feria était capitaine des gardes : « Poi consignó la la persona del principe ai detti quattro di Stato, ma principalmente al duca di Feria como a capo della sua guardia. » *Ragguaglio*, etc. Ms. déjà cité. — Ferreras, IX, *loco cit.* — « Volvió a la antecámara donde hazian la guardia los monteros y les dixo : « Guardaréis en la guardia del principe el órden « que os diere el duque de Feria en mi nombre. » Salazar, *loco cit.* — Colmenares, *loco cit.*

CHAPITRE IX

ÉMOTION GÉNÉRALE A LA NOUVELLE DE L'ARRESTATION DU PRINCE.
LES PAPIERS SAISIS DANS SA CASSETTE.
DÉPÊCHES DE PHILIPPE II AUX SOUVERAINS DE L'EUROPE,
AUX VILLES D'ESPAGNE,
AU DUC D'ALBE ET A DIVERS SEIGNEURS

Le lendemain, la cour apprit les événements de la nuit. La reine et la princesse Jeanne témoignèrent la plus vive douleur : « La royne, écrit Forquevaulx à Charles IX, s'en passionne et en pleure pour l'amour de tous deux[1] »; les uns approuvèrent la conduite du roi, depuis longtemps prévue[2]; les autres

---

1. Dépêches manuscr. de Forquevaulx, 19 janvier 1568. — « La reyna y la princesa lloran. » *Relacion de un ugier*, etc. Ms. déjà cité.
2. L'ambassadeur de France, entre autres, avait depuis longtemps informé sa cour de ses pressentiments. Aussi écrit-il, dans sa dépêche datée du 19 janvier : « Madame, il vous plaira avoir souvenance de ce que je vous ay escript longtemps a, que si n'estoit pour le parler du monde, le roy Catholique logeroit son fils en une prison, pour les désordres qu'il fesoit et ne pouvant estre maistre de luy. »

blâmèrent cette mesure extrême; ceux-ci trouvaient Philippe II sage, ceux-là le jugeaient sévère, disant « qu'il n'y avait pas loin de son sourire à son poignard [1]; » les plus prudents se turent. Le roi ne pouvait imposer silence à ces discours qui gênaient sa politique mystérieuse, mais il voulut au moins que les grands, les villes d'Espagne et les cours étrangères fussent informés par lui-même, et non par la voix publique, de sa résolution dernière. Dans la matinée du 19, il donna ordre d'empêcher tous les courriers de quitter Madrid. L'ambassadeur de France fut prié de retarder l'envoi d'une dépêche qu'il devait expédier ce jour même, jusqu'au moment où le roi en permettrait le départ; la reine Isabelle écrivit au baron de Forquevaulx « qu'il importoit beaucoup au roy que l'arrestation du prince ne se divulgast sitost [2] ». Le nonce nous apprend de même que ses lettres pour l'Italie furent retardées et que le roi se réserva d'écrire le premier au pape les détails de ce grand événement [3]. Les secrétaires du cabinet préparèrent leurs dépêches, et seulement quatre jours après, le 22 janvier, le roi laissa les courriers ordinaires porter au loin la nouvelle qui devait si vivement émouvoir l'opinion publique de l'Europe [4].

1. « Unos le llamaban prudente, otros severo porque su riso y cuchillo eran confines » Cabrera, *loco cit.*
2. Dépêches manuscr. de Forquevaulx, 22 janvier 1568.
3. « S. M. non ha voluto che parta corriero alcuno... fin ch'ella habia fatto spedire a S. S. e poi agli altri principi d'Italia di questo casi gran caso. » Dépêches manuscr. du nonce, 24 janvier 1568.
4. La dépêche de Forquevaulx, qui contenait en outre celle du 19 janvier, porte cette date.

Dans l'intervalle, il convoqua les conseils et leur apprit l'arrestation du prince : il parla avec sa réserve accoutumée, mais son émotion était si forte que les larmes lui jaillirent des yeux [1]. Lui-même avait, dès le 19, annoncé l'arrestation du Prince à l'envoyé de l'Empereur en raison des liens de famille qui unissaient les deux cours. Ruy Gomez et Espinosa furent chargés de donner communication des faits aux autres ambassadeurs Le langage de ces ministres, fidèles organes de la circonspecte diplomatie de l'Escurial, demeura dans les limites d'une demi-confidence qui, sans satisfaire absolument une curiosité inopportune, ne marquait point toutefois une défiance blessante. Espinosa fit entendre au nonce que Sa Majesté donnerait toute explication au pape, et par ses lettres subséquentes et par son ambassadeur à Rome, mais que le roi désirait néanmoins faire immédiatement connaître à l'envoyé du Saint-Père les causes de sa décision [2]; puis, usant d'un style religieux qui couvrait bien la prudence imposée au ministre : « Sa Majesté, dit-il, a voulu avoir plutôt égard au service de Dieu, à la conservation de la religion, de ses royaumes et de ses vassaux, qu'aux intérêts de sa chair et de son sang; il a sacrifié à ce service son fils unique, et il ne pouvait agir d'autre sorte sans se montrer ingrat pour les bienfaits dont

---

[1]. « Il lunedì a 19, convocati i consigli de'suoi regni, diede conto a ciascuno separatamente di questo successo. » *Ragguaglio*, etc. Ms. déjà cité. — *Relazione*, etc. Ms. déjà cité.

[2]. « S. M. darà à S. S. per corrido a posta con sue littere et bocca del suo ambasciatore. » Dépêches manuscr. du nonce, *Ibid.*

Notre-Seigneur l'a comblé [1]. » Le nonce, médiocrement satisfait de ces termes vagues et de ces pieuses considérations, désirait fort en savoir davantage et, sans avoir l'air d'interroger : « Le bruit court, insinua-t-il, que le jeune prince a conspiré contre la personne du roi son père. — C'est une erreur, répondit Espinosa ; si la personne du roi eût été seule en péril, il se fût tenu sur ses gardes et il eût suivi d'autres voies. Mais la circonstance est plus grave, si elle peut l'être. Sa Majesté a cherché, depuis plus de deux années, remède à cette situation, mais les choses n'ont fait qu'empirer malgré ses efforts. On n'a jamais pu affermir ni régler cette cervelle, de telle sorte qu'il a été nécessaire d'en venir aux extrémités [2]. » Ces derniers mots parurent suffisamment clairs au nonce, d'autant plus que leur triste signification était d'accord avec l'opinion générale. Dans sa dépêche du 4 février suivant, il expose très nettement sa façon de voir : « Son entendement est

---

1. « Vole ancora ch'io sappia che la causa per la quale s'è mosso a far questo effetto, è solo l'haver S. M. voluto piú presto haver riguardo al servizio di Dio, alla conservazione della religione, de' regni e de' vassali suoi che alla carne e sangue suo proprio, e che ha voluto sacrificare per il predetto servitio l'unico suo figliuolo, perché non poteva far altro se non voleva esser troppo ingrato delli beneficij que N. S. li fa di continuo. » *Dépêches manuscr. du nonce*, 24 janvier 1568.

2. « ... Si va dicendo per tutto che ciò è di questo giovane havesse pensato contro la persona del re suo padre, ripose che questo estava il manco, perché se non fosse altro pericolo che della persona del re si sarebbe guardato è rimediato altrimente, ma che ciò è di peggio, puó essere, che S. M. la cercato per ogni via di rimediare già doi anni continui, perché vedeva pigliarsi la mala via, ma che non ha mai potuto fermare né regolare questo cervello, finché è bisognato arrivare a questo. » *Ibid.*

troublé, dit-il, et, d'autre part, on a découvert par ses papiers son intention de quitter l'Espagne [1]. » — « Le roi peut venir à mourir, ajoute-t-il plus loin; devait-il laisser le gouvernement à un prince faible d'esprit[2]? » Le sentiment du nonce est donc manifeste : c'est l'intelligence déréglée de don Carlos et ses desseins funestes qui ont justement effrayé le roi.

Ruy Gomez dut parler aux ambassadeurs laïques[3], notamment à l'envoyé de France, qui raconte en ces termes à Charles IX son entrevue avec le ministre : « Sire, désirant le roy Catholique qu'il ne soit donné à entendre à Votre Majesté que la vérité de ce qui est advenu sur le prince son fils, il m'a faict dire par Ruy Gomez qu'il y a plus de trois ans que le roy s'apercevoit bien que le dict prince estoit encore plus mal composé de son cerveau que de sa personne, et qu'il n'auroit jamais l'entendement bien rassis, ainsi que ses actions depuis ençà journellement l'ont donné à connoistre par expérience, ce que Sa Majesté a longtemps dissimulé, espérant que les ans lui amèneroient sens et discrétion, ce qui a succédé au contraire, car il est allé tous les jours en empirant. De manière qu'ayant perdu entièrement l'espérance que son fils devinst sage et digne de la succession

---

1. « ... Egli non ha cervello né sano intelletto e a questo aggiungeranno altre cose che dicono apparire per proprie scritture sue, cioè d'haver havuto animo di fuggire.» *Ibid.*

2. « ... Se il re veniendo a morir, lasciasse il governo a questo intelletto si debole et infermo. » *Ibid.*

3. « Desjà le lundy matin dont il avoit esté arresté la nuit, il le déclara à celluy (l'ambassadeur) de l'Empereur, car c'est le plus intéressé. » Dépêches manuscr. de Forquevaulx, 22 janvier 1568.

de ses royaumes et Estats, lesquels luy laissant seroit vouloir la dissipation et ruyne manifeste d'iceulx et de ses subjects, Sa Majesté, par longue et bien considérée délibération, et avec un regret si extresme qu'il se peut exprimer, a advisé de prendre une autre voye qui est de loger le dict prince en une bonne chambre d'une grosse tour de ce palais de Madrid [1]. » On voit que Philippe II, pour ne pas entrer dans des détails pénibles, évite de parler des projets ultérieurs de son fils, de ses entrevues avec les Flamands, de son dessein de quitter l'Espagne. Ruy Gomez se borne à des généralités significatives, il est vrai, mais incomplètes ; il exprime simplement les inquiétudes de son maître pour l'avenir de la monarchie, et, de fait, ces inquiétudes ne tourmentaient pas seulement le roi, mais encore les principaux seigneurs de la cour, qui déclaraient franchement « craindre bien fort le règne de ce prince pour son esprit variable et terrible [2] ». Ruy Gomez nia, comme le cardinal, l'existence des projets de parricide qu'on attribuait à don Carlos [3] ; le roi ne manqua jamais de démentir formellement cette calomnie.

Tandis que ses ministres annonçaient officiellement la nouvelle au corps diplomatique, Philippe en fai-

---

1. Dépêches manuscr. de Forquevaulx, 5 février 1568.
2. Dépêches manuscr. de Forquevaulx, 9 mars 1568.
3. « Il re ha dato ordine che nelle littere che si scrivono alli principi e regni, si dica che la voce uscita che il principe havesse cercato d'offendere la real persona sua propria è falsa, e questo medesimo fa dire a bocca da Ruy Gomez agli ambasciatori. » Dépêches manuscr. du nonce, 4 février 1568.

sait part aux villes d'Espagne et à ses plus intimes confidents. Il parle dans sa lettre-circulaire aux villes (j'ai sous les yeux le texte adressé à Madrid, à Séville et à Ségovie[1]) le langage hautain d'un maître qui daigne informer ses sujets d'un acte de sa politique, sans se soumettre à leur jugement : « Sachez, dit-il, que pour des causes justes, par des considérations relatives à notre service et au bien public dont nous sommes responsables comme roi et comme père de nos peuples, nous avons fait renfermer la personne du sérénissime prince don Carlos, notre fils, dans un appartement désigné de notre palais, et avons donné de nouveaux ordres pour tout ce qui touche à son service et à sa manière de vivre. Il nous a paru juste et convenable de vous faire connaître un changement d'une telle importance, et le fondement de notre conduite. Si nous en sommes venus à cette extrémité, vous devez croire que nos raisons ont été urgentes et légitimes et que nous n'avons pu l'éviter. C'est pourquoi, malgré la douleur que nous avons ressentie comme père, nous avons préféré satisfaire à nos obligations royales envers nos sujets. Quand il sera nécessaire, vous apprendrez plus en détail les causes majeures qui nous ont déterminés ; aujourd'hui nous avons voulu seulement vous avertir [2]. »

1. Ces circulaires sont identiques, celle adressée à Ségovie est dans Colmenares (*Hist. de Segovia*), celle adressée à Séville dans Zuñiga (*Annales de Sevilla*), celle adressée à Madrid dans les archives des marquis de Villafranca. (Doc. inéd., XIII, 393.)
2. « Sabed que por algunas muy justas causas y consideraciones que conciernan al servicio de Dios y bien y beneficio público destos

Toutes les municipalités des villes répondirent à cette circulaire, mais celle de Murcie se signala par l'expression de son dévouement fanatique : « Notre cité, écrivait-elle à Philippe II, a reçu la lettre de Votre Majesté et appris par elle l'emprisonnement du prince d'Espagne. Nous baisons mille fois les pieds de Votre Majesté et la remercions d'avoir bien voulu nous donner avis de cet événement. Nous demeurons convaincus de l'urgence et de la gravité de ses motifs; Votre Majesté a gouverné si heureusement ses États, les a maintenus dans une paix si profonde, y a étendu la religion avec tant de zèle, qu'il est juste de croire que, dans cette circonstance, elle a agi encore conformément au service de Dieu et pour le bien général. Toutefois cette ville ne peut s'empêcher d'exprimer à Votre Majesté combien elle est affligée de ce qu'il se soit produit des faits assez graves pour lui donner un tel souci. Elle ne peut considérer sans attendrissement un roi assez ami du bien de son royaume pour le préférer à toutes choses, jusqu'à mettre en oubli son tendre amour

reynos, entendiendo que para cumplir con la obligacion que como rey y padre tenemos... habemos mandado recoger la persona del S° príncipe nuestro hijo en aposento señalado dentro en nuestro palacio, y dado órden en lo que á su servicio, trato y vida toca... se debe con razon creer y juzgar que las causas que á ello nos han movido han sido tan urgentes y precisas, que no los habemos podido excusar, y que no embargante el dolor y sentimiento que con amor de padre deste podréis considerar que habemos tenido y tenemos, habemos querido preferir á la obligacion en que Dios nos puso por lo que toca á estos reynos, súbditos y vasallos. Y porque á su tiempo y cuando fuese necesario entenderéis mas in particular las dichas causas y razones desta nuestra determinacion, por ahora no hyn mas que advertiros. » **De Madrid, 22 de enero 1568.**

pour son propre fils. En présence d'une action si belle, nous, sujets de Votre Majesté, n'en sommes que plus obligés à la servir avec reconnaissance ; tel est le désir de cette ville de Murcie, qui s'est toujours montrée si loyale, selon son devoir, dans le service de Votre Majesté [1]. » Philippe II aimait ce style humble et flatteur tout ensemble, et il écrivit de sa main, en marge de cette dépêche obséquieuse : « Lettre écrite avec beaucoup de sagesse et de prudence [2]. » Le vice-roi de Naples et de Sicile, don Parafar de Ribera, duc d'Alcala, reçut une missive analogue à celle destinée aux villes ; elle est également écrite dans ce style administratif à la fois précis dans les termes et vague dans les idées, qui était une tradition de la chancellerie espagnole ; ici encore,

---

[1]. « Esta ciudad de Murcia recibió la carta de V. M. y vió por ella la determinacion de V. M. cerca del recogimiento de nuestro principe. Besa infinitas veces los piés de V. M. por tan gran merced de darle esta particular cuenta, y queda con entera satisfaccion de que las causas y razones que movieron á V. M. fueron tan graves y tan concernientes al bien público que no se pudieron excusar de otra manera, porque habiendo V. M. gobernado estos sus reynos tan felizmente, sustentando en tanta paz á sus súbditos y en tan grande aumento de la religion, justo es que se entienda que en este caso tan proprio de V. M. fué el fundamento tan grave que convino al servicio de Dios y al bien general de todos hacer esta nueva mudanza. Mas no puede esta ciudad dejar de tener dolor y sentimiento de que hayan sucedido causas tan bastantes que hayan dado á V. M. este nuevo cuidado, y juntamente se enternece mucho de tener un rey y señor tan justo y amoroso del bien universal de sus reynos que le antepuso y por el olvidó el ama tierno de su propio hijo. Gran razon hay para que con hecho tan señalado queden mas obligados los vasallos de V. M. á servir tan gran merced y principalmente esta ciudad que de obligacion y voluntad ha sido tan leal al servicio de V. M. » 16 febrero 1568. (Cette lettre est citée par Llorente, *Hist. de la inquisicion*, VI.)

[2]. « Esta carta está escrita cuerda y prudentemente. » *Ibid.*

c'est simplement une nouvelle que le souverain apprend à un subordonné : « Ayant jugé convenable de renfermer la personne du sérénissime prince don Carlos, notre bien cher et bien aimé fils, et de changer complètement l'ordonnance de son service et de sa vie, cette résolution ayant pour objet un personnage de qualité si haute, il nous a paru à propos de vous la faire connaître. Sachez que notre décision a été motivée par les plus justes causes et que nous n'avons pu manquer d'agir ainsi. Considérez donc comme certain que rien n'était plus convenable pour le service de Dieu et le bien public, et vous recevrez de plus amples détails lorsque le moment sera venu[1]. » Cette lettre, datée du 22 janvier, était trop obscure pour permettre au vice-roi de rien affirmer ou démentir ; aussi les imaginations italiennes se livrèrent-elles à d'innombrables commentaires, qui choquèrent autant Philippe II que la lettre de la confiante ville de Murcie l'avait charmé.

Les missives adressées aux grands, aux prélats, aux généraux des ordres religieux étaient conçues dans les mêmes termes, à l'exception d'un paragraphe spécial aux évêques où il leur demandait le secours de leurs prières, et d'un autre passage ordonnant aux religieux de s'abstenir dans leurs prédications de toute allusion à cet événement : « Vous pourvoirez à cela, ajoutait-il, par les moyens qui vous

---

[1]. Je ne donne pas le texte de cette dépêche, n'en ayant sous les yeux qu'une traduction italienne. (Ms. B. I., suppl. fr. n° 1, A. — Arm. grillée, n° 1961.)

paraîtront les meilleurs et le plus secrètement possible, mais de telle façon que mon commandement soit observé [1]. »

La dépêche destinée au vice-roi de Navarre, duc d'Albuquerque, est plus intime que les précédentes : « Le naturel et le caractère du prince l'ont amené à agir de telle sorte et cette conduite a duré si longtemps et est allée si loin que, après avoir vainement usé de tous les moyens et remèdes que l'amour paternel m'avait suggéré d'essayer, j'ai dû me déterminer enfin, subordonnant toutes considérations à mes devoirs envers le service de Dieu et mes royaumes et États, à recourir à cette mesure comme au vrai et seul moyen que j'eusse pour satisfaire à mes obligations. Vous comprendrez, par ce que je viens de dire, mes intentions et la juste fin que je me suis proposée. » Mais c'est seulement dans sa lettre au duc d'Albe que son style prend un caractère moins vague, et moins officiel ; malheureusement le duc était tellement au courant des affaires de don Carlos et des sentiments du roi que ce dernier n'insiste pas sur les faits et s'exprime avec une rapidité pénible pour la curiosité de l'histoire. Cette lettre, dont la rédaction n'appartient pas, je crois, aux secrétaires du cabinet [2], mais qui me paraît avoir été composée par Philippe lui-même, est moins d'un roi à un sujet que d'un ami à son ami. C'est avant

---

[1]. Lettres du 22 janvier 1568. (Arch. Sim. Cedulas de la cámara, leg. 324.

[2]. « Alli secretarij ordinó che avisassero le provincie. » *Ragguaglio*, etc. Ms. déjà cité.

tout au conseiller dévoué et parfaitement instruit des circonstances antérieures que Philippe II adresse ces paroles tristes et affectueuses; elles étaient entièrement confidentielles, et le roi eut soin d'envoyer au duc pour le public, pour les États des Flandres, et même pour la duchesse de Parme, une circulaire en français qui contient la pure et simple nouvelle. Au duc d'Albe il montre l'amertume de son âme et fait connaître sa pensée :

« Duc, mon cousin, lui dit-il, vous savez trop bien quel est le naturel du prince mon fils et quelles sont ses façons d'agir pour qu'il soit nécessaire de me justifier longuement de la mesure que je viens de prendre et de vous expliquer les motifs de ma résolution suprême. Depuis votre départ, les choses ont pris un tel caractère, tant d'actes particuliers et de si haute importance sont survenus, le prince en est arrivé à démériter à ce point que je me suis enfin déterminé à m'assurer de lui et à le renfermer dans son appartement avec une garde spéciale. D'après mon ordre, il ne peut communiquer avec d'autres personnes qu'avec celles désignées par moi. L'éclat a été grand, la mesure que j'ai dû prendre est sévère ; mais d'après ce que vous avez vu et d'après ce que vous savez, vous pouvez juger si ma résolution est sage et bien fondée. Pour tout ce qui ne touche qu'à moi seul, pour toutes sortes de manques de respect et de désobéissances, j'aurais pu prendre patience ou du moins suivre quelque autre voie ; mais j'ai considéré mes devoirs envers Dieu, envers le bien public de la chrétienté et de mes États, et j'ai aperçu dans toute leur évidence les notables inconvénients et périls qui pourraient s'ensuivre dans l'avenir aussi bien que ceux qui nous menaçaient dès aujourd'hui. J'ai donc préféré ces grands intérêts à ceux de mon sang, et j'ai dû prendre cette route qui m'a semblé droite et vraie, pour prévenir tant de dangers. Comme cette affaire est grave et fera grand bruit, il est juste que vous en fassiez part à mon conseil privé et conseil d'État de Flandre, aux tribunaux et villes des Pays-Bas et aux personnes auxquelles vous jugerez qu'une telle communication est due. J'ai donc ordonné qu'on vous écrivît une lettre en français, que vous pourrez montrer et dont vous userez à votre convenance, sans expliquer à personne le fond des choses, sans donner d'autres détails que ceux contenus dans cette dépêche. Vous agirez ici avec votre prudence accoutumée, et me ferez plaisir en m'avertissant des circonstances qui pourront s'offrir, afin que je puisse, d'après elle, régler plus sûrement ma conduite... Si Madame (la duchesse de Parme) n'est point partie encore [1], vous pourrez lui donner la lettre que je vous envoie avec celle-ci, et lui expliquer cette affaire dans les termes de la dépêche française [2]. »

Cette lettre jette, à mon sens, une vive lumière

---

1. La duchesse de Parme, blessée des pleins pouvoirs confiés au duc d'Albe, devait quitter prochainement Bruxelles. Son fils, Alexandre Farnèse, avait quitté Parme pour aller la retrouver et la ramener en Italie.

2. « Duque primo, teniendo vos tan entendida la condicion y naturaleza del príncipe mi hijo y su modo de proceder, no será necesario alargarnos mucho con vos para justificar lo que se ha hecho con él, ni para que entendais el fin que se lleva. Despues de nuestra

sur la question. Deux faits en ressortent avec évidence : d'une part le naturel de don Carlos, que la douleur du père s'abstient de qualifier, sachant bien qu'il est connu du duc d'Albe; d'autre part, les entreprises du prince qui pouvaient jeter toute la chré-

partida de aqui, han pasado sus cosas tan adelante y intervenido actos tan particulares y de tanta consideracion, y llegándose á tales méritos, que yo me he últimamente determinado de hacer reclusion y encerramiento de su persona, como se ha hecho en su aposento con guarda y servicio particular, y órden que no le comuniquen otras personas fuera de las que yo he señalado o señalaré. Y aunque la demostracion ha sido muy grande y el término de que he llegado á usar con él muy estrecho, por lo que vos habeis visto y habeis sabido, podréis bien juzgar con cuanta razon y con cuanto fundamento he venido á tomar esta resolucion que cierto cuando yo quisiera pasar por lo que á mi toca y por todas las especies de desacatos y desobediencias, y dissimular con el príncipe ó á lo menos tomar otro expediente, considerando la obligacion que tengo al servicio de Dios Nuestro Señor, y al bien y beneficio público de la cristiandad y de mis reynos y Estados, teniendo tan presentes los notables inconvenientes y daños que adelante en cualquier suceso se pudieran seguir, y aun los que de presente corrian y estaban inminentes, prefiriendo esto como lo debo preferir á todo lo demas que toque á la carne y sangre, no he podido en ninguna manera excusar de tomar este camino, paresciéndome el derecho y verdadero, para prevenir á todo. Y porque siendo este negocio tan grande y que hará tan grande estruendo, es justo que se dé parte dél á los desos mis consejos d'Estado y privado, y á los otros tribunales, villas y personas desos Estados á quien á vos os pareciere que se debe y acostumbra dar, he mandado que se os escriba otra carta en francés que irá con esta, que la podréis mostrar y usar della segun viéredes convenir, sin declarar á nadie el fin y fundamento que se tiene y lleva en este negocio, ni venir á otra particularidad mas de lo contenido en la dicha mi carta, lo cual haréis y guiaréis con la prudencia que acostumbrais tratar semejantes negocios y holgarémos mucho que nos aviseis luego de lo que se os ofrece cerca deste para que tanto mas acertadamente yo me pueda gobernar y proceder en él. . y si Madama no fuere partida, la podréis dar la carta que va en vuestra creencia, diciéndole este negocio por la forma que se os escribe en francés. De Madrid á 23 de enero 1568. Yo el rey. Zayas. » (Arch. Sim. Est., leg. 539.) — La lettre en français n'est que la paraphrase des missives aux villes et aux grands précédemment citées.

tienté, l'Église et l'État — le cabinet espagnol ne sépare jamais ces deux idées — dans une perturbation générale. C'était bien dans ce sens que les ministres avaient parlé aux ambassadeurs, et l'on voit qu'ils avaient, sans rien préciser, affirmé simplement la vérité. Si, comme plusieurs écrivains le supposent gratuitement, don Carlos eût été hérétique, ce n'est certes pas dans ces termes que Philippe II aurait écrit. Il n'aurait pas parlé, dans une lettre aussi intime, du caractère et de l'intelligence de son fils, mais bien de ses principes, et avec une tout autre indignation. Il n'avait pas besoin, vis-à-vis du duc d'Albe, d'employer des précautions oratoires; il lui parle sans réserve, on le voit, et lui dit les choses telles qu'elles sont. Ajoutons que Philippe a été injustement accusé d'avoir oublié les sentiments paternels ; s'il ne s'était agi, dit-il lui-même, que d'offenses personnelles, il aurait encore pris patience ; mais quoi ! il se trouve en face d'une entreprise qui menace la sûreté de l'État et dans le présent et dans l'avenir : ce n'est plus ici le père qui est en cause, c'est le roi. Le père hésite longtemps, mais le roi l'emporte. Le sentiment de son devoir vis-à-vis de ses peuples le domine, et il place la raison d'État au-dessus de toute considération personnelle. Il n'agit pas ici le moins du monde, comme le dit sottement Serenus dans une oraison funèbre écrite en latin, pour « ramener désormais son fils à la vertu[1] » ; il veut seulement sauvegar-

---

1. « Philippum scilicet in dilectissimum filium suum... severius

der ses États contre un sujet rebelle qui prétend user d'un nom illustre pour l'accomplissement de projets insensés. Ce rebelle est son fils ; il en souffre, il attend, il espère, et lorsque enfin il se décide à agir, ce n'est qu'à toute extrémité, ce n'est qu'après avoir su, par d'irrécusables témoignages, que les instants sont précieux et que plus tard il serait trop tard. Il y a certainement de nombreuses iniquités dans la vie politique de Philippe II, et il faudrait qu'un historien au dix-neuvième siècle fût frappé d'aveuglement pour oser faire son panégyrique : il convient de laisser cette tâche aux esprits violents qui semblent suscités pour détourner les âmes de l'Évangile, dont ils se disent les seuls fidèles adeptes. Mais de ce que Philippe II a commis beaucoup d'actes que l'histoire réprouve, il ne suit pas qu'il faille se montrer systématiquement injuste. Or, il est clair que dans sa conduite envers don Carlos, depuis la naissance du prince jusqu'au point où nous en sommes arrivés, Philippe ne fut ni mauvais père ni mauvais roi ; il fut sévère, il est vrai, mais disposé à céder en toute circonstance juste ; il n'en est venu à la rigueur qu'au moment où l'indulgence eût été funeste, non seulement à l'État, mais au prince lui-même, et placé en définitive dans les conjonctures les plus douloureuses et les plus délicates, en présence d'un fils insensé et rebelle à la fois, il a agi tout ensemble en père, par sa longanimité prolongée,

animadvertisse, ut in posterum minús accideret et a virtutis semito non discederet. » Bartholomei Sereni *Oratio in funere Philippi II, catholici regis*. Ms. B. I., 6175.

en roi, par sa résolution dernière. L'histoire légère des siècles passés a raconté et apprécié cette affaire avec une incroyable ignorance : il est temps que l'histoire analytique de nos jours lui accorde courageusement, appuyée sur des faits, sur des preuves, sur une critique sérieuse et sincère, une réparation méritée.

Je reprends la série des lettres officielles. La nouvelle était parvenue à Rome avec rapidité, et avant même que l'ambassadeur du roi, Juan de Zuñiga, eût reçu avec ses dépêches la missive destinée au pape. Dès le 26 février, Zuñiga vit un courrier de Gênes qui avait appris l'événement par la voie postale de Lyon[1]; l'ambassadeur traita d'abord ce récit de fable[2], mais le 28, le pape, ayant reçu une lettre du cardinal Santa Croce, nonce en France, fit demander des explications à l'ambassadeur d'Espagne. Catherine de Médicis elle-même avait informé le nonce de ce qui s'était passé, ajoutant que le roi avait emprisonné l'infant pour conspiration contre sa personne, et pour avoir lu des livres hérétiques. On sait la valeur de ces deux hypothèses; la seconde, comme Zuñiga le fit observer au pape, était propagée activement par les huguenots, qui pensaient encourager leurs partisans et les Flamands révoltés en représentant don Carlos comme parti-

---

[1] « Vinó á mi, á los 26 de febrero, un oficial de J. de Tassis con una carta del correo mayor de Genova en que le decia que, por via de Leon de Frances, habia llegado alli nueva, » etc. Dépêche de J. de Zuñiga au roi, 5 mars 1568. Arch. Sim. Est., leg. 906.

[2] « Tuvélo por burla. » Ibid.

san de leurs doctrines, et le roi comme trop péniblement tourmenté par ses soucis de famille pour continuer la lutte commencée [1]. Ce fut là, du reste, seulement ce que l'ambassadeur put dire à Sa Sainteté. Ses dépêches n'arrivèrent que le lendemain; il se rendit aussitôt auprès du pape, auquel il parla dans le sens indiqué par le roi à ses agents, et remit une lettre personnelle de son souverain [2].

Dans cette lettre, Philippe, sans se départir d'une certaine réserve, n'affecte pas le laconisme de ses dépêches aux villes d'Espagne et au vice-roi de Naples. il use même de plusieurs expressions qui s'étaient rencontrées sous sa plume dans sa missive au duc d'Albe. En voici le résumé : « Très saint Père, dit-il, le devoir commun des princes chrétiens et le mien en particulier, comme fils dévoué de Votre Sainteté et du Saint-Siège, est de vous faire connaître leurs

---

1. « A los 28, vinó Alex. Casal de parte del papa à decirme que S. S. habia recibido una carta del cardenal Santa Cruz que está en la corte de Francia, en que le escribia que le habia enviado à decir la reyna cristianísima que V. M. habia mandado prender al príncipe nuestro señor, porque trataba contra su real persona, y porque le habian hallado libros de herejes en su cama, que el papa quedaba con mucha aflicion y cuidado, y deseaba saber si yo tenia alguna nueva desto. Yo le dije que no sabia tal y que la tenia por invencion de algunos herejes de Francia, para animar los de aquel reyno y á los de Flándes, si han quedado algunos, poniendo nota en el príncipe en esta parte, y mostrando que V. M. tenia trabajos en su casa que no le dejarian proseguir en castigarlos como habia comenzado. » Dépêche de Zuñiga, déjà citée.

2. « Despues que llegó el correo, fuí luego á S. S., dile la carta de V. M., y en general le dí cuenta del descontento que V. M. tenia de la manera de proceder de S. A, y los medios que para su remedio se habian usado, y que no aprovechando ninguno... habia V. M. tomado esta resolucion con el dolor que se puede entender como padre y príncipe tan católico y justo. » *Ibid.*

actions comme au père des fidèles. Il en doit être ainsi surtout dans les occasions importantes et signalées, et c'est pourquoi il m'a paru convenable d'avertir Votre Sainteté de la résolution que j'ai prise et exécutée de renfermer la personne du prince mon fils.

« Ce prince, depuis son enfance, et pour son service et pour ses compagnies accoutumées, et pour ses études, et pour la direction de sa vie, a été l'objet de tout le soin et de tout le zèle que réclamait l'héritier de tant de royaumes ; mais on a vainement usé de tous les remèdes propres à réprimer et réformer les excès qui venaient de son naturel et de son inclination particulière. Pendant tant d'années on a essayé de tout, rien n'a réussi. J'ai donc dû, ne voyant pas comment me dispenser d'agir de la sorte, prendre cette résolution. Votre Sainteté comprend aisément quelle est ma douleur, car il est mon fils premier-né, mon fils unique ; mais ma détermination est appuyée sur un tel fondement, elle est si juste et si nécessaire tant au service de Dieu qu'au bien public, qu'elle sera approuvée partout, et aussi par Votre Sainteté, que je désire et prétends satisfaire en toutes choses[1]. » Le pape reçut cette communication avec la plus sincère condoléance, aussi bien que les

---

[1]. « Muy santo padre, por la obligacion comun que los principes cristianos tienen, y la mia en particular por ser tan devoto y obediente hijo de V. S. y de su Santa Sede, darle razon como padre de todos de mis hechos y acciones, especialmente en las cosas notables y señaladas, me ha parecido advertir á V. S. la resolucion que he tomado de recoger y encerrar la persona del serenísimo príncipe don Cárlos, mi primogénito hijo. El dicho príncipe, desde su niñez, y en el servicio, compañia y consejo y en la direccion de su vida y costumbres, se ha tenido el cuidado y atencion que para crianza y

explications verbales que l'ambassadeur était chargé de lui donner dans le même sens; il écrivit aussitôt au roi, et le nonce à Madrid fut chargé de remettre la lettre en exprimant à Philippe II les sentiments de Sa Sainteté et surtout la satisfaction du Saint-Père de ce qu'il n'y avait rien de vrai dans les bruits qui avaient couru à Paris [1]. Le roi sembla vivement touché en lisant cette dépêche : des larmes parurent dans ses yeux; il répondit en remerciant le pape « des consolations affectueuses et saintes qui lui donnaient tant de force pour supporter une telle épreuve [2] ».

En France, l'émotion fut extrêmement vive. Les huguenots accueillirent avec joie une nouvelle qui leur permettait, comme on l'a vu, des commentaires utiles à leurs desseins. Le public et la Cour affectèrent de croire que les entretiens de Monti-

instruccion del príncipe y hijo primogénito heredero de tantos reynos y Estados devia tenerse y que habiéndose usado de todos los remedios que para reformar y reprimar algunos excesos que procedian de su naturaleza y particular inclinacion eran convenientes, con el dolor y sentimiento que V. S. puede juzgar, siendo mi hijo primogénito y solo, me he determinado, no lo podiendo en ninguna manera excusar, hacer de su persona esta mudanza y tomar tal resolucion sobre tal fundamento y tan graves y justas causas que asi acerca de V. S. á quien yo deseo y pretendo en todo satisfacer que será tenida mi determinacion por tan justa y necesaria y tan enderezada al servicio de Dios y beneficio publico quanto ella verdaderamente los es, » etc, Lettre de Philippe II au pape. Ms. de la B. I., n° 2632 [1]. (Papeles varios.) — Arch. Sim Est., leg. 2018.

1. « El papa lo sintió tiernamente y quedó algo consolado de que no hubiese ninguna de las que en Francia habian levantado. » Dépêche de Zuñiga, déjà citée.

2. « Nell'esprimere delle quali, comparirono alcune lagrime negl' occhi di S. M... ripose che ringraziava S. S. degli amorevoli e santi conforti che gli dava con li quali pigliava poca forza di sostenere il travaglio e dolore che ne sente. » Dépêches manuscr. du nonce. 4 mai 1568.

gny avec le prince n'étaient pas étrangers à cette affaire. Charles IX et Catherine de Médicis ne dissimulèrent pas cependant l'étonnement où la dépêche de Forquevaulx les avait plongés : « J'ai trouvé, écrit le roi à son ambassadeur, le faict que vous m'avez escript de l'emprisonnement du prince d'Espagne aussi estrange que chose que j'aie jamais entendue, ne pouvant croire qu'il ait pu tomber en entendement d'homme ce que vous m'avez mandé qui s'en dict, qui est cause que je désire estre esclaircy de la vérité, et que je vous fais ceste depesche pour vous prier m'en mander incontinent des nouvelles. » Catherine, le même jour, ajoute à la lettre de son fils : « Je vous asseure que je suis autant marrie que je sçay que le roy mon gendre en sera travaillé et que le faict est estrange [1]. » Le cabinet du Louvre eût espéré recevoir une lettre spéciale du Roi, ou du moins des détails circonstanciés et confidentiels de l'ambassadeur d'Espagne, don Francés d'Alava; mais ce personnage ne se présenta que le 9 février au Louvre, montra dans toute cette entrevue une réserve voisine de la défiance et répondit sur un ton léger aux questions du jeune roi. Bien qu'il prétende, dans sa dépêche du 16 février, que Charles IX et sa mère furent satisfaits de ces explications, il est évident qu'il n'en fût rien, d'après la lettre du Roi de France à son ambassadeur à Madrid : « Deux jours après que j'eus lu les dictes nouvelles de vous, don Francés d'Alava m'envoya demander audience.

---

[1]. Lettres manuscr. de Charles IX et de Catherine à Forquevaulx, 13 février 1568.

laquelle je luy donnay aussitost, estimant qu'il me dust discourir particulièrement sur ce fait, ainsi que la reyne, ma sœur, nous avoit mandé qu'il en avoit charge de son maistre. Mais icelluy ne fist aucun semblant de nous en parler jusques à ce qu'il connust par quelques propos que je luy en mis en avant que j'avois esté adverti du dict faict, tellement qu'il commença à nous en dire quelque chose; mais ce fust de façon que je connus bien qu'il n'avoit pas grande envie de mordre à la grappe et entrer dedans, car il nous dist seulement que c'estoient choses entre le père et le fils, lesquelles ne passeront oultre et qui estoient bien aisées à apaiser [1]. » Ces paroles déplurent singulièrement à Catherine : elle chargea Forquevaulx de se plaindre à Philippe II d'un procédé aussi blessant, et déclara ne s'en pouvoir « aucunement contenter [2] ». Elle ajoute : « Il me semble que le dict ambassadeur en faict très mal son debvoir, car la reyne ma fille m'avoit mandé qu'il debvoit m'en parler de la part de son maistre, et qu'il en étoit chargé bien expressément ; mais au lieu de ce faire il nous en a parlé si froidement que j'en suis très mal satisfaicte et vous prie le faire entendre à la dicte reyne, ma fille. »

Si l'on étudie attentivement les relations diplomatiques des cours de France et d'Espagne à cette époque, on ne sera pas surpris de la conduite de don Francés. Philippe II prétendait rester person-

1. Lettres manuscr. de Charles IX et Catherine à Forquevaulx, 13 février 1568.
2. Ibid.

nellement, vis-à-vis de Charles IX et de Catherine, dans les termes les plus affectueux, mais il voulait avoir auprès de sa belle-mère un agent hostile afin d'effrayer à propos le cabinet du Louvre, de l'isoler quand il le jugerait convenable, et de prévenir toute familiarité entre les deux couronnes. Il se réservait le droit de démentir à volonté don Francés, mais la première impression devait garder beaucoup de sa force dans l'esprit de la reine : en même temps les paroles courtoises dont il la faisait suivre acquéraient une plus grande valeur et maintenaient de bons rapports qu'il voulait toutefois laisser craindre de voir altérer. De là cette tactique dont il usa pendant sept années consécutives, malgré les plaintes réitérées du cabinet du Louvre. Don Francés montrait toujours les dispositions les plus contraires aux désirs de Charles IX, et, parlant d'un ton impérieux, épouvantait la cour soit par la perspective d'une rupture, soit par les marques d'un dédain qui paraissait fondé sur la faiblesse de la France et la puissance de Philippe II. Une fois l'effet produit, le roi l'atténuait, sans le détruire, par des expressions affectueuses qui cependant n'engageaient pas l'avenir. En cette circonstance, il agit de même. Philippe pensa que la conduite de don Francés le prémunissait assez contre des questions indiscrètes et contre une intervention que la confiance aurait semblé provoquer, et il promit d'écrire à son agent : « qu'il avoit esté fort marry de ce qu'il s'estoit ainsi

1. Dépêches manuscr. de Forquevaulx, février 1568.

entremeslé, chose que luy-mesme n'eust voulu faire ni seulement penser. » Il n'en fit rien toutefois et écrivit au contraire à don Francés : « Il n'y a rien de plus à leur dire que ce que vous avez dit, ce qui était la vérité[1]. »

Charles IX et sa mère désiraient trop avoir des éclaircissements pour ne pas insister auprès de l'ambassadeur d'Espagne. Dans un second entretien avec don Francés, ils firent allusion aux bruits qui avaient couru sur les sentiments religieux de don Carlos, aux desseins qu'on lui attribuait contre la vie du Roi son père, à ses relations avec les envoyés Flamands. Don Francés, qui s'était contenté de rire aux deux premières suggestions, parut prendre plus au sérieux la dernière et répondit froidement (Montigny étant parent de l'amiral Coligny) : « Tout ce qu'on pourrait me dire de mal des parents de l'amiral, je le croirais ». La Reine ayant alors laissé entendre, assez maladroitement d'ailleurs, que Coligny lui avait annoncé, au moment des projets de voyage de Philippe II, qu'elle apprendrait avant peu des choses dont elle serait étonnée, l'ambassadeur parut fort ému, et déclara à la Reine d'un ton « fort scandalisé » que « c'était là matière d'importance, et que si le diable avait révélé de telles choses, elle aurait dû alors les découvrir; il dit encore que si elle n'avait pas voulu se fier à lui, elle devait envoyer vingt personnes pour en aviser le Roi son maître. » Don Francés ajoute dans la dépêche où il rend compte au duc d'Albe de cette conversation, que Charles IX,

---

1. Dép. du 19 mars 1568. (Arch. Sim. Est., n° 570.

sur ces paroles, baissa les yeux et regarda sa mère par-dessous son bonnet. Quant à Catherine de Médicis, elle parut fort troublée de la colère de l'ambassadeur et, se levant à son tour de son siège, elle répondit : « Qui aurait pensé que ce fût la vérité ? Si je n'en ai pas parlé, c'est que j'ai cru que c'était quelque invention de l'amiral [1] ! » L'entretien ne fut pas poussé plus avant et la curiosité de la Cour de France ne fut pas satisfaite. L'ambassadeur savait que Philippe II ne voulait témoigner ni amitié ni confiance à sa belle-mère : il n'ignorait pas d'ailleurs que Catherine de Médicis, Charles IX et tout le monde au Louvre s'exprimaient dans les termes les plus malveillants sur l'emprisonnement du prince, que ses paroles eussent été interprétées dans un mauvais sens, et il crut plus conforme à la volonté de son maître d'observer, sur le fond des choses, un silence hautain pour couper court à de fâcheux commentaires.

Vis-à-vis des souverains de sa propre famille, Philippe, qui, au fond du cœur, ressentait peut-être la même défiance, n'eût pas permis à ses ambassadeurs une semblable attitude. Son envoyé en Portugal remit immédiatement à la reine mère la lettre suivante que le roi avait écrite : « Depuis longtemps j'ai exposé à Votre Majesté la façon de vivre et d'agir du prince, et je lui ai démontré les faits par de nombreuses preuves et d'importants témoignages. Dans une des dernières lettres que j'ai écrites en réponse à celles de Votre Majesté, je lui ai expliqué combien

---

[1] Lettre de D. Francés au duc d'Albe. (Arch. nationales de Paris, collection de Simancas. B. 22.)

était urgente la nécessité où je me trouvais de chercher quelque remède à cette situation ; mon amour paternel, toutefois, et l'intime conviction où j'étais qu'avant d'en venir à une telle extrémité, je devais user de tous les autres moyens possibles, m'ont longtemps retenu. Mais les affaires [1] de l'infant en sont venues à ce point que pour accomplir mes devoirs de prince chrétien envers les royaumes et États que Dieu a confiés à mes soins, j'ai dû me résoudre à un grand changement et m'assurer de sa personne. Votre Majesté peut juger de ma douleur en songeant à ce qu'elle ressentirait en pareille circonstance, comme mère et comme souveraine. Mais enfin j'ai dû ici sacrifier à Dieu ma propre chair et mon propre sang ; j'ai dû préférer le bien de mes peuples à toutes les autres considérations humaines. Les causes anciennes aussi bien que les causes récentes qui m'ont contraint à cette résolution sont telles et de telle importance que je ne les pourrais rappeler et que Votre Majesté ne saurait les entendre sans un renouvellement de notre commune douleur. Votre Majesté les connaîtra plus tard. J'ai seulement voulu l'avertir que cette détermination ne procède d'aucune faute ni insolence commises par mon fils ; ce n'est pas un châtiment — bien qu'il y ait pour cela cause suffisante, — et l'on ne peut prévoir à un

---

1. Le texte espagnol dit : « las *cosas* del principe ; » *cosas* ici ne signifie pas uniquement les *affaires*, mais ce mot offre un sens intraduisible et beaucoup plus compliqué. Il veut dire en même temps la vie, la conduite, les affaires, les projets du prince, tout ce qui concerne son état moral et physique.

tel état de choses aucune issue ni aucun terme. Je n'ai pas davantage songé à réformer ses désordres par cette voie : cette affaire a un autre principe et une autre racine, et le temps ou les moyens que je pourrais employer ne sauraient y porter remède. J'en apprendrai les suites à Votre Majesté, et il ne me reste plus qu'à la supplier de nous recommander à Dieu [1]. »

[1] « Aunque de muchos dias antes del discurso de vida y modo de proceder del príncipe mi hijo y de muchos grandes argumentos y testimonios que para esto concurren sobra que ha dias respondí á lo que V. A. me escribió, lo que habrá visto y entendido la necesidad precisa que avia para poner en su persona remedio, el amor de padre y la consideracion y justificacion que para venir á semejante término devia proceder... usando de todos los otros remedios y caminos que para no llegar á este punto me han parecido necesarios. Las cosas del príncipe han pasado tan adelante y venido á tal estado, que para cumplir con la obligacion que tengo á Dios como príncipe cristiano y á los reynos y estados... yo he querido hacer en esta parte sacrificio á Dios de mi propria carne y sangre y preferir su servicio y el bien y beneficio público á las otras consideraciones humanas. Las causas así antiguas como las que de nuevo han sobrevenido que me han constreñido á tomar esta resolucion, son tales y de tal cualidad que no yo las podria decir, ni V. A. oir sin renovar el dolor y lástima de mas que á un tiempo las entendiera. A. V. A. me ha parecido agora advertir que el fundamiento de esta mi determinacion no depende de culpa ni inobediencia ni desacato, ni es enderezada á castigo que (aunque para esto havrá suficiente materia), pudiera tener su tiempo y término. Ni tampoco lo é tomado por medio, con que por este camino se reformarán sus desórdenes : tiene este negocio otro principio y raiz cuyo remedio no consiste en tiempo ni medios, que es de mayor importancia y consideracion, para satisfazer yo á las dichas obligaciones que tengo á Dios. Y porque del progreso que este negocio tuviera, y de lo que en el hubiere de quedar á V. A. parte y razon, se le dará continuamente, en esta no hay mas que decir de suplicar á V. A. como madre y señora de todos y a quien tanta parte cabe de todo, nos encomiende á Dios el cual guarda á V. A. como deseo. De Madrid, 21 enero 1568. » Lettre de Philippe II à la reine de Portugal, Ms. B. I., 1068 (St-V.). — Cette lettre est également citée dans Cabrera, VII. 475; mais Cabrera dit par erreur qu'elle est adressée à l'Impératrice.

Cette lettre, toute mystérieuse qu'elle semble dans les termes à qui n'a pas suivi exactement l'histoire de don Carlos, s'éclaire d'une vive lumière quand on songe aux faits que nous avons déjà présentés. L'innocence absolue de don Carlos, non pas dans ses actes, mais dans ses intentions, y est démontrée d'une façon irréfutable. Il y a matière à châtiment, dit le roi, et cependant il ne s'agit pas d'un châtiment : la conduite du prince a été coupable, mais lui-même ne saurait l'être, parce qu'il n'a pas agi avec sa complète volonté : « cette affaire a un autre principe et une autre racine ; » les derniers faits ont amené la résolution que le roi a prise, mais il ne voit là aucune faute, dans le sens moral de ce mot. Il ne peut rien imputer directement à son fils, et la mesure dont le prince a été l'objet est simplement un acte nécessaire, étranger à toute intention de punir.

Toutes ces choses étaient douloureuses à dire, et, le mot terrible de *folie*, le père ne peut se décider à le prononcer. Il garde la même réserve dans sa communication diplomatique à l'Empereur et à l'Impératrice. Ce fut le comte Chantoney, ambassadeur à Vienne, et Luis Vanegas de Figueroa, envoyé extraordinaire, qui apprirent à Maximilien et à l'Impératrice la complète ruine des espérances formées par l'Empire sur une alliance avec don Carlos. Au reçu de la dépêche royale, ils se rendirent immédiatement au palais. Leurs Majestés Impériales revenaient de la chasse, et l'Empereur entra seul dans la salle du souper. Chantoney lui déclara immédiatement la fatale nouvelle, et Maximilien lut, en changeant de visage, la lettre que lui écrivait le roi. Philippe II, dans cette missive, n'était pas plus explicite que dans les autres; elle reproduit à peu près les termes de sa lettre à la reine de Portugal. Les envoyés avaient ordre exprès du roi de s'en référer simplement aux paroles de leur souverain [1]. L'Impératrice n'entra dans la salle qu'après le premier service, et l'Empereur pria Chantoney de ne lui rien apprendre pendant le repas. Mais dès que l'on se fut levé de table, Maximilien et l'Impératrice entrèrent dans le cabinet de l'Empereur, où les ambassadeurs remirent à cette dernière une lettre du roi qui lui était spécialement destinée, conçue d'ailleurs avec quelques variantes dans le même sens que celle adressée à l'Empereur. Elle montra une douleur aussi vive, dit la dépêche de Chantoney, que s'il se fût agi de son propre fils; mais Philippe II inspirait aux membres de sa famille une si haute estime, que l'Impératrice, tout affligée qu'elle fût, répondit simplement ces paroles : « Le roi d'Espagne est père, il sait ce qu'il fait, et l'on peut croire que sa détermination est celle qui convenait pour le bien du prince [2]. »

1. « Les digais que no hay mas de lo que verán por mis cartas. » Lettre de Philippe II, 22 janvier 1568. (Arch. Sim. Est., leg. 150.)
2. « Fuimos luego al Emperador y se lo declaremos conforme á lo que V. M. manda. Venian SS. MM. de la caza y la Emperatriz no subió luego al aposento del Emperador para cenar, de manera que hablámos primeramente al Emperador, el cual cierto se desnudó tanto que bien mostró el sentimiento verdadero que tenia desto, cuanto mas no pudiendo comprender de la carta de V. M. la causa desto y nosotros no pudiéndole dar mas razon de remitirnos á lo

L'Empereur cependant était blessé du peu de détails que donnait le roi sur les causes de cet événement [1], et Chantoney, peu de jours plus tard, dans une lettre confidentielle au duc d'Albe, laissait voir combien sa position et celle de Luis Vanegas étaient difficiles à Vienne par suite de la discrétion absolue qui leur était imposée [2]. L'Empereur, désireux d'en savoir davantage, résolut d'envoyer à Madrid son frère l'archiduc Charles [3], et l'Impératrice écrivit au roi une affectueuse lettre de condoléance : « Votre Majesté doit penser que ma douleur a été grande au reçu de la lettre par laquelle elle m'apprend les mesures que la conduite du prince l'a forcée de prendre, car j'ai mille raisons de m'affliger de ce qui l'afflige. Plaise à Dieu que ces maux aient leur remède, et

que V. M. le escribia... la Emperatriz no subió arriba hasta que la vianda fué en la mesa, y pareció al Emperador que no se lo dijese hasta despues de cenar ; así se hizo, retirados que fueron juntos en la cámara, y cierto no fué menos sentimiento el de la Emperatriz que el del Emperador y el de entrambos, como si fuera su proprio hijo aunque la Emperatriz respondió que siendo V. M. padre, sabia lo que hacia, y se podia juzgar que era lo que convenia para el bien del mismo principe. » Dépêche de Chantoney à Philippe II, 28 février 1568. Arch. Sim. Est. leg. 658.

1. « Pareció esto grave á Maximiliano mas que á nadie. » Herrera, *Hist. general*, X, II, 291. — « J'ai su de bons lieux que l'Empereur et l'Impératrice ont senti fort aigrement la captivité du prince, et d'autant plus parce que le roy son père ne leur a escript la cause pourquoi, sinon simplement ces paroles que c'est par bonnes et justes occasions. » Dépêches manuscr. de Forquevaulx, 8 mai 1568.

2. « El Emperador todavia siente que este negocio haya caido en discurso á beneplacito de todos, para no haber escrito el rey alguna causa en la cual pudiese parar la opinion y decir de la gente. » Lettre de Chantoney au duc d'Albe, 21 mars 1568. Arch. Sim. Est., leg. 658.

3. « Determinó embiar la embaxada particular con el archiduque Carlos. » Cabrera, VII, *ibid.* — Herrera, III, 293.

qu'enfin Sa Majesté trouve le calme qu'elle mérite et que je lui désire. J'attendrai les lettres d'Espagne avec impatience : c'est avec une grande confiance en Dieu que je compte sur de bonnes nouvelles, et j'espère qu'il donnera à Votre Majesté les forces et le courage dont elle a besoin en de telles circonstances. Je fais, quant à moi, ce que je puis, qui est de supplier le ciel avec un ardent désir d'être exaucée, et, si mes mérites étaient plus grands, je serais certaine de l'être. Je prie Votre Majesté — et en cela, croyez-le bien, je ne songe pas à mes propres intérêts, — de veiller sur la santé du prince. Puisse Votre Majesté considérer que c'est maintenant le plus grand bien qu'il soit possible de lui faire, et que, dans la nouvelle situation de l'infant, sa santé court aventure ! Il faut donc s'en occuper avec l'attention la plus vive, et je prie Votre Majesté de croire que si je me hasarde à donner ce conseil, je ne suis guidée que par mon affection pour elle et pour le prince son fils [1]. »

1, « Bien me creerá V. M. que me ha pesado de lo que me escribe á que le han forzado las cosas del principe, pues por tantas vias tengo razon de pesarme de los que á V. M. le cansen ; plegue á Dios que estas se remedian como V. M. tenga el descanso que meresce y yo deseo, que con harto cuidado esperaré cartas de ahí, y si son de V. M. muy buenas nuevas que estas confio en Dios que ternémos y que dará á V. M. las fuerzas y ánimo que estas cosas han menester, y yo no sirvo sino con lo que puedo, que es pedirlo á Dios con tan gran voluntad, que si se juntase con ello el ser yo buena, cierto seria oida... suplico á V. M. que crea que solo por hacerlo y no porque á mi me vaya ni dé en ello me atrevo á suplicalle que tenga muy mucha cuenta con la salud del principe, y acuérdase V. M. que es el mayor el bien que se puede hacer y que una persona de su condicion en el estado que está, no puede dejar de tenella á mu-

Malgré ces paroles affectueuses, Philippe II comprit que la froideur de ses premiers messages avait été pénible à Vienne, et il écrivit de nouveau, mais seulement trois mois après, le 19 mai, à l'Empereur et à l'Impératrice. Il faut reconnaître que ces secondes lettres n'ajoutaient presque rien aux précédentes : il y rappelait simplement, comme dans celles du 21 janvier, « les défauts de la personne du prince, tant sous le rapport de son intelligence que de son naturel » ; il disait que ces défauts « s'étaient manifestés et accrus de telle sorte » que depuis longtemps il était convaincu que « pour satisfaire à ses obligations envers Dieu et ses États il devait en venir à l'enfermer. » Il disait encore qu'il avait différé d'agir ainsi par amour paternel, par le désir de justifier complètement cette résolution et pour n'avoir pas à se reprocher d'avoir négligé les moyens de la prévenir. Enfin, après avoir répété que l'emprisonnement du prince n'était motivé par aucun délit politique ou religieux, il déclarait, — et cette affirmation est en réalité le seul point nouveau que je rencontre dans ces documents, — que « la mesure prise n'était pas temporaire, et qu'elle ne pouvait être aucunement modifiée à l'avenir [1] ». Sans doute, cette phrase a été écrite en vue d'éviter, s'il était possible, l'envoi de l'archiduc Charles, mais elle dé-

---

cha aventura, y pòr eso es menester procurársela por muchas vias y modos : ansí suplico à V. M. que se haya y que crea de mí que por lo que le quiero, y ser el principe su hijo, medio este atrevemiento à V. M. Maria. » — Lettre de l'Impératrice à Philippe II. Arch. Sim. Est., leg. 658.

1. Arch. Sim. Est., leg. 150.

montre en même temps, une fois de plus, que Philippe II regardait la démence de son fils comme irrémédiable et l'emprisonnement comme définitif. Il ne revient pas du reste, dans sa lettre à l'Impératrice, sur les causes de l'événement : « ce sujet est si triste, dit-il, que je n'ai pas voulu le traiter encore et donner à V. A. le chagrin d'en entendre deux fois le détail. » Il s'en réfère donc à sa communication à l'Empereur et se borne à assurer sa sœur qu'on avait pris toutes les dispositions nécessaires pour le service du prince aussi bien que pour le salut de son âme [1].

L'Empereur persista néanmoins dans le projet d'envoyer l'archiduc Charles en Espagne : vainement l'ambassadeur Chantoney s'efforça de l'en dissuader, sachant combien cette mission déplairait à son maître. Il alla même jusqu'à dire que l'on s'étonnerait du peu de confiance que S. M. témoignerait ainsi à son beau-frère : Maximilien répondit qu'il était « déterminé à envoyer une personne qui pût tout au long traiter avec le roi de l'affaire du prince [2] ». Il écrivit en ce sens à Philippe II, disant qu'il eût voulu « se mettre en route lui même pour aller le voir et s'entretenir longuement avec lui », qu'étant retenu par ses occupations et l'état de ses affaires, il ferait partir son frère Charles, qu'il croyait ne pouvoir faire mieux pour remplir ses obligations envers le roi et envers lui-même, qu'il ne lui causerait aucun déplaisir, son but n'étant que de lui être

1. Lettre du 19 mai 1568. (Arch. Sim. Est., leg. 150.)
2. Lettre de Chantoney du 28 juillet 1568. (Arch. Sim. Est., leg. 658.)

utile, et que malgré Chantoney et Vanegas il avait persisté dans son dessein [1] ». L'archiduc partit en effet, mais il n'arriva à Madrid qu'après la mort de don Carlos.

Ce ne fut pas seulement à l'Empereur que Philippe II se crut obligé d'écrire une seconde lettre explicative. Le pape, lui aussi, quelles qu'eussent été les expressions bienveillantes par lesquelles il avait répondu à la première communication du roi et aux discours de l'ambassadeur Juan de Zuñiga, ne se montrait point satisfait; ce dernier avait écrit à Philippe II que Pie V désirait en savoir davantage et connaître enfin par une lettre du roi « la vérité [2] ». Philippe envoya alors à Sa Sainteté une nouvelle missive et l'annonça en ces termes à son ambassadeur : « J'ai cru devoir m'expliquer plus particulièrement sur l'affaire du prince afin que le Saint Père sache à fond ce qu'il en est, sans aucun doute, et n'écoute pas les autres choses qui se racontent... il est juste et convenable que je lui en parle avec cette confiance et clarté [3]. » Ici encore, il faut constater que Philippe II persiste à ne pas s'écarter sensiblement, dans ces prétendues confidences, de ce qu'il a écrit à l'Empereur et à l'Impératrice : on retrouve dans sa lettre les mêmes phrases que dans les documents déjà cités. « Le prince a tant et de tels défauts, venant de son intelligence et de son naturel, qu'il est complètement dépourvu des aptitudes nécessaires au

---

1. Lettre de Maximilien. (Collection de Doc. inéd., XXVII, p. 36.)
2. Lettre de Zuñiga, 28 avril 1568. (Arch. Sim. Est., leg. 906.)
3. Lettre du roi, 13 mai 1568. (Arch. Sim. Est., 906.)

gouvernement. Je prévoyais en outre de graves inconvénients et des dangers évidents s'il venait, après moi, à la succession au trône[1]. » Cette seconde lettre en réalité ne nous fournit aucun éclaircissement particulier. Le Pape n'en demanda pas davantage, et en réalité il eût été vraiment difficile de réclamer de Philippe II des détails plus circonstanciés et le récit de la multitude de faits qui démontraient l'état mental de son fils. Il conserve, il est vrai, dans toutes ces lettres, ce ton solennel et mystérieux qui est partout son style même, mais au fond, à moins d'entrer dans la série des anecdotes, il ne pouvait dire plus clairement à l'Empereur, au Pape, à tous les souverains aussi bien qu'à tous ses sujets, que la raison du prince était troublée, qu'il ne pouvait sans péril pour l'État le laisser libre, et l'on voit même avec quel soin persévérant il s'applique à dégager la responsabilité personnelle de l'infant. Il ne cesse de répéter qu'il n'y a eu dans la conduite de don Carlos, à proprement parler, aucune faute et qu'il n'est pas puni de tel ou tel fait : le Prince est enfermé parce qu'il serait dangereux de lui donner plus longtemps la faculté de nuire à lui-même et à l'État, et il suffit d'avoir observé, dans la vie ordinaire, combien les familles des aliénés montrent de réserve et même de mystère en parlant d'eux, même à leurs intimes amis, pour s'expliquer parfaitement le langage de Philippe II.

1. Cette lettre, dont l'original n'existe pas aux Archives de Simancas, a été publiée d'après une traduction latine insérée aux *Annales ecclésiastiques* de Ledochi, par M. Gachard.

Il souffrait d'ailleurs profondément de tout le bruit soulevé par cette catastrophe domestique. J'ai dit qu'en Espagne beaucoup de gens blâmaient sa conduite comme trop sévère : on a vu par quels commentaires malveillants elle était accueillie en France ; les protestants d'Allemagne prétendaient que don Carlos était luthérien. Les imaginations, surexcitées par le mystère même dont les faits semblaient enveloppés, accueillaient avec empressement les suppositions les plus étranges et les plus absurdes commentaires. Un historien qui se trouvait alors en Sicile fut frappé de l'émotion des esprits [1], et, s'il faut en croire Catherine de Médicis, Philippe II et son fils absorbaient à cette époque la curiosité du monde : « Leur faict, écrit-elle à Forquevaulx, est aujourd'hui dans la bouche de toute la chrétienté [2]. » Non seulement tous ces discours, mais les marques d'intérêt même étaient pénibles au roi d'Espagne : il eût voulu ensevelir cet événement dans le plus profond secret, comme tous les actes de sa politique ténébreuse. La reine de Portugal, qui avait ressenti en mère le malheur de son petit-fils, lui envoya un gentilhomme à la fin de février : elle demanda qu'il lui fût permis de venir consoler don Carlos dans sa prison [3]. Philippe gratifia le gentil-

1. « De la causa de su prision y del enojo de su padre se dixeron muchas cosas... y mas en Sicilia, donde à la sazon estavamos. » Mariana, II, 752.

2. Dépêches manuscr. de Forquevaulx. Lettre de la reine, 25 mars 1568.

3. « Il re e regina vecchia di questo regno (Portugal) hanno mandato quà un ambasciatore a far officio col re Catolico per il principe

homme d'une chaine de mille écus, mais fit partir pour Lisbonne un personnage de distinction porteur d'un refus qu'il était aisé de prévoir [1]. Quelques jours auparavant, il avait fait savoir aux provinces d'Aragon, de Valence et de Catalogne, qui se disposaient à envoyer des députés à sa cour, que cette démarche serait contraire à son désir [2]. Sa sœur, la princesse Jeanne, la reine d'Espagne elle-même, ne purent davantage obtenir de pénétrer auprès de don Carlos [3]. Philippe était trop jaloux de son autorité pour laisser personne s'immiscer dans les actes de son gouvernement : une telle concession eût été contraire aux traditions de sa politique; il était d'ailleurs trop profondément humilié de la situation mentale où se trouvait son fils pour souffrir patiemment qu'il devînt l'objet d'une curiosité même affectueuse : il comprenait qu'il lui serait plus difficile de persévérer dans une résolution qu'il jugeait néces-

---

dolersi del caso, et offerirsi di venir la detta regina propria à governarlo come madre e s'intende che ha ancora dimandato di vedere et parlare al principe... ma non si crede che l'ottenna. » — «... L'ambasciatore di Portugal se n'è poi ritornato senza poter vedere il principe, ma del resto sodisfatto. » Dépêches manuscr. du nonce, 2 et 8 mars 1568.

1. « L'ambassadeur portugais Francisco Dessa est venu à la fin de février. Il a faict instance pour voir le prince, ce qui luy a esté refusé ... est retourné le 5e de ce mois, mais avec une chaisne de 1,000 escus... Le roy fera partir le conte de Buendia ou aultre personnage de qualité pour aller en Portugal. » Dépêches manuscr. de Forquevaulx, 9 mars 1568.

2. Dépêches manuscr. de Forquevaulx, 18 février 1568.

3. « La mesme royne (Isabelle) n'en peut sçavoir sinon autant que le roy lui en veult dire. » Dépêches manuscr. de Forquevaulx, 26 mars 1568 — « Y la reyna doña Isabel y la princesa doña Juana. pero ni licencia para verle alcanzaron. » Cabrera, VII, *ibid*.

saire, si des femmes justement vénérées, connaissant mal l'état du prince ou cédant aux inspirations d'une pitié respectable mais inopportune, venaient solliciter la liberté de don Carlos, donner à la cour le spectacle de leurs larmes, et apporter leur imagination, leurs idées préconçues, leur propre jugement, au milieu d'une affaire d'État.

Tandis que l'Espagne et les nations étrangères apprenaient cet événement, le roi examinait les papiers de son fils, trouvés dans le coffret remis au prieur don Antonio dans la nuit de l'arrestation. Disons d'abord que nous n'avons pas vu le texte authentique de ces diverses pièces : elles ont vraisemblablement été détruites après la mort du prince, et nous n'en avons connaissance que par une dépêche du nonce. Or le nonce avoue lui-même indirectement ne les avoir pas lues, puisque, après son bref résumé, il ajoute : « c'est là tout ce que j'ai pu en apprendre [1]. » Je sais bien que le manuscrit attribué à Antonio Perez parle aussi de papiers « qui prouvaient les intelligences de l'infant avec les ennemis de la couronne [2] » ; mais outre qu'il ne donne pas d'autres détails, j'ai déjà démontré plus haut combien peu d'importance il convient d'attacher à un manuscrit évidemment supposé. Le récit du nonce, beaucoup plus explicite, a sans doute sa valeur ; mais

---

1. « Questa e la somma di quanto ho potuto intendere delle lettere. » Dépêches manuscr. du nonce, 30 avril 1568.
2. « Los papeles que probaban las inteligencias que conservava con los enemigos de la corona. » Ms. attribué à Antonio Perez. B. L. 2502², déjà cité.

quoique ces renseignements s'accordent assez bien avec la cause réelle qui détermina l'arrestation du prince, je ne les veux donner que sous toutes réserves. C'était là le bruit de la cour : probablement il était exact quant au fond des idées ; mais est-il besoin de faire remarquer que les termes et les détails de cet exposé ne sauraient présenter ce caractère de certitude qui appartient seulement aux pièces authentiques? Cela dit, voici la version du nonce : ces papiers, qui devaient être expédiés à qui de droit après le départ du prince, étaient des lettres adressées à diverses personnes. Nous avons indiqué plus haut l'époque probable où elles avaient été écrites, c'est-à-dire les jours qui avaient immédiatement précédé l'arrestation. Il y en avait une pour le roi, une autre pour le pape, une autre encore pour l'Empereur. Don Carlos y avait joint plusieurs circulaires pour les princes catholiques, les vice-rois des différents États de la monarchie espagnole, les grands, les conseils et chancelleries des royaumes de la Péninsule et les principales communes [1]. Le nonce ne parle point des lettres adressées au pape et à l'Empereur, mais don Carlos, dit-il, rappelait à son père les outrages dont il prétendait avoir été accablé depuis plusieurs années, et déclarait que s'il quittait l'Espagne, c'est qu'il n'en pouvait supporter

---

[1]. « Cioé una al re suo padre, una à S. S⁽ᵗᵃ⁾, l'altra all' Imperatore et in somma a tutti li principi catolici e a quelli d'Italia et alli regni e stati di S. M. e à tutti li grandi di Spagna, alli consigli e cancellarie et alle comunità principali. » Dépêches manuscr. du nonce, 26 avril 1568.

davantage [1]. Dans la circulaire destinée aux grands, après avoir exposé les mêmes griefs, il ajoutait que le roi ne le voulait point marier afin de le priver de postérité et de faire passer la couronne aux propres fils qu'il pourrait avoir un jour. Il leur rappelait qu'ils lui avaient autrefois juré fidélité à Tolède, les exhortait à ne point se laisser détourner de leurs devoirs envers lui, déclarait devoir accorder de grandes faveurs à ceux qui demeureraient ses fermes partisans, et spécialement annonçait l'intention de leur restituer le privilège des gabelles, récemment accaparé par la couronne. Dans la lettre écrite aux communes, il promettait de les délivrer des charges nouvelles que son père leur avait imposées; enfin il demandait à tous les princes de l'Europe leur secours et leur amitié [2].

On trouva encore dans le coffret deux listes singulières : don Carlos avait placé dans l'une ceux qu'il haïssait, dans l'autre ceux qu'il aimait. Parmi les ennemis qu'il disait « détester jusqu'à la mort »

1. « Conteneva specificamente molti aggravij che in molti anni pretende ch' egli siano stati fatti de S. M., e diceva ch' egli n' andava fuori de 'suoi per né poterli piú supportare. » *Ibid.*
2. « Contenevano il medesimo, aggiungendo che S. M. trattiene il darli moglie, acciò che non abbiano de succedere nelli regni di Spagna li figliuoli che nasceranno da lui, ma quelli del re proprio, e gli ricorda che l'hanno giurato per suo principe, che non si lasciano rimovere dal suo debito e della compita osservanza del giuramento, e promette a quelli che saranno fedeli e staranno fermi nel giuramento, alli grandi favori e grazie et in specie renderli la gabella che diceva esserli stata tolta dal re, alle comunità levar le gravelle che diceva novamente essersi imposte, agli principi né sudditi rendeva conto ch'era stato sforzato a far questa risoluzione, e li pregava che la pigliassero per bene e cercava di facerli amici con buone parole e molte offerte. » Dépêches manuscr. du nonce, *ibid.*

se trouvait au premier rang le roi, puis Ruy Gomez, et, l'on ne sait pourquoi, la princesse d'Eboli, qui devait plus tard jouer un rôle si étrange dans les romanesques aventures d'Antonio Perez [1] ; le président Espinosa et le duc d'Albe. Parmi ses amis, il avait placé la reine, qu'il avait toujours entourée de la plus respectueuse affection, don Juan d'Autriche, don Luis Quijada et don Pedro Fasardo, fils du marquis de los Velez [2]. Ces listes n'étaient que puériles, mais les lettres, si leur rédaction était conforme à la relation du nonce, trahissaient, à travers les accusations vagues dont elles étaient remplies et les préoccupations familières au prince d'Espagne, une évidente intention de révolte et le plan d'une conspiration clairement caractérisée. C'était sans doute à ces criminels écrits que l'ambassadeur de France faisait allusion quelques jours plus tard : « Il (don Carlos) s'est découvert luy-mesme de mille folles resveries bien estranges qu'il avoit conçues en son esprit [3], » et Philippe les avait en vue lorsqu'il disait hautement pouvoir montrer « quarante causes et rai-

---

1. Voy. sur la princesse d'Eboli le beau travail de M. Mignet, *Antonio Perez et Philippe II*, et depuis le remarquable livre de M. Muro intitulé *la Princesa de Eboli*.

2. « Li quali diceva d'haver a perseguitar sino alla morte, tra i quali il primo era scritto il re suo padre, di poi Ruy Gomez e la moglie, il presidente, il duca d'Alva e certi altri,... amici... in prima la regina, la qual diceva ch' egli era amorevolissima, don Giovanni d'Austria, don Luis Quijada, don Pedro Fasardo che sta in Roma, e certi altri ch' io non so. » Dépêches manuscr. du nonce, *ibid.* — « Don Pedro Fasardo, hijo del marqués de los Veles. » Arch. Sim. Contad. gener., 1ª época, leg. 1051.

3. Dépêches manuscr. de Forquevaulx, 5 février 1568.

sons ¹ » de sa conduite, s'il était besoin de la justifier.

D'après Cabrera, une commission extraordinaire fut nommée pour s'occuper de cette affaire. Elle fut composée d'Espinosa, de Ruy Gomez, du conseiller de la chambre royale Briviesca de Mutañones ². Il est étrange que des écrivains sérieux aient cru voir là un procès. Il n'y en a pas eu, il ne pouvait pas y en avoir. Philippe, qui eût pu si aisément invoquer les fautes de son fils pour excuser une sévérité dont l'opinion publique du monde entier s'était émue, a pris soin, au contraire, comme on l'a vu, d'écarter complètement cet ordre d'idées. Cela posé, un jugement serait inexplicable : on fit venir, dit-on, de Barcelone les pièces du procès que don Juan II d'Aragon, père de Ferdinand le Catholique, avait, un siècle auparavant, fait instruire contre son fils, le prince de Viane ³. C'était peut-être comme modèle de procédure. Mais dans quel but cette procédure ? pour condamner don Carlos ? A propos de quel crime. Un insensé est toujours innocent, et le roi était le premier à proclamer cette innocence.

N'était-ce pas bien plutôt pour préparer les éléments de la décision finale qui eût déclaré déchu de ses droits au trône un prince incapable de régner ? Hypo-

1. *Ibid.*, 22 janvier 1568.
2. « Hizo una junta del cardenal Espinosa, Ruy Gomez de Silva, y el licenciado Briviesca de su consejo de su cámara para causar proceso justificando la prision y causa del príncipe. » Cabrera, VII, 477.
3. « Embió al archivo de Barcelona por el que causó el rey don Juan Segundo de Aragon contra el príncipe de Viana. » *Ibid.*

thèse d'autant plus vraisemblable que c'était là où en voulaient venir les ennemis du prince de Viane. Ce procès est donc tout simplement une enquête : la commission fut saisie de la question de savoir si, les faits articulés contre don Carlos étant exacts, il pouvait conserver en Espagne la situation de prince héréditaire. Si don Carlos avait vécu, il est vraisemblable que le roi eût assemblé les cortès de Castille qui avaient prêté serment au prince et leur eût communiqué les résultats de l'enquête, et qu'il les eût solennellement relevés de leurs engagements. Par malheur, les pièces de cette instruction qui jetterait un si grand jour sur la vie passée de l'infant paraissent irrévocablement perdues [1].

1. On a cru longtemps, d'après Cabrera, que ces pièces avaient été renfermées dans un coffret vert remis aux archives de Simancas, mais il a fallu renoncer à cette illusion. M. Gachard, dans sa *Notice des archives de Simancas*, p. 27 et 28, raconte à ce sujet une anecdote dont il garantit l'authenticité. Lorsque le général Kellermann occupa Valladolid pendant la guerre d'Espagne, sous l'Empire, les savants de cette ville le supplièrent de faire prendre aux archives de Simancas et ouvrir le coffret qui, selon la tradition, devait contenir le procès de don Carlos. Le général y consentit et envoya à Simancas le chanoine Magrovejo. Le coffret mystérieux fut ouvert, et, au lieu du procès de don Carlos, on trouva celui de don Rodrigue Calderon, condamné à mort sous Philippe IV.

D'autre part, M. Lafuente, auteur d'un vaste travail sur l'histoire d'Espagne, a été aussi préoccupé de ce coffret. On avait prétendu que le roi Ferdinand VII avait envoyé chercher le procès du prince par l'archiviste Tomás Gonzalès, et qu'à la mort du roi ces papiers avaient été mêlés à d'autres fort importants et étaient conservés dans une armoire de la chambre royale : « Nous nous sommes efforcé, dit M. Lafuente, de savoir ce que cette histoire pouvait avoir de vrai. Le résultat de nos investigations a été de nous convaincre d'une manière positive que l'archiviste Tomás Gonzalès n'avait jamais envoyé ce procès à Ferdinand VII. Nous avons su également par plus d'une personne autorisée qu'il n'y avait rien de pareil parmi les papiers trouvés à la mort du roi dans son apparte-

Mais quoi? se demande un historien récent [1], ne suffisait-il pas de le séquestrer? Assurément non. Philippe II devait faire régulariser juridiquement l'état de son fils, s'il voulait éviter pour l'avenir des désordres funestes à l'unité de la monarchie. Il fallait délier les Espagnols du serment de fidélité prêté jadis à Tolède; sinon, de droit et de fait, prisonnier ou libre, raisonnable ou insensé, don Carlos demeurait l'héritier du trône, héritier impossible, il est vrai, mais légitime, et prétexte inévitable de discordes. On a vu que dans les lettres rapportées par le nonce, l'infant invoquait et auprès des grands et auprès des villes d'Espagne le respect dû à la foi jurée. Le nonce pensait que sur cette question l'on serait obligé d'en référer à Sa Sainteté, et le connétable de Castille laissait entendre qu'il aurait dû être appelé au conseil où l'arrestation du prince avait été résolue, comme le premier des grands qui lui avaient autrefois prêté serment d'obéissance [2]. Ces considérations graves, qui intéressaient à un si

---

ment, lesquels étaient d'une autre époque et se conservent aujourd'hui dans les archives particulières de S. M. la reine. Comme on nous avait informé d'ailleurs que le mystérieux procès se trouvait peut-être dans la bibliothèque de l'Escurial, où bien des gens prétendaient qu'il avait été envoyé en 1806, nous l'y avons cherché, mais en vain, et le bibliothécaire actuel n'a pas été plus heureux que nous. » M. Lafuente pense que, s'il y a eu quelque écrit, — ce dont je doute, la mort du prince, survenue peu de temps après, ayant rendu un résumé officiel tout à fait inutile, — il fut brûlé parmi les papiers que Philippe II, dans son testament, chargea don Cristoval de Castel-Rodrigo, don J. de Idiaquez et don Diego de Yepes, son confesseur, d'anéantir.

1. M. Rosseeuw Saint-Hilaire, *Hist. d'Espagne*, VIII,
2. Dépêches manuscr. de Forquevaulx, 18 février 1568.

haut degré l'avenir de la monarchie, émurent vivement Philippe II, et c'est pourquoi il réunit la junte extraordinaire dont j'ai parlé ; mais il ne s'agissait pas d'infliger un châtiment, et un mot de l'ambassadeur de France démontre bien quel sens on doit attacher à la réunion de ce tribunal suprême : « Il sera procédé par voie de justice contre le prince d'Espagne, écrit-il à Catherine de Médicis, pour le faire déclarer inhabile à succéder [1]. » Telle est, je crois, la seule manière saine d'envisager cette procédure : elle a été interrompue, et c'est pourquoi elle a été mal comprise. On l'a reprochée à Philippe II, et cependant, aux yeux de la critique, elle contribue à le disculper d'une formidable accusation. Si, comme plusieurs le supposent gratuitement, il avait désiré ou espéré la fin prochaine de son fils, et surtout si, comme on l'a osé dire, il avait résolu d'attenter aux jours de l'infant, à quoi bon commencer une enquête ? Pourquoi l'écarter du trône, si la mort devait trancher la question ?

Entrons maintenant, pour ne plus la quitter, dans la prison de don Carlos.

---

1. Dép. manuscr. de Forquevaulx, 18 février 1568,

CHAPITRE X

DON CARLOS AU SECRET. — ORDRE DE SON SERVICE. — RÉCITS DIVERS.
SA MALADIE. — SA MORT. — SES FUNÉRAILLES

Peu de jours après l'arrestation de son fils, le roi régla l'ordre de son service. La maison de l'infant fut dissoute, mais la majeure partie de ses secrétaires et de ses gentilshommes reçurent des emplois équivalents chez le roi, la reine ou la princesse Jeanne[1]. Le duc de Feria, à qui, le premier jour, Philippe

---

1. « Sa maison a été cassée le 26. » Dépêches manusc. de Forquevaulx, 5 février 1568. — « La famiglia sua é licenciata, benché la maggior parte dei secretarij e altri gentiluomini siano ricevuti parte del re, parte della regina nei medesimi luoghi in che serviano al principe. » Dépêches manuscr. du nonce, 4 février 1568. — « In la casa del re, della regina, della princesa donna Giovanna. » *Ragguaglio della prigione del principe don Carlos*. Ms. déjà cité. — Le secrétaire du prince, Martin de Gaztelu, qui cependant avait contre-signé beaucoup de lettres extrêmement suspectes de l'infant, entra dans la maison du roi. Je trouve sa signature au bas d'une lettre royale adressée à la ville de Murcie le 10 juillet 1578. (Voy. *Discursos históricos de la muy noble ciudad de Murcia*, por Cascales. Murcia, 1621, in-fol.

avait confié l'infant, fut remplacé dès le 25 janvier par Ruy Gomez de Silva, qui demeura seul désormais chargé de cette mission délicate, en sa qualité de majordome [1]. Six gentilshommes lui furent adjoints pour le service, et il suffit de jeter les yeux sur la liste de ces jeunes gens pour reconnaître que le roi, dans une intention évidemment bienveillante, avait choisi pour compagnons assidus de son fils des seigneurs que don Carlos avait toujours paru aimer. Tous avaient fait partie de sa maison, et appartenaient aux plus illustres familles de l'Espagne. C'était don Juan Borgia, frère du duc de Gandia, don Rodrigue de Benavides, frère du comte de San Estevan, don Gonzalés Chacon, frère du comte de Montalvan, don François Manrique, frère du comte de Paredes, et deux amis du prince, Gomez de Sandoval, comte de Lerme, et Juan de Mendoza, frère du duc de l'Infantado [2]. Huit *monteros* furent en outre attachés à sa chambre, et devaient à la fois le surveiller et le servir [3]. Tous ces personnages prêtèrent serment entre les mains de Ruy Gomez et du docteur Martin de Velasco, membre du conseil, et en présence du secrétaire Francisco de Eraso ou de Pedro de Hoyo [4]. Ils reçurent

1. « I detti quattro hanno tenuto la detta custodia fino alli 25, la quale è poi stata tutta commessa al signor Ruy Gomez. » *Ragguaglio* etc. Ms. déjà cité. — « L'altre stanze si sono date al signor Ruy Gomez. » Dépêches manuscr. du nonce, 4 février. — « En las demas cosas, dejaba al arbitrio de Ruy Gomez... como si el rey lo mandara. » Cabrera, *loco cit.*
2. *Ragguaglio*, etc. Ms. déjà cité. — Ferreras, *loco cit.* — Cabrera, *loco cit.*
3. « Nombró tambien ocho monteros de cámara. » Salazar de Mendoza, *Dignidades seglares*, etc., p. 165 et suiv.
4. « A todos los sobredichos les tomaron juramento el príncipe

les instructions les plus minutieuses, et durent s'y conformer avec une scrupuleuse exactitude. A l'exception de ces gentilshommes qui étaient de service alternativement, nul ne pouvait être admis auprès du prince, sauf quatre personnes : son confesseur, son barbier, un valet de chambre et un médecin du roi. Le barbier était Quintanilla, le confesseur, le P. Diego de Chaves, le médecin, le docteur Olivarés [1].

Don Carlos fut transféré dans une autre chambre comprise dans ses appartements [2], et là il fut incontestablement soumis à une assez rigoureuse captivité. On avait prétendu dans les premiers moments, car le bruit public se plaît à exagérer les choses, que le prince avait les fers aux pieds : c'était une erreur que l'ambassadeur de France s'empresse de reconnaître après l'avoir partagée [3]. Que ses fenêtres aient été

Ruy Gomez y el doctor Martin de Velasco del consejo y cámara, y les recibieron pleito omenage ante Francisco de Hoyo, secretario de cámara. » *Ibid.* — « Debaxo del juramento y pleito omenage, hecho y fidelidad que devian á S. M., como devian por juramento general de sus oficios, y del particular que les tomaria Ruy Gomez en la forma dispuesta para lo que les estaba cometido. » Cabrera, *loco cit.*

1. « Yotros no avian de entrar sin expresa licencia de S. M., sino el médico y el barbero. » Cabrera, *loco cit.* — « Al cual no entra alcuno se non certi deputati per servirlo. » Dépêches manuscr. du nonce, 4 février 1568. — Quant au confesseur, il est clair qu'il avait ses entrées dans la chambre du prince. Nous verrons plus loin que don Carlos se confessa fréquemment pendant sa captivité.

2. « É posto in una stanza delle sue piú sicura e di manco impedimento al palazzo. » Dépêches manuscr. du nonce, 4 février. — « Aposento señalado, » dit Philippe dans sa lettre aux villes d'Espagne. — « Una sola stanza si é lasciata al principe, chiamata la Torre. » *Ragguaglio*, etc. Ms. déjà cité. — « En une bonne chambre d'une grosse tour de ce palais. » Dépêches manuscr. de Forquevaulx, 5 février 1568.

3. « Car le prince est prisonnier dans sa chambre, les fers aux

garnies de barreaux, c'est peut-être plus vraisemblable [1] : le roi redoutait tellement un suicide provoqué par le désespoir, qu'on peut supposer au moins une défense absolue d'ouvrir les fenêtres pendant tout le premier mois : il est certain toutefois qu'en mars don Carlos fut affranchi de cet ordre rigoureux et qu'il eut la liberté de respirer l'air et de voir « la campagne et les passants [2] ». Néanmoins, il ne devait jamais rester seul, même la nuit : durant les cinq premiers jours, le duc de Feria [3] et, plus tard, le comte de Lerme eurent leurs lits dressés dans sa chambre [4]. Chaque nuit, alternativement, des gentilshommes désignés et deux *monteros* veillaient dans une des salles attenantes [5], les autres pièces formaient l'appartement du prince d'Eboli [6]. Le jour, deux

---

pieds. » Dépêches manuscr. de Forquevaulx, 19 janvier. — « Lequel prince n'a point les fers aux pieds, comme l'on disoit, ains est servi comme par avant. » *Ibid.*, **22 janvier.**

1. « Con fenestre alte, piccole e ferrate. » *Ragguaglio*, etc. Ms. déjà cité. — « Il n'a pour tout son logis que ladicte chambre et la fenestre bien grillée de fer. » Dépêches manuscr. de Forquevaulx, 5 février. — « Il demeure continuellement enserré sans sortir ny pouvoir seulement mettre la teste à la fenestre. » *Ibid.*, 8 février.

2. Dépêches manuscr. de Forquevaulx, 9 mars 1568.

3. « El duque mandó poner su cama en la cámara de el príncipe. » Salazar de Mendoza, *loco cit.*

4. « El conde de Lerma tenir su cama debajo de la de el príncipe, y de noche para dormir la ponia á los piés. » *Ibid.* — « Durmiese allí el conde de Lerma. » Cabrera, *loco cit.*

5. « Esta guarda de cavalleros y monteros se acomodó e una pieça grande y espaciosa en la torre adelante de el aposento de el príncipe... hacian la guarda cada noche dos cavalleros y dos monteros, repartiéndola por horas de manera que siempre ubiesse en pié y despierto un cavallero y un montero. » Salazar de Mendoza, *loco cit.* — « Y uno dellos velase mudándoles y repartiéndoles. » Cabrera, *ibid.*

6. « E l'altre si sono date al signor Ruy Gomez. » Dépêches manuscr. du nonce, 4 février.

hallebardiers de la garde se tenaient à chaque porte et ne laissaient entrer personne sans l'ordre exprès de Ruy Gomez ou du gentilhomme de service [1].

Les rapports des jeunes seigneurs et des *monteros* avec le prince étaient sévèrement déterminés. Il leur était interdit de lui parler en secret ; bien qu'ils pussent librement s'entretenir, ils devaient s'exprimer assez haut pour être entendus de toutes les personnes présentes. Sur bien des sujets la conversation était permise, mais jamais sur la question de la captivité du prince : ici le silence le plus absolu était imposé. Aucune parole de l'infant ne devait être rapportée par eux au dehors ; sans la permission spéciale du roi aucun message ne lui pouvait parvenir ; aucun message venant de lui ne franchissait le seuil de l'appartement [2]. Il fallait qu'il fût absolument isolé du monde extérieur. Ceux qui l'approchaient, quel que fût leur rang, ne portaient ni épée ni dague, conformément à l'étiquette, puisque le prince en était privé [3]. Sous aucun prétexte l'infant ne pouvait sor-

---

[1]. « Al principe no entra alcuno. » *Ibid.* « De dia estuvieron à cada puerta dos soldados de la guarda. » Salazar, *ibid.* — « Asistieseu dos alabarderos en la puerta dentro del cárcel que salia al patio, abriendo y cerrándola à los que por órden de Ruy Gomez le fuese mandado, sin dexar entrar otra persona sin advertírselo primero, y en su ausencia al conde de Lerma ó à cualquiera de los otros cavalleros que asistian al servicio del príncipe. » Cabrera, *loco cit.*

[2]. « Lo que mandase se havia de cumplir y hacer, no el recibir ni dar recado fuera de la cámara sin licencia de S. M., ni en la comunicacion tener otras prácticas... escusando particularmente las de su negocio y causa... lo que se hallase allí se avia de entender por todos los presentes... especialmente lo que el príncipe hiciese y dixese que no se avia de referir fuera. » Cabrera, *loco cit.* — Ferreras, *loco cit.*

[3]. « Ceux qui le servent n'ont ni espée ni dague. » Dépêches

tir de sa chambre, même pour entendre la messe et même pour ses repas. La messe était dite, par des chapelains désignés, dans une salle voisine transformée en oratoire : le prince l'entendait de sa chambre, dont la porte demeurait ouverte, et au moins deux gentilshommes demeuraient auprès de lui pendant toute la durée du saint sacrifice [1]. Quant à ses repas, voici quel en était l'ordre. Les cuisiniers apportaient les plats aux *monteros*, qui les transmettaient à la porte de la chambre au gentilhomme de service [2]: la viande était coupée, car il était défendu de placer un couteau sur la table du prince [3]. Nous retrouvons là encore les précautions contre une tentative de suicide, et pour que la lecture au besoin pût le détourner d'un projet si redoutable, on prenait soin de lui remettre, pour le distraire, des livres de dévotion, de bonne doctrine [4], ou peut-être d'histoire [5].

---

manuscr. de Forquevaulx, 5 février. — « No tuviesen espadas ni otras armas como era razon decente y del respeto que se devia, pues no les tenia el príncipe. » Cabrera, *loco cit.*

1. « Se le dixese misa en el oratorio por los capellanos señalados y la oyese desde su cámara... y le asistiesen á lo menos dos cavalleros. » Cabrera, *loco cit.*

2. « La comida traxesen los seis monteros hasta la primera sala y desde allí la sirviesen los cavalleros. » Cabrera, *ibid.* — « Les garçons de cuisine portent les plats jusques à la porte de sa chambre, où ceux qui le servent les reçoivent. » Dépêches manuscr. de Forquevaulx, 5 février 1568.

3. « Tutto trinciato per non haverli à mandar coltello. » Dépêches manuscr. du nonce, 4 février 1568. — « La viande qu'on luy porte est coupée, car il n'a pas seulement un petit couteau pour couper son pain. » Dépêches manuscr. de Forquevaulx, 5 février 1568.

4. « Los libros solamente de buena doctrina y devocion, si quisiese leer. » Cabrera, *loco cit.*

5. « Entreteniese en leer historias de España y de otras partes. » Salazar de Mendoza, *loco cit.* Il est douteux cependant que les livres

Du reste, il était servi en prince et avec douceur. Ses gardiens avaient ordre de lui obéir en tout ce qui n'était point contraire au règlement de leur conduite et de la sienne; et le roi tenait tant à savoir son fils traité avec tous les égards dus à son rang et à son malheur, qu'il écrivit le 2 mars une instruction, contre-signée par le secrétaire Pedro de Hoyo et destinée à Ruy Gomez. Il y entre dans les détails les plus minutieux sur la nourriture et les vêtements de son fils; recommande que l'on veille assidûment à la parfaite salubrité de la nourriture, à la propreté de l'appartement du prince, et il enjoint aux gentilshommes commis à la garde de l'infant d'agir avec le respect dû à une personne royale. « Telle était la justice, et telle sa volonté [1]. »

Ce devoir accompli, la vie du prince réglée, Philippe voulut, et ce désir fut suffisamment manifesté par sa propre conduite, que le silence se fît désormais sur la personne de l'infant, et que don Carlos en prison demeurât inconnu. La cour sut comprendre, et feignit d'oublier [2]. On avait vu le roi défendre aux

d'histoire fussent permis. Dans le règlement dont il est question plus bas, le Roi ne cite que les « livres de dévotion et de bonne doctrine ».

1. « El rey, por instruccion fecha à dos de março 1568, refrendada de Pedro de Hoyo, dirigida à Ruy Gomez, le mandò tuviese gran cuenta con el tratamiento y servicio del príncipe, proveyendo muy cumplidamente su vestido, su comida y aseo de su cámara, en que le dejó recogido, tratándole y asistiéndole en su presencia él y los cavalleros señalados para servirle y guardarle con el acatamiento y respeto que se devia à su persona... pues era justo y su voluntad. » Cabrera, *loco cit.*

2. « Parc che nella corte non si parli più del principe. » Dépêches manuscr. du nonce, 14 février 1568. — « Ainsy s'en va estre en oubli qu'il ne s'en parle quasi plus, comme s'il n'estoit jamais nay. » Dépêches manuscr. de Forquevaulx, 26 mars. — *Relazione*

prédicateurs toute allusion à l'emprisonnement du prince [1], refuser même, comme nous l'avons remarqué plus haut, les témoignages de la sympathie de ses sujets ; ses familiers et lui se taisaient sur cet événement [2] ; à l'exception de quelques détails échappés à des indiscrétions isolées, on ignorait les actes de don Carlos dans sa chambre solitaire ; il y avait de quoi lasser les curiosités les plus vives, et la plupart des courtisans se soumirent, sans laisser voir de regrets, à l'attitude qui leur était imposée.

De temps à autre, il est vrai, des commentaires confus, des récits bizarres circulaient à petit bruit. Trop de gens entouraient le prince, trop d'esprits actifs étaient disposés à recueillir les moindres paroles et les moindres indices, pour que la captivité de don Carlos, dans le palais même, ait pu demeurer absolument secrète, mais il est malaisé de ne pas confondre des bavardages avec des faits réels. L'histoire circonstanciée de cette captivité ne pourrait être faite qu'à l'aide de mémoires écrits par les gentilshommes chargés de garder don Carlos, et il faut bien avouer que si de telles pièces existent, nous ne les avons rencontrées nulle part. Il est vraisemblable qu'aucun

---

di un domestico di Ruy Gomez. Arch. Sim. Est., leg. 2018, fol. 195, déjà cité.

1. « Ayant faict defendre à tous prescheurs de nommer aucunement ledict prince ny en faire mention en leurs prédications. » Dépêches manuscr. de Forquevaulx, 26 mars. — « Ha fatto intendere a tutte le città del regno che non mandino uomini o ambasciadore alcuno. » Dépêches manuscr. du nonce, 14 février.

2. « Parendo habbia caro che nessuno gliene parla. » Dépêches manuscr. du nonce, *ibid.*

d'eux n'a légué ses souvenirs à la postérité. Nous en sommes donc réduits, pour la majeure part de ces détails, aux récits de diplomates ou d'historiens qui n'ont pas été témoins des faits et ont appris le peu qu'ils nous transmettent uniquement par les *on dit*, les rapports recueillis à la sourdine et les conversations à demi-voix. Un certain nombre de circonstances, toutefois, me paraissent devoir être admises comme tout à fait incontestables, soit parce qu'elles sont analogues aux actes familiers à l'infant, soit parce que l'unanimité des témoignages semblables leur donne plus d'importance, soit — et malheureusement très peu d'entre elles se trouvent dans cette dernière catégorie — parce que des pièces authentiques en démontrent l'exactitude. Nous n'accepterons rien ici que d'après les règles d'une critique sévère, et nous nous montrerons extrêmement sobre d'affirmations positives : il convient, ce semble, de dire avec l'ambassadeur de France : « Tant de diverses choses s'en racontent que je n'en puis croire le dixiesme [1]. »

Forquevaulx ne pouvait satisfaire la curiosité de Charles IX comme ce dernier l'eût désiré : « Il est fort difficile, écrit-il à Paris, de sçavoir ce que faict le prince d'Espagne, car si hardi et sur la vie (*sic*) homme qui entre dans sa chambre de rapporter ce qu'il faict et dict. La reyne mesme n'en peut sçavoir sinon autant que le roy, son mary, lui en veult dire[2]. »

1. Dépêches manuscr. de Forquevaulx, 22 janvier 1568.
2. *Ibid.*, 26 mars 1568.

Il connaît donc seulement les bruits qui circulaient à la cour, et dont l'étude exige la circonspection la plus grande. Essayons de reconstruire sur ces données l'histoire de la captivité de don Carlos.

Il convient d'écarter tout d'abord une bizarre pensée que certains personnages de la cour prêtaient à Philippe II : « Je me suis laissé dire, écrit l'ambassadeur de France, une nouvelle beaucoup moins vraisemblable, c'est que le prince d'Espaigne sera délivré, pourveu qu'il se contente d'espouser la princesse sa tante pour, avec ce moyen, satisfaire au serment des Espaignols qui l'ont juré héritier et successeur de ce royaume, car d'autre part le roy son père sçait bien que ledict prince n'engendrera jamais enfants, et la princesse prendra ceste patience, couvrira ses imperfections mieulx que nulle aultre femme qu'on lui sçauroit donner et le sçaura entretenir en office de bon fils [1]. » Ce projet, contraire à tous les principes politiques et religieux de Philippe II, est évidemment controuvé, aussi bien que l'historiette de la bague que don Carlos aurait avalée par mégarde, « comme une pilule, » qu'il aurait cherchée « un bon nombre de jours, et rendue à force de médecines le dix-septième jour après [2]. » Il faut ranger ces récits apocryphes parmi les discours que les courtisans de toutes les époques inventent pour se donner de l'importance.

---

1. Dépêches manuscr. de Forquevaulx, 26 mars 1568.
2. *Ibid.*, 26 mars. — Pietro Justiniani, *Hist. de Venezia*, 1572, p. 107. Dép. de l'ambassadeur Vénitien du 24 juillet 1568.

Parfois même on racontait des incidents que les ambassadeurs. après les avoir transmis à leurs souverains. devaient démentir dans leurs dépêches suivantes : telle fut la prétendue visite de Philippe II à son fils, visite affirmée par l'ambassadeur de France dans sa lettre du 18 février et contredite expressément dans la lettre du 26 mars [1]. Les historiens ont eu le tort non seulement d'accueillir aisément tous ces bavardages en se copiant les uns les autres, mais encore de mêler tous les faits, certains ou non, dont ils ont composé l'histoire de l'infant en prison, et cela de telle sorte qu'on n'y peut reconnaître aucune suite, tandis qu'un peu d'attention révèle trois époques parfaitement distinctes dans cette brève et dernière période de la vie de don Carlos.

La première comprend les mois de février et de mars : c'est le temps de la fureur, du désespoir dans l'âme du prince, qui voit tous ses projets dévoilés, toutes ses intrigues déjouées, toutes ses espérances anéanties. La seconde comprend les mois d'avril et de mai : les consolations religieuses, la vague pensée d'une délivrance prochaine obtenue par la soumission, et aussi la lassitude physique, semblent avoir mo-

---

1. « Son père, comme l'on dict, l'est allé visiter un matin, deux heures avant le jour. » Dépêches manuscr. de Forquevaulx, 18 février 1568. — « Le visitó y confortó el rey. » Cabrera, *loco cit.* — Ferreras, *loco cit.* — « Quoique le bruit aye couru que son père l'avoit visité un matin, j'ay sceu depuis le contraire, et qu'il ne passa point oultre la chambre du prince d'Eboli, car delà en hors il pouvoit clairement entendre et croy que voir aussi ledict prince par une séparation de bois qui est entre-deux. » Dépêches manuscr. de Forquevaulx, 26 mars 1568.

mentanément calmé le prince. La troisième enfin comprend les mois de juin et de juillet : don Carlos voit que la douceur lui a été inutile ; l'excessive chaleur de l'été lui monte au cerveau ; il se livre alors à des transports de rage et à des excès qui amènent sa fin. Les documents, sérieusement examinés, s'accordent pour confirmer ces dates.

Il ne nous reste de parfaitement authentique sur la prison de don Carlos que deux pièces importantes : l'une est la lettre du docteur Hernan Suarez au prince, l'autre, une dépêche de Philippe II à don Juan de Zuñiga, son ambassadeur à Rome. Cette dernière pièce sera citée plus loin ; mais la première se rapporte à la conduite de l'infant pendant les mois de février et de mars ; elle porte la date du 18 avril 1568, et bien qu'à cette époque précise, depuis quelques jours, les recommandations de Suarez n'eussent plus de raison d'être, ce qu'il ignorait en écrivant, sa lettre témoigne des vives inquiétudes que l'exaspération du prince avait excitées parmi ceux qui s'intéressaient à son sort : « Les affaires de V. A., dit-il, sont dans un état si périlleux et se sont engagées de telle sorte, que moi qui désire vivement les voir s'améliorer, j'en redoute l'issue, car elle pourrait être pire qu'on ne le saurait imaginer. V. A. a bien mal commencé en refusant la confession : que peut-elle attendre de cette obstination ? il ne s'en pourra rien suivre qui ne soit déplorable, et V. A. le comprend très bien. Que V. A. y réfléchisse : que dira-t-on, que fera-t-on lorsqu'on apprendra qu'elle ne se confesse pas, et lorsque seront découvertes à tous les yeux d'autres choses terribles, à ce point que, pour tout autre, le saint-office aurait lieu de rechercher s'il est chrétien ou non. En terminant, je le déclare à V. A. en toute sincérité et comme le doit un fidèle serviteur : elle court le danger d'être regardée comme criminel d'État, et, ce qui est plus grave encore, son âme est en péril. Je ne vois pas de remède à cette situation ; je m'en afflige et je le déplore de tout mon cœur. Je n'ai qu'un conseil à donner à V. A., c'est de se tourner vers Dieu et vers le roi, qui tient la place de Dieu [1]... »

Pour bien comprendre cette lettre, il faut se rappeler que don Carlos, avant son emprisonnement, n'avait point, selon les expressions de Forquevaulx,

---

[1]. « V. A. tiene sus negocios en tan peligroso estado, y se ha empeñado de tal suerte que á mí, que tanto deseo la mejoría dellos, otro tanto temo el suceso que puede tener y que sea el peor que se puede imaginar... V. A. ha comenzado cosa de tan mala nota, como es no confesarse, y ¿ qué suceso puede desto salir que no sea de malísima calidad, como es ello, y V. A. entiende muy bien ? Vea V. A. ¿ qué harán y dirán y todos quando se entienda que no se confiesa, y se vayan descubriendo otras cosas terribles que lo son tanto que llegan á que el santo oficio tuviera mucha entrada en otro para saber si era cristiano ó no. Finalmente yo declaro á V. A. con toda verdad y fidelidad que corre peligro del Estado y, lo que peor es, del alma ; y digo que no veo remedio para V. A. y me duelo dello y lo lloro con el corazon, y todavía digo que mi consejo es que V. A. se torne á Dios y á su padre, que tiene el mismo lugar y para esto que aconsejo á V. A. le he señalado al presidente y otros hombres buenos que no han de faltar á decir la verdad y guiar lo que al servicio de Dios conviene. » Lettre de Suarez à don Carlos (Arch. Sim.), citée par Prescott, Castro et Llorente, *loco cit.* — On a discuté la date de cette lettre sous prétexte que don Carlos en prison ne devait recevoir aucun message. Il est vrai, mais le règlement ajoute « sans l'autorisation du Roi », et il est très naturel que Philippe II ait autorisé, peut-être même inspiré la lettre d'Hernan Suarez.

« fait ses pâques à Noël ni gaigné le jubilé, à cause de ladicte rancueur, pour ce qu'il n'a voulu pardonner, ni son confesseur luy donner l'absolution [1]. » En prison, durant les deux premiers mois, il était — la lettre de Suarez le démontre — demeuré dans les mêmes sentiments : sa haine contre son père était toujours aussi vive : il est même assez naturel qu'elle eût augmenté, et l'on peut admettre sans crainte les renseignements que donne l'ambassadeur ; il le représente comme « très malade de contentement et desconfié de liberté, sans qu'il se puisse tenir de faire toujours et de dire des follies et de mal parler du roy son père [2]... Il mange bien peu et à regret et dort moins que rien, ce qui n'est pas pour lui amender son entendement ; il devient maigre et sec à veüe d'œil et les yeux enfoncés dans la teste [3]. »

Les ambassadeurs de Venise et de Toscane disent également avec vraisemblance que le prince refusait la nourriture [4].

Tel a donc été l'état mental du prince pendant les deux premiers mois : violente irritation contre son père, persistance à s'éloigner du sacrement de la pénitence ; sans partager l'opinion de ceux qui le représentent comme coupable de tentatives de suicide, il est permis de penser qu'on redoutait cette résolution funeste au salut de son âme, et que la lettre de Suarez faisait allusion, dans les derniers mots,

---

1. Dépêches manusc. de Forquevaulx, 22 janvier 1568. — Nous avons rapporté plus haut cet incident.
2. *Ibid.*, 26 mars.
3. *Ibid.*, 18 février.
4. Dép. de Nobili et de Cavalli du 2 mars 1568.

tout ensemble, à ces inquiétudes et aux sentiments du prince envers son père. Le saint-office, en effet, aurait eu lieu de s'enquérir si un fils haïssant ouvertement son père, se laissant emporter à d'impardonnables violences de paroles, laissant voir peut-être des velléités de suicide, refusant la confession et ne pouvant d'ailleurs être absous faute d'un regret sincère et de résolutions meilleures, était réellement chrétien. Tel est le dernier mot de Suarez, et il est significatif. L'alcade de cour pousse les choses à l'extrême, il est vrai, pour alarmer la conscience du prince, qu'il savait très scrupuleuse ; le fond de son discours est exact toutefois dans les faits, sinon dans les conséquences qu'il laisse entrevoir pour amener don Carlos à la confession, et ce texte nous suffit pour déterminer le caractère de ces premiers mois de captivité.

La lettre de Suarez, je l'ai dit, se trouva être inutile, car déjà don Carlos était entré dans des sentiments meilleurs. Sa santé d'abord s'était un peu fortifiée, et par suite, comme toujours, son esprit s'était calmé. Forquevaulx, le 8 mai 1568, signale ce changement : « Le prince d'Espagne, dit-il, se porte bien de sa personne : je suis adverti qu'il s'est tout sanctifié ceste semaine sainte (en avril), tellement que ses amis disent que Dieu y a mis la main, car depuis s'estre confessé en caresme jusques au jour de Pâques, et qu'il pensoit recevoir le corps de N. S., il a faict le devoir de bon chrestien par abstinences, s'estant réconcilié quatre fois avec grande contrition et repentance. » Ce dernier fait est-il exact? don Carlos s'est-il réellement décidé à s'approcher du sacrement de pénitence? a-t-il reçu l'eucharistie? n'est-ce pas là une invention des courtisans? A-t-on réellement retardé sa communion « pour aucuns notables respects? » S'est-on enfin décidé à l'accorder à ses demandes pressantes, comme l'affirment Forquevaulx et les autres ambassadeurs[1]?

Il existe une pièce diplomatique importante, émanée du cabinet du roi et adressée à l'envoyé d'Espagne à Rome : cette pièce démontre clairement la parfaite exactitude de ces récits. Le prince a bien reçu l'eucharistie, puisque Philippe II envoie à son agent des instructions pour justifier cet acte aux yeux du Saint Père; voici pourquoi : la nouvelle de cette communion avait ému très vivement la cour; bien des gens en avaient conclu que le prince n'était pas dénué de raison, déclaraient qu'on ne lui eût pas administré ce redoutable sacrement, s'il n'eût été dans son bon sens, et se plaisaient à révoquer en doute les affirmations précises du roi et de ses intimes conseillers[2]. D'autres, persuadés qu'en effet don Carlos était fou et en avait donné trop de preuves pour qu'il fût possible de nier un fait aussi bien établi, s'étaient scandalisés de voir l'eucharistie reçue par un insensé. Philippe II, sachant bien que le

---

1. Dép. de Dietrichstein à Maximilien, 22 avril 1568; — du nonce, 1ᵉʳ mai; — de Cavalli, le 7 mai.
2. « S'en faict grande feste parmi ceux qui désirent sa liberté... prennent argument là-dessus que ledict prince n'a pas la faute de jugement que le roy son père et aultres prétendent, car s'il n'estoit capable de bonne raison, on ne luy eust administré le saint sacrement. » Dépêches manuscr. de Forquevaulx, 8 mai 1568.

bruit en courrait jusqu'à Rome, crut devoir prendre les devants et expliquer sa conduite au Saint Père ; il écrivit donc la lettre suivante, qui démontre jusqu'à l'évidence le fait de la communion, et détermine enfin l'état mental du prince, qui était, comme je l'ai déjà dit, une folie intermittente : « S'il paraissait à S. S., écrit le roi, que ce fait présuppose, dans l'entendement et dans la volonté, la disposition nécessaire pour s'approcher d'un sacrement si élevé, il est bon que vous sachiez, pour répondre à cette pensée, que c'est là une question où il convient de faire des distinctions de temps et de degrés, d'empêchements plus grands ou moindres; une personne peut en effet se trouver en état de recevoir les sacrements, bien qu'elle soit incapable pour tout ce qui concerne la politique et le gouvernement [1]. » Ces expressions sont parfaitement claires, elles sont répétées dans une lettre de Philippe II à l'Impératrice [2], et, nous appuyant sur elles, nous pouvons admettre le récit de Forquevaulx et du nonce.

Don Carlos, je l'ai dit plus haut, avait saintement passé la fin du carême. Il se confessa une dernière fois le mercredi saint [3], et demanda la communion

---

1. « Si le pareciere á S. S. que esto presuponia, así en el entendimiento como en la voluntad, la disposicion necesaria para llegarse á tan alto sacramento, es bien que entendais para satisfacer á esto, si pareciere convenir... que esta es materia en que hay diferencia de tiempos, de mas y menos impedimentos y distincion de grados : pues es así que puede bien estar uno en este estado de poder recibir los sacramentos aunque no hubiese en él el subjeto y disposicion para regimiento y gobierno y cosas desta calidad que es necesario. » Lettre de Philippe II à Zuñiga. Arch. Sim. Est., leg. 906.
2. 19 mai 1566.
3. Dépêches manuscr. du nonce, 4 mai 1568.

pour le jour de Pâques. Ce désir embarrassa vivement le roi et les casuistes de la cour. Don Carlos était notoirement fou : était-il permis de lui administrer l'eucharistie ? Dans cette incertitude, le roi, selon sa coutume, consulta des théologiens et, après plusieurs conférences, on résolut de satisfaire à la volonté du prince. Les casuistes avaient déclaré que « aux personnes travaillées de l'entendement qui retournent par intervalle en quelque jugement, leur peust estre donné le saint sacrement lors dudict intervalle [1] ». Cette réponse, qui était présente à l'esprit de Philippe II écrivant à Zuñiga, décida la question. Le mercredi de Pâques, la messe fut dite, comme à l'ordinaire, dans la pièce voisine de la chambre du prince : Ruy Gomez, don Juan Borgia, don Gonzalés Chacon y assistaient. Au moment de la communion, le confesseur de l'infant, don Diègue de Chaves, qui officiait, voulut que don Carlos sortît de sa chambre pour venir recevoir l'hostie. Mais l'infant, avec une douceur et une soumission que jamais il n'avait montrées, s'y refusa par respect pour la volonté de son père, et communia à travers le treillis qui séparait sa chambre de la chapelle [2]. Toutefois, et en dépit de ce calme temporaire, nul homme sérieux à la cour n'espéra voir la fin de sa captivité ; on savait qu'en réalité si les consolations religieuses avaient eu momentanément de l'empire

[1]. Dépêches manuscr. de Forquevaulx, 8 mai 1568.
[2]. *Ibid.* — Le treillis séparant une chambre d'une autre transformée en chapelle n'avait rien d'insolite dans le palais de Philippe II. Le roi avait fait disposer de la sorte une chapelle dans son propre appartement, et très souvent il entendait la messe derrière la grille.

sur la raison de l'infant, sa raison n'en demeurait pas moins fondamentalement troublée. Forquevaulx, qui tenait ces renseignements d'un seigneur bien informé, dit-il, déclare très nettement « qu'il n'y a en luy aucun espoir qu'il soit jamais sage ni digne de succéder, car son entendement empire tous les jours, et par conséquent il n'y a lieu d'attendre sa liberté ». Il se raille de l'Empereur, qui paraît se flatter de voir don Carlos bientôt libre; quant à lui, persuadé « de la notoire incapacité et faute de sens dudict jeune prince [1] », il ne cesse de prédire, et cela dans diverses missives, sa translation dans une prison définitive, soit à Ségovie, soit à Médina, soit à la tour d'Essiles ou d'Arevalos [2].

L'infant espérait-il à cette époque la fin de sa captivité ? C'est assez vraisemblable, mais il dut être douloureusement déçu, car sa situation ne subit aucun changement. Le roi acheva même le licenciement de sa maison. Il resta soumis, comme par le passé, aux mesures que son père avait prises dès l'origine ; le roi s'occupait des affaires de l'État, allait et venait, comme d'habitude, de Madrid à l'Escurial [3],

1. Dépêches manuscr. de Forquevaulx, 8 mai 1568.
2. « Si le roy passe en France, je le voy confiné en la tour d'Arevalos. » Dépêches manuscr. de Forquevaulx, 26 mars. — « Le pauvre jeune homme devient plus insensé de jour en jour, tellement que la tour d'Essiles ou d'Arevalos ne luy peuvent faillir pour sa retraicte » Ibid., 6 avril. — Voy. aussi les dépêches du 19 janvier, du 9 mars, du 21 juillet.
3. Plusieurs historiens, entre autres Cabrera, affirment que le roi ne quitta pas Madrid pendant la détention de son fils : « No salió el rey de Madrid, ni aun à Aranjuez, ni à San Lorenço à ver su fábrica, tan atento al negocio del príncipe estaba. » Cabrera, *loco cit.* — C'est là une erreur suffisamment démontrée par une phrase de

sans paraître songer à lui « plus que s'il n'estoit jamais né [1] ». Évidemment sa résolution était inébranlable et l'on ne pouvait imaginer à la détention de l'infant d'autre terme que la mort.

Ici nous nous trouvons en présence de nouvelles difficultés. Fut-ce le désespoir et les extravagances de sa conduite qui amenèrent chez l'infant un redoublement de ces fièvres terribles qui l'avaient tourmenté toute sa vie et dont la suite naturelle, nous l'avons vu, avait toujours été le délire ? La maladie fut-elle causée par l'absence d'exercice et les ardeurs d'un été formidable ? Quant à moi, j'admets très aisément l'influence de ces diverses causes physiques et morales : elles ont toutes réagi les unes sur les autres. Le désespoir a augmenté la fièvre ; la fièvre a aggravé le délire ; la température a pesé fortement sur l'organisation débile du prince condamné à ne point quitter sa chambre, et l'échauffement du sang par suite d'une vie trop sédentaire a produit les plus grands désordres dans la santé physique et morale de l'infant. Nous avons, pour garants de l'état de don Carlos, pendant cette période, les dépêches des ambassadeurs, les récits des historiens espagnols, les lettres émanées de la chancellerie de Madrid et une pièce anonyme de Simancas. Ce dernier témoignage, il est vrai, n'est pas signé, les récits des ambassadeurs et des historiens peuvent à la rigueur avoir été rédigés d'après les insi-

Forquevaulx, qui, dans sa lettre du 21 juillet, dit que le roi était venu de l'Escurial à Madrid le 13.

1. Dépêches manuscr. de Forquevaulx, 26 mars 1568.

nuations du gouvernement ou les discours des courtisans, et quant aux lettres du secrétaire d'État, rien ne démontre la vérité de ce qu'elles avancent. Cependant l'unanimité de ces documents leur donne une certaine valeur, à moins qu'on ne suppose chez tous leurs auteurs bien de l'aveuglement et une complaisance absolue pour le mot d'ordre donné par le cabinet espagnol. Cette dernière disposition n'est pas ordinairement celle des diplomates bien avisés.

En outre, et même en présence de ces obscurités, une réflexion me frappe. Si Philippe II et le conseil d'État ont accumulé ainsi pendant deux mois des mensonges destinés à tromper toute l'Europe et à dissimuler éternellement la vérité à l'histoire, il ne peut y avoir sur la fin de don Carlos qu'une seule hypothèse : le roi l'a fait périr en prison. Un crime seul pourrait expliquer un si habile système pour prévenir tous les soupçons, et ce crime eût été longuement prémédité. Or, s'il est vrai qu'il n'y ait point de preuves absolument inattaquables qui s'opposent à cette hypothèse, il faut bien convenir d'autre part qu'il n'en est pas une seule acceptable qui la confirme. Il est loisible à n'importe quel ignorant de croire à un crime, mais il n'est possible à aucun savant de le démontrer. Pas un fait, même équivoque, pas un document, même douteux, ne viennent donner la moindre vraisemblance à une supposition toute gratuite et dont l'histoire n'aurait pas à se préoccuper si cette opinion n'avait pas conservé une certaine importance dans l'esprit de beaucoup de gens.

1. Depuis la 1re édition de ce livre, un écrivain Espagnol, Don

Tout crime est commis dans un but : or il faut nier — ce qui est impossible — tous les faits établis par d'incontestables documents et relatifs à la vie de don Carlos depuis sa naissance jusqu'à son arrestation, et se jeter alors à travers d'insoutenables hypothèses, ou bien il faut reconnaître que Philippe II n'avait aucun avantage à la mort de son fils. Dès lors il l'aurait fait périr sans cause : dans ces termes, pour qui connaît le roi d'Espagne, la question est décidée. Il est clair qu'une fois l'infant emprisonné et déclaré inhabile à succéder, il n'était plus un péril pour la monarchie : sa mort violente eût été un crime absolument inutile, par conséquent inexplicable. On peut admettre que Philippe II fût capable de tout, mais il ne versait jamais le sang pour le plaisir de le verser, et l'on ne peut pas sérieusement admettre qu'il eût fait périr son fils par pure cruauté. Les écrivains qui se sont faits les échos de ce bruit populaire énoncent cette opinion avec cette incroyable naïveté dans la calomnie qui caractérisait beaucoup d'historiens d'autrefois, et pas un seul ne songe à prouver ce qu'il avance. Rien ne peut étonner du reste de la part de ces auteurs si consciencieux : plusieurs n'ont-ils pas prétendu que Philippe II avait livré son fils à l'inquisition ? Il a fallu, pour réfuter ce mensonge absurde, que Llorente, qui avait eu, comme secrétaire de l'inquisition, toutes les archives du saint-office entre les mains, ait

---

Guell y Rente a publié une étude sur don Carlos, faiblement rédigée d'ailleurs, dans laquelle il soutient la thèse de la mort violente de l'infant. Il faut reconnaître qu'il a procédé par affirmations sans produire aucun témoignage ni aucune preuve.

solennellement affirmé qu'il ne s'y trouvait pas un seul acte relatif à don Carlos [1]. L'hypothèse d'un crime tombe d'elle-même au premier examen.

Cela posé, il ressort avec évidence, d'abord que la chancellerie de Madrid n'a pas cherché à tromper la cour et des ambassadeurs très attentifs et vigilants, puisqu'elle n'y avait aucun intérêt, enfin qu'on peut croire ce quelle affirme, puisqu'elle ne dit rien qui ne soit conforme aux relations envoyées par les diplomates à leurs cours respectives. Ces réflexions établissent, sinon absolument dans les détails, du moins pour le fond, la véracité des documents que nous avons sous les yeux, et nous permettent de nous avancer avec sécurité dans les ténèbres de cette histoire.

L'amélioration soudaine de la santé de don Carlos ne s'était pas soutenue; peu de temps après sa communion du mercredi de Pâques, les symptômes de délire, la fièvre [2], les crises de fureurs reparurent : « Il mène, écrit le nonce, une vie de désespéré [3]. » Une chaleur excessive le surexcitait et l'accablait tour à tour. Tantôt, — et ce détail est d'autant plus vraisemblable que don Carlos était depuis longtemps sujet à cet égarement — tantôt, dis-je, il se

---

1. « Aseguro que nada me ha quedado por hacer en los archivos del consejo de la inquisicion... y debo asegurar que no hubo semejante proceso de la inquisicion ni sentencia de inquisidores. » Llorente, *loco cit.*, VI, 165.

2. « Enfermó gravemente de tercianas dobles malignas. » Cabrera, *loco cit.* — « Resultaron tercianas dobles malignas. » Llorente, *loco cit.*

3. « Fece una vita di desperato. » Dépêches manuscr. du nonce, 21 juillet 1568.

livrait à de monstrueux excès de table, tantôt, au contraire, comme nous l'avons dit, il refusait systématiquement toute nourriture [1], ou bien, altéré outre mesure par la fièvre et la température ardente, il ne se nourrissait que de fruits, surtout de prunes [2], et buvait d'énormes quantités d'eau mêlée de neige [3], et cela jour et nuit et à jeun [4]. Ce régime, comme le fait observer un historien, eût été fatal à un homme plus robuste [5]. Mais don Carlos ressentait de telles ardeurs intérieures, souffrait tellement de la chaleur de l'air, et, dans son délire, se rendait si peu compte du danger, qu'il agissait en toutes choses avec une égale imprudence. Dans sa chambre abondamment arrosée, il se promenait les pieds nus [6],

---

1. « Per disordine di mangiar alcune volte in estremo, come è stato suo solito, et alcune volte non voler mangiare niente. » Dépêches manuscr. du nonce, *ibid*. — « Comia con exceso cuando su estómago carecia de calor necesario à la digestion... en el mes de junio, se negó à tomar alimento. » Llorente, *loco cit*. — « Comiendo con desórden y exceso. » *Relacion anónima de la enfermedad y fallecimiento del principe don Cárlos*. Arch. Sim. Est., leg. 906. — « S'est opiniastré de ne vouloir point manger. » Dépêches manuscr. de Forquevaulx, 21 juillet 1568.

2. « Il y a huit jours qu'il n'a mangé que quelques prunes. » Dépêches manuscr. de Forquevaulx, *ibid*. — « Comiendo frutas y otras cosas contrarias à su salud. » *Relacion anónima*, etc. Ms. déjà cité.

3. « Bevere agghiacialissimo senza mangiar cosa nessuna. » Dépêche manuscr. du nonce, 27 juillet. — « Permaneció por espacio de once dias con solo agua he'ada. » Llorente, *loco cit*. — « Bevia con exceso agua de una gran fuente de nieve. » Cabrera, *loco cit*. — « Bebiendo grandes golpes de agua muy fria con nieve » *Relacion anónima*, etc. Ms. déjà cité. — Ferreras, *loco cit*.

4. « En ayunas y de noche. » *Relacion anónima*, etc. Ms. déjà cité. — « Toujours buvoit l'eau avec neige. » Dépêches manuscr. de Forquevaulx, 26 juillet 1568.

5. « Que al mas robusto matara. » Cabrera, *loco cit*.

6. « Andando de continuo desnudo, casi sin ningun género de ropa

ou bien se tenait, à la fraîcheur de la nuit, sans vêtement, devant sa fenêtre ouverte [1]; enfin, il gardait continuellement dans son lit une bassinoire pleine de neige [2]. Ces excès lui devaient être funestes; la fièvre redoubla et se compliqua de vomissements et de dyssenterie, vers la fin de juin [3].

Ici une question se présente : pourquoi les gardes du prince n'ont-ils pas empêché ces désordres, et imposé au prisonnier une conduite régulière ? Il y a, je crois, sur ce point, diverses considérations à produire. D'abord, don Carlos n'était pas si étroitement surveillé, sa captivité n'était pas si dure qu'il ne pût manger à son choix des aliments posés sur sa table, et au gré de son appétit. Était-il possible de régler arbitrairement la quantité de nourriture qu'il

---

y descalzo en la pieza del aposento desde estaba muy regada. » *Relacion*, etc., Ms. déjà cité. — « Caminare coi piedi discalzi per la camera, facendola tuttavia stare adacquata. » Dépêches manuscr. du nonce, 27 juillet. — Voy. aussi les dépêches manuscr. de Forquevaulx, 26 juillet.

1. « Durmiendo algunas noches al sereno sin ropa ninguna. » *Relacion*, etc. Ms. déjà cité. — « Star quasi di continuo ad una finestra dove tirava vento. » Dépêches manuscr. du nonce, 27 juillet. — « Andaba desnudo y pasaba noches enteras en esta forma. » Llorente, *loco cit.*

2. « Hizo poner en su cama gran cantidad de hielo para templar los ardores de su cútis. » Llorente, *loco cit.* — « Farsi rafreddere ogni volte due o tre volte il letto da un scaldaletto pieno di neve, tenendolo le notti intiere nel letto. » Dépêches manuscr. du nonce, 27 juillet. — « Con nieve hacia enfriar la cama. » Cabrera, *loco cit.* — « Aun metiendo muchas veces en la cama la misma nieve. » *Relacion*, etc. Ms. déjà cité. — Ferreras, *loco cit.*

3. « Enfermó... de vómitos y disentería causada de la frialdad de la nieve. » Cabrera, *loco cit.* — « Resultaron tercianas dobles malignas con vómitos biliosos y disenteria peligrosa. » Llorente, *loco cit.* — « El estómago estaba tan estragado y debilitado que ninguna cosa podia retener. » *Relacion*, etc Ms. déjà cité.

devait consommer ? Le roi, dans son instruction à Ruy Gomez, que j'ai citée plus haut, avait insisté pour que cette nourriture fût saine et bien apprêtée, mais n'avait pu rien fixer au delà. Lorsque la maladie de l'infant eut fait voir l'effet de sa voracité, il n'y avait plus à s'y opposer, puisque don Carlos alors refusait toute nourriture solide. Il mangeait beaucoup de fruits durant cette seconde période, et assurément cette alimentation exclusive était fort dangereuse ; mais pouvait-on le forcer d'en accepter une autre ? Il allait et venait sans vêtements et se promenait nu-pieds sur les dalles arrosées ; mais, pendant l'été, on arrosait de la sorte tous les appartements du palais, et pour empêcher le prince d'y marcher et de demeurer presque nu, il aurait fallu user de violence. Devant cette extrémité, la prudence de ses gardiens a reculé. On a craint, en exaspérant don Carlos, de le pousser à quelque acte de frénésie plus redoutable encore, au suicide peut-être, ou d'augmenter au moins la fièvre dont il était dévoré [1]. Le secrétaire du roi, Zayas, dans une lettre aux ambassadeurs, prévoit bien cette objection, et c'est dans ce sens qu'il y répond : « On prétendra peut-être, dit-il, que nous pouvions empêcher ces désordres, qu'on devait agir autrement que par des discours et des supplications, lui refuser ce qui aurait pu lui nuire, et le contraindre à réprimer de tels excès. Mais ceux qui connaissent comme vous

---

[1]. « No se pudo en manera alguna remediar ni estorbárselo sin caer en otros mayores inconvenientes. » *Relacion*, etc. Ms. déjà cité.

l'état et le naturel de Son Altesse ne nous feront pas ce reproche : il est certain qu'en venir à ces mesures extrêmes, c'eût été amener des accidents qui eussent été plus périlleux encore pour sa vie, et, ce qui est plus grave, pour le salut de son âme [1]. » Cette prudence n'était pas exagérée : il est hors de doute que dans l'état d'esprit où se trouvait l'infant, les moyens rigoureux qu'on aurait dû prendre, et qui, cette fois, eussent été des entraves matérielles à la liberté de ses mouvements, l'auraient poussé, par le désespoir, aux plus funestes résolutions. Lorsqu'on accuse si légèrement le gouvernement espagnol, on ne se rend pas compte des difficultés qu'il rencontrait chaque jour, et qu'il était tenu de résoudre, d'après diverses considérations. Pour n'en citer qu'un exemple, si l'on avait enchaîné le prince dans son lit, il est certain que ses clameurs auraient retenti dans le palais, et que les malveillants auraient répandu avec complaisance les plus sinistres récits. Pour peu qu'on eût essayé déjà de réprimer ses désordres, il avait poussé des cris effrayants [2]. Ajou-

---

[1]. « Porque podria ser que á algunos paresciese que los desórdenes que se refiere que hizo se podian y debian remediar y hacerse otras diligencias demas de persuadirselo y suplicárselo no le dando aquello que le habia de dañar, ni permitiéndole hacer aquellos tales excesos, en esto V* S* y todos los que conoscieron la condicion y naturaleza de S. A. y le trataron, no harán escrúpulo, porque es cierto que si se llevara este término con él, diera en algunas otras cosas que fueran mas peligrosas á su vida, y lo que peor es á su alma. » Lettre de Zayas aux ambassadeurs d'Espagne à l'étranger. Arch. Sim. Est., leg. 906.

[2]. « Li quali desordini non se gli poterono vitare gli gridi e rumori che faceva di continuo quando se gli proibivano. » Dépêches manuscr. du nonce, 27 juillet.

tons enfin que la conscience du roi — les derniers mots de Zayas le démontrent — redoutait soit un suicide, soit un nouveau refus des sacrements amené par la colère et le désespoir. Dans cette situation si douloureuse et si délicate, on ne peut guère reprocher à Philippe II d'avoir choisi la douceur entre tous les moyens, et laissé à Dieu le soin du reste.

Le malheur voulut que même les choses indifférentes ou favorables à la santé de l'infant lui devinssent funestes. J'ai dit que tous les historiens ont considéré comme une des principales causes de sa dyssenterie l'eau neigée ou glacée qu'il buvait avec passion. Cette eau, dont il abusa, était cependant le remède indiqué alors pour les tempéraments tels que le sien. Un médecin de Séville, le docteur Macardes, fidèle aux traditions de la célèbre école médicale de cette cité, recommande les boissons mêlées de neige aux gens de complexion bilieuse, sujets aux fièvres et aux maladies inflammatoires [1]. Le médecin du roi de Portugal, Francisco Franco, parle de même dans un livre également imprimé à Séville vers cette époque [2], et quant à bassiner son lit avec de la neige, c'était une habitude reçue alors en Espagne [3], et que

---

1. « Los que pueden bever frio y enfriado con nieve son... los que tienen complexion colérica, caliente, inflamada... los que padecen fiebres arsivas y malas de gran calor y inflamacion. » Macardes, *Libro que trata de la nieve y de sus propiedades.* Sevilla, 1574. Cité par A. de Castro, *loco cit.*)

2. *Tractado de la nieve y del uso della*, por Francisco Franco, médico del rey de Portugal. Sevilla, 1569.

3. « Vicio de algunos señores de España. » Lorenzo Van den Hammen, *loco cit.*

le même praticien déclare être sans péril [1]. Ce fut donc dans le but de calmer l'inflammation intérieure et extérieure qui minait don Carlos, qu'au milieu des chaleurs de l'été on lui permit l'usage de la neige. Mais cet esprit immodéré dépassa les limites fixées, et tomba dès lors dans un état violent qui s'aggrava avec une déplorable rapidité.

Du 10 au 12 juillet, à la suite d'une indigestion provoquée par un excès de table, la situation de l'infant devint tout à fait désespérée. Le 13, Philippe II, averti des progrès de la maladie, revint de l'Escurial [2]. Le prince refusait obstinément de prendre rien autre chose que de l'eau froide [3] ; il était tombé dans un tel état de faiblesse qu'on s'attendait, d'un instant à l'autre, à le voir succomber. On dit qu'alors le docteur Olivarés lui donna une purgation qui demeura sans effet [4]. D'autres prétendent au contraire qu'il refusa tous les remèdes ; quoi qu'il en soit, les vomissements et le flux de ventre étaient continuels et l'on ne douta plus de sa fin prochaine. Le 21, le nonce écrivait à sa cour qu'il était à l'extrémité [5] ; l'ambassadeur de France ne lui donnait pas

---

1. « Ni tenia por inconveniente en tiempo de estío... que se dé una vuelta à la cama con un calentador en cual tenga un pedazo de nieve. » *Tractado de la nieve*, etc., déjà cité. (Cité par A. de Castro, *loco cit.*)

2. Dépêches manuscr. de Forquevaulx, 21 juillet.

3. « Ni pudo ser atraido ni aducido à que comiese ni tomase cosa de substancia mas que agua fria. » *Relacion*, etc. Ms. déjà cité.

4. « Purgado sin buen efecto. » Cabrera, *loco cit.*

5. « Si tiene il principe di Spagna così in estremo di sua vita. » Dépêches manuscr. du nonce, 21 juillet.

trois jours à vivre[1]; Olivarés avertit Ruy Gomez que le malade, à ses yeux, était condamné[2].

Dans la matinée de ce jour, le prince avait demandé son confesseur : les approches de la mort, l'imposante gravité de ceux qui veillent auprès du lit des mourants, et aussi l'extrême faiblesse physique avaient calmé le malheureux don Carlos, et son âme goûtait déjà cette sérénité suprême qui adoucit parfois l'amertume de la dernière heure[3]. Il reçut l'absolution avec pleine connaissance, et, dit-on, demanda à voir son père[4]. Je doute fort de ce dernier détail, qu'un seul historien nous a transmis : d'après ce récit, le roi aurait consulté le confesseur du prince, don Diego de Chaves, et celui-ci se serait opposé à cette visite suprême, de peur que la présence de Philippe ne causât au mourant une émotion trop vive et ne troublât le calme nécessaire à la dignité de la mort. Don Carlos, en effet, n'avait pas vu son père depuis la nuit du 22 janvier. Le roi aurait accepté cette décision avec une

1. « Le pauvre estat où le prince son fils est, lequel s'enva mourant, et ne sçauroit estre en vie d'icy à trois jours. » Dépêches manuscr. de Forquevaulx, 21 juillet.
2. *Causes célèbres et intéressantes, avec les jugements qui les ont décidées*, par M***, avocat au parlement, XII. Paris, 1743.
3. « All' hora cominció a discorrere gravemente e da uomo prudente e da sé stesso dimandó il confessore, confessandosi con molta divotione. » Dépêches manuscr. du nonce, 27 juillet. — « Haviendo recibido *todos los sacramentos* como fidelísimo cristiano. » Cabrera, *loco cit.* (Je souligne ces derniers mots comme une erreur : don Carlos ne reçut pas la communion.) — « Ayant faict une fin de bon chrestien catholique, que les Espaignols louent infiniment. » Dépêches manuscr. de Forquevaulx, 26 juillet 1568.
4. Ferreras, *loco cit.* — Selon Cabrera, ce furent les ministres qui demandèrent cette entrevue au roi : c'est évidemment une erreur.

dureté blâmée justement par les ambassadeurs qui racontent cet incident, et aurait chargé le prieur don Antonio et Ruy Gomez de porter de sa part à son fils sa dernière bénédiction [1]. Cependant le prince, sur son lit de mort, fit envoyer à son père l'expression de son repentir, lui fit demander sa bénédiction paternelle et recommander ses amis et ses serviteurs [2].

Il avait souhaité recevoir la communion, mais, quoi qu'en disent plusieurs historiens, ses vomissements continuels forcèrent le confesseur à la lui refuser. Il dut se borner à adorer l'hostie qui lui fut présentée [3]. Enfin cette lente agonie touchait à son terme; pendant la nuit qui précéda la vigile de Saint-Jacques (23 juillet), l'infant interrompit tout à coup les prières qu'on répétait autour de lui et demanda l'heure. On lui répondit qu'il n'était pas encore minuit. Il se tut, continua d'adorer le crucifix qu'il tenait à la main, et pendant quelques instants on n'entendit plus dans la chambre que la voix du prêtre qui lisait les paroles saintes. Le médecin s'était retiré; il n'y avait auprès du prince agonisant

---

1. « Consultado con su confessor, Fr. Diego de Chaves. » Cabrera, *loco cit*. Cabrera et Van den Hammen, son copiste, ajoutent : « le maître de S. A., Onorato Juan, évêque de Carthagène. » Nouvelle erreur. Onorato Juan était mort depuis deux ans. — « Estaba dispuesto bien para morir como tan católico y le podria inquietar la vista de su padre... y asi entre los ombros del prior don Antonio y de Ruy Gomez le echó su bendicion. » Cabrera, *ibid*. — Lettres de Cavalli et du nonce (24 et 27 juillet).

2. « Dimandó perdono al re dell' offese fatteli e la sua benedizione, facendogli recomandare con molta affetione e carità la sua famiglia. Il re non l'ha visitato. » Dépêches manuscr. du nonce, 27 juillet.

3. « Non potendosegli dare il santo sacramento per il continuo vomito, l'adoró con molta umilta, mostrando grandissima contritione. » *Ibid*.

que les gentilshommes de service et le P. Diego de Chaves. Don Carlos se souleva de nouveau quelques minutes plus tard et une seconde fois demanda l'heure. Le jour qui devait être le dernier de sa triste vie avait commencé : il était plus de minuit. L'infant, recevant cette réponse, murmura : « Il est temps. » Comme son aïeul Charles-Quint, qui, dix ans auparavant, à l'instant suprême, avait prononcé les mêmes paroles, don Carlos se sentait mourir [1]. Il ordonna qu'on lui mît un cierge dans la main, et s'adressant à son confesseur, d'une voix faible et émue par les angoisses dernières : « Aidez-moi, mon père, » dit-il; il ajouta, en se frappant la poitrine, quelques paroles qui devinrent de plus en plus confuses. On crut cependant entendre ces mots de la liturgie catholique : « *Deus, propitius esto mihi peccatori.* » Ils se confondirent avec son dernier souffle : quelques secondes après il expira. Il avait vingt-trois ans, six mois et seize jours [2] (24 juillet 1568).

Ce dénoûment était prévu : ce fut sans surprise

[1]. Lettre de Luis Quijada à Vasquez. Ms. cité par Prescott.
[2]. « Nel cual tempo dimandó che ora era, e gli fu risposto che era circa mezza notte, et egli tuttavia seguitava di adorare un crocifisso che aveva in mano... e di là a un pezzo dimandó di nuovo che ora era, e gli fu detto ch' era passata mezza notte, e egli disse: « Or' è il tempo, » e si fece dar in mano una candela benedita, e voltandosi al confessore... egli disse : « Padre, aiutatemi, » e con alcune parole che se non potevano ben intendere... parve però a quelli ch' egli erano sopra che dicesse : « *Deus, propitius esto mihi peccatori,* » battendosi il petto... spiró con molta tranquillità e costanza. » Dépêches manuscr. du nonce, 7 juillet — « Fué su muerte con tanto conocimiento de Dios y arrepentimiento que ha sido à todos de gran satisfaccion y consuelo para el dolor y làstima que consigo trae este caso. » *Relacion*, etc. Ms. déjà cité.

que la cour apprit la mort prématurée du fils de tant de rois. Les courtisans aussi bien que les ambassadeurs s'attendaient de jour en jour à recevoir cette nouvelle, sachant que l'état de santé de l'infant ne permettait pas d'espérer sa vie, et accoutumés par son arrestation au spectacle du brusque revirement des fortunes humaines. L'emprisonnement du prince avait déjà imposé aux âmes ces impressions austères, et ainsi se trouva diminué le retentissement de sa mort. L'événement du 18 janvier, rapide et terrible, était la vraie calamité : celui du 24 juillet était pour don Carlos une délivrance.

Le 25 juillet, le corps fut porté à l'église de Saint-Dominique, où il devait attendre sa translation à l'Escurial [1]. Don Carlos était revêtu, suivant le désir qu'il avait exprimé de son vivant, de l'habit des religieux franciscains, et sa tête était coiffée de la capuche des frères prêcheurs [2]. Le cercueil, fermé au départ, fut ouvert dans l'église. La figure était découverte, quoi qu'on en ait dit : « Je luy ay veu le visaige, raconte expressément Forquevaulx, lequel n'estoit aucunement défaict de la maladie, sinon qu'il estoit un peu jaune, mais j'entends qu'il n'avoit que les ossements par le surplus du corps [3]. » Jusqu'à la sortie du palais le cercueil fut porté sur les épaules

1. « Son corps fut, hier au soir, déposité en l'église de Saint-Dominique le Réal pour le porter quelque jour à l'Escurial. » Dépêches manuscr. de Forquevaulx, 26 juillet 1568.
2. « Essendogli stato portato sul letto l'habito di Santo Francisco e di più un capuccio di Santo Dominico, con li quali habiti egli haveva dimandato con molta instanza d'esser sepelito come fu. » Dépêches manuscr. du nonce, 27 juillet.
3. Dépêches manuscr. de Forquevaulx, 27 juillet.

du comte de Lerme, de don Juan Borgia et des autres seigneurs qui avaient été les gardiens du prince en prison. A la porte du palais, il fut reçu par les grands d'Espagne qui se trouvaient à la cour, notamment le prince d'Eboli, le connétable de Castille, le duc de l'Infantado, le prieur Antonio de Tolède, le duc de Rio Seco, etc., et porté par eux jusqu'à l'église [1]. Les princes de Bohême, les ministres, le nonce, les ambassadeurs, tous en grand deuil, « avec le chaperon à l'espaignolle [2], » les évêques de Cuenca et de Pampelune, et une innombrable multitude, lui faisaient cortège [3]. Le roi, qui, conformément à l'étiquette, ne pouvait se rendre à l'église, assista de sa fenêtre au départ de cette lugubre procession [4]. Quatre jours après il se retirait, selon la coutume de la famille royale dans les grandes épreuves, au monastère de Saint-Jérôme [5]. Il n'en revint qu'après les ob-

1. « Llevarónle en ombros el conde de Lerma, don Juan de Borgia y los compañeros que le guardaban, aunque da palacio le sacaron los grandes... fué en el acompañamiento la grandeza de la corte, » Cabrera, *loco cit.* — « Essendo portato sempre dagli grandi di Spagna, duchi, marchesi, conti e altri che si trovano alla corte. » Dépêches manuscr. du nonce, 27 juillet 1568.

2. « Les ambassadeurs ont été appelés à l'enterrement, et moy comme les aultres, avec le grand deuil et chaperon à l'espaignolle. » Dépêches manuscr. de Forquevaulx, 26 juillet.

3. « Les princes de Bohesme alloient après le corps. » Dépêches man. de Forquevaulx, 26 juillet. — « Fu accompagnato dai principi di Boemia andando il maggiore in mezzo de l'altro fratello e del cardinal presidente, e dopo loro seguitando il nunzio. » Dépêches manuscr. du nonce, 27 juillet. — « Fué en el acompañamiento el nuncio, los obispos de Cuença y Pamplona y el último el cardenal Espinosa en medio de los príncipes de Boemia, primos del difunto. » Cabrera, *loco cit.*

4. « Con la entereza de ánimo que mantuvo siempre compuesto, desde una ventana. » Cabrera, *loco cit.*

5. Il y resta jusqu'au 13 août. Le 14 eut lieu un service funèbre

sèques solennelles qui eurent lieu avec le plus grand apparat, mais sans oraison funèbre, le 11 août, dans l'église de Saint-Dominique.

Don Carlos laissait un testament, dicté par lui en 1564 à son secrétaire Gaztelu, et, avant de mourir, il avait exprimé au P. Diego de Chaves, son confesseur, le désir de léguer quelques objets de prix à diverses personnes, comme souvenir. Dès 1564 il avait nommé pour exécuteurs testamentaires don Fernand Valdés, archevêque de Séville, grand inquisiteur [1]; Onorato Juan, évêque d'Osma, son maître [2]; don Cristobal de Rojas, évêque de Cordoue [3]; don P. de Léon, évêque de Placencia [4]; don P. Gasca, évêque de Cigüença [5]; Ruy Gomez de Silva, prince d'Eboli, son majordome [6]; don J. de Figueroa, président des ordres; don Luis Quijada, son premier écuyer; Hernan Suarez, son alcade de cour; le secrétaire Eraso, et autres personnages moins connus [7].

Dans son testament, après avoir solennellement protesté de son inviolable attachement à la foi catho-

---

solennel où prêcha Fr. Juan de Tobar, prieur du couvent des religieux dominicains d'Atocha. (Voy. Llorente, *loco cit.*) — Le corps du Prince fut transféré à l'Escurial en juin 1573.

1. Il ne mourut qu'après don Carlos, en décembre 1568.
2. Il vivait encore à l'époque du testament (1564).
3. Parent du premier des majordomes de l'infant, don Antonio de Rojas.
4. C'était lui qui avait assisté Valdés dans l'auto-da-fé de 1559, à Valladolid, raconté plus haut.
5. Il y a sans doute erreur; l'évêque de Cigüença était le cardinal Espinosa.
6. Le testament était fait avant leur rupture, qui n'eut lieu, comme nous l'avons vu plus haut, qu'en 1567. En 1564, Ruy Gomez jouissait au contraire de toute la confiance de l'infant.
7. Arch. Sim. Test. y codicilos reales, leg. 2.

lique, il réglait divers détails de ses funérailles, entre autres son ensevelissement sous le froc des frères mineurs, et ce vœu fut réalisé. Il ne voulait que vingt-quatre flambeaux et quarante-huit cierges autour de son cercueil, et fixait à dix mille le nombre des messes qui devaient être dites pour le salut de son âme. Il insistait pour la prompte canonisation du bienheureux Diègue. Mille ducats ont dû être employés à racheter des captifs, si le roi fit exécuter fidèlement toutes les dernières volontés de son fils. J'ignore s'il y fut très exact, car Philippe II était parcimonieux, et le prince déclare, n'ayant pas de fortune personnelle, s'en remettre à son père pour l'acquittement de ces divers legs. J'hésite à croire également que le vœu exprimé au vingtième paragraphe pût être exaucé : don Carlos y ordonne la fondation d'un monastère de franciscains, et, descendant aux plus minces détails, fixe ainsi qu'il suit la nourriture du couvent : Chaque frère doit recevoir par jour deux livres de pain, une livre de mouton pour dîner, la moitié d'un poulet pour le souper [1], etc. Il n'est pas vraisemblable que Philippe se soit scrupuleusement conformé à ce caprice bizarre.

---

1. « Que se entierre con el hábito de San Francisco... que solo se pongan para todo veinte y cuatro hachas y cuarenta y ocho velas en los dias de su entierro... que se le digan diez mil misas... que se destinen mil ducados para rescate de cautivos... que se funde un colegio de frailes franciscanos... señalando á cada fraile para su alimento dos libras de pan diarias, una libra de carnero para comer y medi gallina para cenar. » Quant au bienheureux Diègue, le prince ajoute, après avoir parlé de sa canonisation : « Porque estando en la dicha enfermedad desahuciado de los médicos y dejado del rey mi padre, fué traido el cuerpo del dicho padre llamado Fr. Diego. » Arch. Sim. Test. y codicilos reales, leg. **2**.

J'ai sous les yeux un document qui laisse dans le doute, au moins sur son zèle à l'endroit de l'exécution du testament. Don Carlos avait légué au monastère de Notre-Dame d'Atocha un crucifix d'or émaillé, œuvre de Pompeo Léoni [1] : ce ne fut que neuf ans après sa mort, par une cédule du 2 avril 1577, que le couvent fut mis en possession de ce bel ouvrage [2].

Quant au codicille recueilli au lit de mort du prince par le P. Diego de Chaves, les objets qui s'y trouvent cités furent remis à chacun des légataires; mais à quelle époque, on ne peut le déterminer. Les héritiers de Diego de Olarte, maître des joyaux de l'infant, n'en obtinrent décharge que sur une pétition signée d'eux et présentée au roi seize ans après la mort de don Carlos, en 1584. Ce document démontre, du reste, qu'avant d'expirer le prince avait pardonné à ses ennemis ; on y trouve des legs offerts à deux des membres du conseil d'État qui avaient été présents à son arrestation. Ruy Gomez de Silva dut recevoir un bénitier et deux coupes de cristal de

---

1. La description de ce crucifix est rapportée dans le remarquable livre que M. Eug. Plon vient de consacrer à Pompeo et Leone Leoni, œuvre d'un historien et d'un artiste qui met en pleine lumière le caractère et les travaux de deux illustres sculpteurs de la Renaissance.

2. Voici un fragment de cette cédule : « El rey, Diego de Olarte, contino de mi casa, à cuyo cargo está la almoneda y recámara del Sº príncipe don Cárlos, mi muy caro y amado hijo que santa gloria haya, yo vos mando que el crucifijo de oro (suit une longue description) que Pompeo Leon mi escultor hizo para el Dº príncipe, lo deis y entreguevis luego al prior y convento del monasterio de Nª Sª de Atocha… el cual le mandó dar de limosna el Dº nuestro, » etc. Arch. Sim. Contad. gener., 1ª época, leg. 1051, fol. 78.

roche ; le prieur don Antonio de Tolède, un vase de cristal, et don Juan d'Autriche, dont les révélations avaient amené l'emprisonnement du prince, obtint, entre autres objets, deux flacons gravés et dorés. Parmi les seigneurs auxquels le roi avait confié la garde de l'infant, don Gonzales Chacon, don F. Manrique, le comte de Lerme et don Rodrigo de Mendoza reçurent différents souvenirs ; l'alcade de cour, Hernan Suarez, qui avait toujours témoigné à l'infant l'affection la plus fidèle, le docteur Olivarés, qui l'avait soigné durant ses diverses maladies, ne furent point oubliés, et le P. Diego de Chaves, qui l'avait veillé jusqu'à sa dernière heure, fut légataire d'une croix d'or contenant du bois de la vraie croix [1]. Philippe voulut donner lui-même une marque de satisfaction et d'estime toute spéciale à l'un des seigneurs que son fils avait le plus aimé : il nomma le comte de Lerme

---

1. « Los herederos de don Diego de Olarte presentan para su descargo una certificacion de Fr. D. de Chaves, confesor de V. M. que lo fué de S. A... en que dice que pocos dias antes de su fallecimiento ordenó que el D° Diego de Olarte diese la joyas y pieças en ella contenidas á las personas que en ella declara (suit le certificat du P. de Chaves)... Digo yo, etc., que S. A., pocos dias antes de su muerte, mandó que vos, Diego de Olarte, etc... diésedes las cosas siguientes á las personas que en esta cédula van nombradas... al principe Ruy Gomez de Silva una calderilla de cristal de roca fino... una copa de cristal de roca fino y otra copa agallenada... al prior don Antonio de Toledo una copa de cristal.... à Luis Quijada un vaso de cristal... à don Rodrigo de Mendoza una calderilla de cristal, etc... al D' Suarez una calderilla de cristal... al D' Olivarés una copa de cristal... al conde de Lerma una pintura, etc... à don Juan de Austria dos frascos grandes, cincelados y dorados... à Gonzalo Chacon, à don Fr. Menrique un espejo de cristal... y á mí me hizo S. A. merced de una cadenilla de oro y colgada de ella una cruz en oro en la cual hay lignum crucis. » Arch. Sim. Contad. gener., 1ª época, leg. 1051.

gentilhomme de sa chambre et commandeur de Calatrava [1].

Avant de se retirer au monastère de Saint-Jérôme pour y passer les premiers temps de son deuil, le roi demeura, je l'ai dit, quatre jours à Madrid pour la rédaction des lettres officielles qu'il était convenable d'envoyer en ces douloureuses circonstances. Ce fut le secrétaire Zayas qui fut chargé d'écrire aux ambassadeurs à l'étranger; la plus grande partie de la dépêche a déjà été citée, je n'y reviendrai pas. Les villes d'Espagne reçurent la circulaire suivante : « Sachez que le samedi 24 juillet, Notre-Seigneur nous a enlevé le sérénissime prince don Carlos, notre fils très-cher et très-aimé, qui avait reçu trois jours auparavant les saints sacrements avec grande dévotion [2]. Sa fin fut si chrétienne et si digne d'un prince aussi véritablement catholique, que j'ai reçu une grande consolation au milieu de la douleur que sa mort m'a causée. Nous devons croire avec toute raison que Dieu nous l'a enlevé pour jouir de lui éternellement. J'ai voulu vous en avertir, comme il est juste, et vous charger de faire faire dans cette ville les obsèques, honneurs et démonstrations accoutumés [3]. » La

---

1. Cabrera, *loco cit*.
2. Le prince, on l'a vu, n'avait reçu que la confession et sans doute l'extrême-onction. On conçoit que le roi n'avait pas, vis-à-vis des villes, à entrer dans les détails relatifs à la communion.
3. « Sabed que el sábado en la noche que se contaron 24 de julio, fué N° S^r servido de llevar para sí el Seren° príncipe don Cárlos, mi muy caro y muy amado hijo, aviendo recibido tres dias antes los santos sacramentos con gran devocion. Su fin fué tan cristiano y de tan católico príncipe que me ha sido muy gran consuelo por el dolor y sentimiento que de su muerte tengo, pues se debe con razon esperar de su misericordia le ha llevado para gozar de él

lettre expédiée au marquis de Villafranca est absolument identique [1], celles qui furent écrites à don Garcie de Tolède [2] et au duc d'Albe [3] n'offrent que des modifications insignifiantes.

A son retour de Saint-Jérôme, le roi reçut les compliments de condoléance de la cour et des ambassadeurs. Il conserva cette dignité triste, cet air de résignation chrétienne qui convenaient bien à son rang, aux circonstances, et je crois aussi à sa pensée. Si froide qu'ait été sa nature, il est impossible qu'il n'ait été vivement ému en présence de ces terribles événements. Il se courbait devant cette calamité, « résolu de longtemps d'accepter le bien et le mal qu'il plaisoit à Dieu de luy envoyer [4], » et considérant selon ses propres paroles « qu'il voulait croire que cet événement était pour le plus grand bien de son royaume et pour la tranquillité de son esprit »; mais un pareil deuil était de ceux qui contiennent trop d'enseignements pour ne pas frapper avec violence l'imagination d'un roi et le cœur d'un père. Sans

perpetuamente, de que he querido advertiros, como es justo, y encargaros que hagais hacer en essa ciudad las honras, obsequias y demostraciones y sentimiento que en semejantes casos se acostumbran. » Madrid, 27 de julio 1568. *Anales de Sevilla*, de Zuñiga, 1677, in-fol.

1. Elle se trouve dans les archives des marquis de Villafranca.
2. Il ne s'agit pas ici du gouverneur de don Carlos, qui était mort depuis plusieurs années. Ce don Garcie de Tolède est celui qui fut plus tard général de la mer et vice-roi de Naples. Il était alors membre du conseil d'État. La lettre dont il est question ici est aux archives de Villafranca.
3. Cette lettre, dont je n'ai pas eu l'original entre les mains, se trouve, traduite en vieux français, à la Bibliothèque impériale. Mss. français. Saint-Germain, 846, in-fol., p. 48.
4. Dépêches manuscr. de Forquevaulx, **27** août **1568**.

doute Philippe n'a pu regretter la mort de son fils comme si don Carlos eût été l'un de ces princes distingués qui sont l'espoir des peuples et la joie des maisons souveraines ; mais il est impossible que cet homme dévoré d'ambition et d'orgueil n'ait pas été troublé dans le plus intime de l'âme par cette catastrophe où s'était manifestée la puissance et peut-être la colère de celui qui est plus grand que les rois.

Destinée sombre entre toutes ! Insensé, malade, prisonnier, mourant à la fleur de l'âge, le malheureux prince avait épuisé en peu d'années les plus grands maux qui puissent être infligés à l'homme. Il a semblé que le sort, par une cruelle ironie, ne lui eût accordé tous les biens et toutes les splendeurs de ce monde que pour en faire mieux ressortir par cet exemple la redoutable fragilité. Les grandeurs et la gloire, dès le berceau, lui avaient été prédites, et voici que sa raison s'égare, que son corps est débile, qu'il devient pour ceux-ci un sujet d'effroi, pour ceux-là un sujet de honte, et que les plus hautes dignités humaines, tout ce merveilleux entourage de puissance et d'orgueil qui eussent été pour tant d'autres un piédestal, ont servi seulement à faire de lui une de ces figures historiques devant lesquelles la postérité pensive hésite entre le dédain et la pitié. Rarement s'est développée aux yeux de l'histoire une plus bizarre antithèse entre les apparences et la réalité : cette vie qui paraissait devoir être si brillante, terminée brusquement par un désastre, cette grandeur éblouissante enfouie soudain dans les ténèbres, ce descendant des vieux empereurs d'Allemagne, et des antiques souverains espagnols et portugais, cet héritier présomptif du premier trône de l'univers, disparaissant tout à coup de la scène du monde et enseveli dans une prison mystérieuse !

Ce spectacle a toujours préoccupé les historiens et les poètes : les premiers, incomplets ou égarés dans leurs études, mais attendris et troublés ; les seconds, cherchant à faire ressortir le caractère d'une telle infortune par les ressources de leur imagination et les caprices brillants de leur fantaisie aventureuse [1]. Disons-le cependant avec tout le respect qui est dû à la mémoire d'un grand écrivain allemand, quel que soit le génie d'un poète, s'il a le droit d'orner à son gré certains types et de poétiser certaines aventures, il doit s'arrêter quand sa conception même est contraire à la vérité, quand elle est un acte d'accusation dressé sans preuves contre un personnage historique. L'ignorance des faits, j'en conviens, peut servir d'excuse, et, si la bonne foi est sauve, le caractère de l'écrivain garde sa dignité. C'est là ce qui atténue l'erreur de Schiller. Un poète espagnol, contemporain de Philippe II, fray Luis de Léon, mal informé ou se complaisant en d'étranges hyperboles, écrivit à l'époque de la

---

[1]. On aimait tellement discourir sur cet événement qu'on imagina de disposer de la sorte les caractères d'un vers d'Ovide :

fILIVs ante DIeM patrIos InqVIrIt In annos.

Les lettres qui forment chiffres romains, réunies, composent la date 1568, qui est celle de la mort du prince, et le sens du vers indique les suppositions auxquelles se livrait la curiosité publique. Ce rapprochement assez bizarre est rapporté par Strada, *loco cit.*

mort du prince une épitaphe pour sa tombe [1] et une élégie où il se livre aux plus pompeux éloges. Je cite en entier cette pièce de vers, qui serait complètement belle, si la pointe, chère aux lettres du temps, n'en défigurait la dernière strophe. La réalité n'a rien à souffrir de ces expressions flatteuses, et le sens général de la pièce ne présente du reste aucun détail historique : c'est une série de belles oppositions exprimées dans le plus noble style. L'épitaphe, extrêmement obscure, est ainsi conçue : « Ci-gisent les dépouilles de Carlos ; la partie la plus noble est retournée au ciel ; la valeur est disparue avec elle, et sur la terre sont restées seules, la crainte dans le cœur, des larmes dans les yeux. » Ces paroles sont suivies d'une *cancion* ou élégie :

« A la vue du somptueux catafalque élevé jusqu'au ciel, entouré de deuil, resplendissant de mille lumières, si l'on s'arrête à considérer quel est le mort, il sera dès aujourd'hui bien certain que rien en ce monde ne saurait suffire à conjurer le courroux de la mort impitoyable.

« Ni l'âge, ni la grâce, ni l'antique et généreux sang des rois, ni la beauté de la plus glorieuse couronne, ni le cœur énergique, ni les éclatantes marques de vertus rares et hautes, ni un père si grand, ni un si grand aïeul dont la renommée remplit le ciel et la terre !

1. « Aquí yacen de Cárlos los despojos,
La parte principal volvióse al cielo ;
Con ella fué el valor, quedóle al suelo
Miedo en el corazon, llanto en los ojos. »
(*Obras de Fr. Luis de Leon*. Valence, 1785.)

« Qui peut être rassuré désormais, puisque le seul phénix que possédait le monde, un autre Charles-Quint, nous est ravi par le destin impitoyable! Hélas! nous avons vu les traits décolorés de ton blanc visage, si cher à ton Espagne, semblable à la rose délicate et tendre prématurément cueillie [1].

« Illustre et noble jeune homme, à qui le ciel donna une vie si courte qu'elle passa presque inaperçue, tu as été pour nous une bien rapide joie, et maintenant tu es pour longtemps un sujet de larmes pour ton Espagne, les Flandres, l'Allemagne, l'Italie et tout ce riche nouveau monde auprès duquel tout empire est petit et borné.

1.
>Quien viere el sumptuoso
>Túmulo al alto cielo levantado
>De luto rodeado,
>De lumbres mil copioso,
>Si se para à mirar quien es el muerto,
>Será desde hoy bien cierto,
>Que no podrá en el mundo bastar nada
>Para estorvar la fiera muerte agrada.

>Ni edad ni gentileza,
>Ni sangre real antigua y generosa,
>Ni de la mas gloriosa
>Corona la belleza
>Ni fuerte corazon, ni muestras claras
>De altas virtudes raras,
>Ni tan gran padre, ni tan grande abuelo
>Que llenan con su fama tierra y cielo.

>¿ Quién ha de estar seguro,
>Pues la Fenix que sola tuvo el mundo,
>Y otro Cárlos segundo
>Nos lleva el hado duro?
>Y vimos sin color tu blanca cara
>A su España tan cara
>Como la tierna rosa delicada,
>Que fué sin tiempo y sin razon cortada.

« Ne crains pas du moins que la mort tire vanité de tes dépouilles : loin de là, ton valeureux esprit l'avait effrayée, elle redoutait les illustres exploits qui auraient signalé ton nom et les triomphes qui t'attendaient : elle vit qu'à ne te point perdre elle se perdait elle-même, et ce fut la peur qui lui donna de l'audace[1]. »

Il n'y a pas à discuter une pièce de vers dont le style est tout le mérite : bornons-nous à faire observer qu'on trouve dans celle-ci, remplie du reste des expressions les plus flatteuses pour la vanité de Philippe II, l'origine de ce travestissement du type historique de don Carlos, et par suite des inventions chères à tant de beaux esprits et à un grand poète des siècles suivants.

La maison de Philippe II devait être frappée encore, avant la fin de cette même année 1568,

[1] Ilustre y alto mozo,
A quién el cielo dió tan corta vida,
Que apénas fué sentida ;
Fuiste breve gozo,
Y ahora luengo llanto de tu España,
De Flandes y Alemaña,
Italia, y de aquel mundo nuevo y rico,
Con quien qualquier imperio es corto y chico.

No temas que la muerte
Vaya de tus despojos victoriosa,
Antes irá medrosa
De tu espíritu fuerte :
Las ínclitas hazañas que hicieras,
Los triunfos que tuvieras,
Y vió que à no perderte se perdía,
Y así el mismo temor le dió osadía.

(*Obras poeticas de Fr.. Luis de Leon.* Valence, 1785, in-12.)

commencée sous de si sombres auspices, par une autre calamité. La reine Isabelle de Valois, mourut en couches, le 3 octobre. L'ambassadeur de France nous a conservé, dans une lettre empreinte d'une émotion profonde, le souvenir de ses derniers instants : « Le roy son mary, dit-il, l'avoit visitée ce ce matin devant jour, auquel ladicte dame, parlant en très-sage et très-chrétienne princesse, et prenant congé de luy pour jamais en ceste vie, en langage que reyne ne parla avec de meilleur sens ni plus sainement, luy recorda mesdames ses filles [1], l'amitié de Vos Majestés [2], la paix de vos royaumes et ses dames, avec aultres paroles dignes d'admiration et pour faire fondre le cœur d'un bon mary comme estoit ledict seigneur roy, lequel respondict de mesme constance, ne pouvant croire qu'elle fust si près de sa fin, et luy accorda et promit toutes ses requestes et demandes. Puis s'est retiré dans sa chambre fort angoisseux et triste. » Forquevaulx, ayant appris ces lugubres nouvelles, courut au palais. Philippe venait de quitter la reine : celle-ci accueillit avec de douces et mélancoliques paroles le fidèle serviteur de sa famille, le vieux soldat de son père et de son aïeul : « La reyne me reconnut et me dict : Monsieur de Forquevaulx, vous me voyez en chemin de desloger bientost de ce misérable monde pour aller à un aultre royaume plus agréable, où j'espère d'estre auprès de mon Dieu en gloire qui n'aura

---

1. Isabelle avait deux filles, l'infante Isabelle-Claire-Eugénie, née en août 1566, et l'infante Catherine, née en 1568.
2. Forquevaulx écrit au roi.

jamais fin... Je vous prie dire à la reyne ma mère et au roy mon frère que je les supplie prendre patiemment ma fin. Je prierai pour eux et pour mes frères et pour qu'il les garde et maintienne très-longuement en sa très-saincte protection. » Forquevaulx, vivement touché, essaya de rassurer la mourante, lui dit qu'elle s'exagérait le danger, qu'elle vivrait sans doute, et voulut commencer ces discours consolateurs dont la piété est prodigue au chevet de ceux dont elle veille les angoisses suprêmes. Mais Isabelle acceptait d'un cœur ferme la mort qu'elle sentait venir. Elle interrompit ce vieillard qui assistait en contenant des larmes à sa fin prématurée : « Non, non, monsieur l'ambassadeur, lui dit-elle d'une voix affaiblie ; j'ayme trop mieux aller voir ce que j'espère et croy de voir bientost. » Et moins d'une heure après elle mourut si doucement « que l'on n'a sceu, ajoute Forquevaulx, du moment qu'elle a rendu son esprit, excepté qu'elle a ouvert ses deux yeux clairs et luisants et me sembloient qu'ils me commandoient encore quelque chose, car ils estoient tournés droict à moy. Nous nous sommes retirés bientost, laissant tout le palais en pleurs [1]. »

Ainsi mourut à vingt-quatre ans cette princesse modeste et charmante qui avait donné sur le trône l'exemple de toutes les grâces et de toutes les vertus. Sa douce image ne devait jamais quitter la mémoire de ceux qui l'avaient connue, et longtemps après

---

1. Dépêches manuscr. de Forquevaulx, 3 octobre 1568. — J'emprunte ce dernier paragraphe à mon livre intitulé : *Grands seigneurs et grandes dames du temps passé*, p. 59 et 60.

l'ambassadeur de France en parlait encore à sa souveraine avec une émotion sincère. Quand il vit arriver à la cour la princesse Anne de Bohême, si longtemps fiancée à don Carlos et que Philippe II épousa deux années plus tard, le vieux serviteur des Valois ne put comparer sans amertume la fille de Maximilien à cette belle et aimable fille de France qui souriait d'un si radieux sourire et dont la majesté imposante était si heureusement tempérée par l'affabilité de son accueil. Les poètes du temps pleurèrent cette mort prématurée par de plaintives élégies: « O Parque inexorable! » s'écrie l'un d'eux avec l'accent d'une douleur vraie, puisque ses vers ne furent jamais publiés, « tu frappes le faible et le fort, l'ignorant et le sage, et le roi superbe et le pauvre obscur, et ta main les égale en cette heure suprême... Charmante Isabelle, reine d'Espagne, la plus parfaite créature qui se soit jamais rencontrée dans ces régions qu'éclaire le soleil et qu'arrose la mer, avant que la mort vînt te frapper, ta tendre jeunesse semblait t'assurer les longues années d'une vie heureuse, et nous avions tous admiré ta beauté pareille à celle du lis et de la rose[1]! » Ces vers

---

1.   O rigurosa Parca inexorabile
     Que al flaco, al fuerte, al sabio, al ignorante,
     Al alto rey y al pobre miserable
     Los iguala tu mano en el instante!

     . . . .

     Clarísima Isabel, reyna de España,
     Tan perfecta ó la mas que se hallara
     En quanto el sol rodea y el mar vaña.

     . . . .

expriment bien les sentiments du peuple et de la cour qui l'ont pleurée. Ainsi deux fois dans la même année, de royales infortunes avaient rappelé à l'Espagne, avec toutes ses menaces et ses tristesses, cette antithèse de la jeunesse, de la grandeur et de la mort.

Philippe II fut bientôt distrait de sa peine par les affaires de l'État, de jour en jour plus difficiles. L'arrivée à la cour de l'archiduc Charles, envoyé par Maximilien pour porter les compliments de condoléance de l'Empereur au père et à l'époux si cruellement éprouvés, vint cependant lui rappeler ce double deuil dans le dernier mois de cette année sombre [1].

> Tu tierna juventud asegurara
> Largos años de vida venturosa
> Antes que el lamentable fin llegara.
> . . . .
> Al que viera en tu faz pura hermosa
> Qual vimos todos miéntras guiso el cielo
> El blanco lirio y la purpurea rosa.
> <div style="text-align:right">(<i>Poesias de Pedro Lainez.</i> Ms. B. I., 8169.)</div>

[1]. « L'archiduc arriva à Madrid le 10 septembre dans l'après-midi, et fut reçu par le roi avec tous les honneurs dus à sa personne et à son rang. Il fut logé au palais. Le jour suivant il rendit visite au roi, lui remit les lettres de l'Empereur et de l'Impératrice, et lui exprima en leur nom et au sien la part qu'ils avaient prise à la perte du prince son fils et de la reine son épouse. Le roi le remercia avec de grandes marques d'estime pour sa personne et de satisfaction pour sa venue. » *Précis de la correspondance de Philippe II*, par Gachard, 1, 622. — L'Empereur avait annoncé au roi la visite de l'archiduc par une lettre du 27 juillet 1568. La mort de l'infant et de la reine n'était pas d'abord l'objet de ce voyage, puisque la mort de don Carlos (24 juillet) était alors inconnue à Vienne, et que la mort de la reine n'arriva que le 3 octobre. Il s'agissait seulement de la prison de l'infant et des affaires des Pays-Bas : « Prometo a V. A. que me pusiere luego en el camino para verle y hablar largo en todo

Il le reçut avec de grands témoignages d'affection et d'estime, mais ce fut en vain que l'archiduc lui conseilla, de la part de l'Empereur son frère, une politique plus douce dans les Flandres. La vue de cette double mort n'avait pas amolli son âme : grave, triste, préoccupé par les difficultés présentes, qui surpassaient ses efforts, épuisaient ses ressources et trompaient ses prévisions, il ne songeait qu'à dominer l'insurrection des Pays-Bas par la terreur. Les soucis du gouvernement habitèrent seuls avec lui son palais silencieux, et ce fut sur les provinces désolées et torturées par le duc d'Albe que se reporta, avec une résolution inébranlable, sa pensée passagèrement émue par le spectacle des deux tombes si prématurément ouvertes pour la petite-fille de François Ier et le petit-fils de Charles-Quint.

esto, si me dieren lugar las ocupaciones que tengo : por esto he determinado enviar en mi nombre mi hermano Cárlos, que es mi carne y sangre... y pues el partir á en muy poces dias. » Lettre de l'Empereur à Philippe II. Vienne, 27 juillet 1568. Arch. Sim. Est., leg. 658.

FIN

PIÈCES ET DOCUMENTS

I

Je donne ici le texte du dialogue supposé entre l'infant et Hernan Suarez.

PRÍNCIPE

¿Qué rey de mis antepasados hizo á vuestro linaje hidalgo?

DOCTOR

Ninguno, porque sepa Vuestra Alteza que ay dos géneros de hijos dalgos en España : unos son de sangre, otros de privilegio. Los que son de sangre como yo no recibieron su nobleza de mano del rey, y los de privilegio, sí.

PRÍNCIPE

Eso es para mí muy dificultoso de entender, y holgaria que me lo pusiessedes en términos claros; porque mi sangre real, contando dende mí, y luego á mi padre, y tras él á mi abuelo; y assí los demás por su órden, se viene á acabar en Pelayo, á quien, por muerte del rey don Rodrigo, lo eligieron por rey, no lo siendo. Si assí contassemos vuestro linaje, ¿no verniamos á parar en uno que no fuese hidalgo?

DOCTOR

Ese discurso no se puede negar, porque todas las cosas tuvieron principio.

PRÍNCIPE

Pues pregunto yo aora : ¿De dónde huvo la hidalguía aquel primero que dió principio á vuestra nobleza? Él no pudo libertarse á si, ni eximirse de los pechos que hasta allí avian pagado al rey sus antepasados, porque esto era hurto y alzarse por fuerza con el patrimonio real. Y no es razon que los hidalgos de sangre tengan tan ruin principio como este. Luego claro está que el rey libertó y le hizo merced de aquella hidalguía, ó dádme vos de donde la huvo.

DOCTOR

Muy bien concluye Vuestra Alteza... pero llamamos hidalgos de sangre aquellos que no ay memoria de su principio... (*Exámen de los ingenios para las ciencias, año de* 1575. — Baeça.)

II

Pour donner une idée de la manière dont les historiens des derniers siècles ont traité le sujet qui nous occupe, je copie le récit d'un écrivain anglais, Watson (traduction de Mirabeau), tome II, p. 42 et suiv. :

Don Carlos avait été dès son bas âge renommé par l'impétuosité et la violence de son caractère, et, quoiqu'il n'eût jamais donné lieu de juger favorablement de son intelligence et de ses talents, il avait montré l'ambition la plus excessive et le désir le plus ardent d'être admis par son père dans l'administration d'une partie de ses États. Philippe, soit par jalousie, soit par la conviction de l'incapacité de son fils, avait refusé de satisfaire cette ambition, et s'était conduit envers don Carlos avec toute la réserve et la froideur possibles, tandis qu'il accordait toute sa confiance au duc d'Albe, à Ruy Gomez de Sylva et au président Spinosa. C'étaient précisément les trois hommes pour lesquels don Carlos avait la plus invincible aversion, soit qu'elle fût excitée par la jalousie, soit qu'il les regardât comme les espions de son père. Dans ces dispositions, le prince ne se fit pas scrupule, en diverses occasions, de censurer amèrement l'administration de Philippe, surtout les mesures qu'il avait prises dans les Pays-Bas. Don Carlos avait marqué une vive compassion pour les peuples de ces provinces. Souvent il menaçait le duc d'Albe et avait même attenté à sa vie, pour le punir d'en avoir accepté le gouvernement.

On le soupçonnait aussi de se ménager des entrevues secrètes avec le marquis de Mons et le baron de Montigny, et d'avoir formé le projet de se retirer dans les Pays-Bas pour se mettre à la tête des mécontents.

Le roy en fut informé par ses courtisans. Aussitôt il consulta les inquisiteurs (car il ne manquait jamais de prendre leur avis dans les affaires d'importance), et résolut de priver le jeune prince de sa liberté, pour arrêter ses projets. Philippe entra la nuit dans la chambre de don Carlos, accompagné de quelques-uns de ses conseillers et de ses gardes. Après lui avoir reproché sa conduite, il lui dit *qu'il étoit venu pour le châtier en père ;* alors il renvoya toute sa suite et lui donna des gardes, qui revêtirent son malheureux fils d'habits de deuil. Celui-ci, naturellement fier, fut cruellement irrité d'un tel traitement, conjura son père et ceux qui étaient présents de lui ôter la vie. Il se jeta tête baissée dans un grand feu, et ses gardes ne le retirèrent qu'avec peine des flammes où il voulait périr. Son désespoir dégénéra en frénésie ; il passait quelquefois des journées entières sans manger, et, après de longues diètes, il essayait de se faire mourir par l'excès de sa voracité. Plusieurs princes et toute la noblesse espagnole sollicitèrent son élargissement ; mais son impitoyable père fut inflexible, et, après avoir tenu son fils renfermé pendant six mois, il voulut que l'inquisition prononçât son arrêt. Le malheureux don Carlos fut condamné à mort, et, sous le voile de cette odieuse sentence, Philippe ordonna qu'on lui fît avaler du poison, dont il mourut quelques heures après, âgé de vingt-deux ans. »

Voici le récit du président de Thou :

« ... Philippe s'imagina que son fils pensait à s'échapper d'Espagne pour passer dans les Pays-Bas...

« Philippe s'était encore mis en tête que son fils avait

conspiré sa perte, et il croyait en avoir plusieurs indices; entre autres de ce qu'il portait continuellement dans ses culottes, qui, suivant l'usage de la nation, étaient très amples, deux pistolets faits avec beaucoup d'art : c'est ce que Philippe apprit de Louis de Foix.

« ... Don Carlos chargea Louis de Foix de lui faire un livre assez pesant pour tuer un homme d'un seul coup. De Foix en fit un composé de douze tablettes, d'une pierre bleue, long de six pouces et large de quatre, couvert de lames d'acier, mais par-dessus de lames d'or, qui pesait plus de quatorze livres ; mais aussitôt de Foix vint le dire à Philippe.

« ... Cet ingénieur m'a rapporté que don Carlos avait souhaité un livre de cette façon parce qu'il avait lu dans les annales d'Espagne qu'un évêque, prisonnier, avait fait couvrir de cuir une brique de la grandeur d'un bréviaire, qu'il en tua celui qui le gardait, et qu'il s'était sauvé par ce moyen.

« Comme le prince voulait être seul dans sa chambre la nuit, sans aucun domestique, il se fit faire aussi par de Foix une machine avec laquelle, par le moyen de quelques poulies, il pouvait, étant couché, ouvrir et fermer sa porte. Ce prince inquiet ne dormait point qu'il n'eût sous son chevet deux épées nues et deux pistolets chargés ; il avait encore dans sa garde-robe deux arquebuses avec de la poudre et des balles, toutes prêtes à tirer.

« ... Le roi ne faisait rien de conséquence sans consulter le tribunal de l'inquisition. Il lui communiqua cette affaire et prit la résolution de prévenir son fils et de s'assurer de sa personne. L'arrêter pendant le jour, c'était faire à ce prince un affront trop signalé, et il y avait trop de danger, parce qu'il était naturellement féroce, qu'il était toujours environné de gens qui lui ressemblaient, et qu'on le soupçonnait de porter toujours des pistolets chargés. On résolut donc de prendre le temps de la nuit...

« De Foix, suivant les ordres qu'il en avait reçus, arrêta avec tant d'art les poulies qui servaient à fermer en dedans la porte de la chambre du prince, qu'il ne s'en aperçut point. Ainsi, croyant avoir fermé à son ordinaire les verrous, il s'imagina qu'on ne pouvait ouvrir sa porte qu'avec violence et qu'avec un grand bruit. Il y avait encore à craindre que le prince, réveillé par le bruit que son père ferait en entrant, ne le tuât avec les épées et les armes à feu qu'il avait sous son chevet, et dont il avait appris à se servir avec une perfection qui le mettait au-dessus de tous les jeunes seigneurs de la cour. C'est pourquoi le comte de Lerme eut ordre d'entrer le premier dans la chambre, ce qu'il exécuta sans faire aucun bruit : il enleva secrètement toutes les armes que le prince avait sous son chevet, après quoi il se rendit maître de la garde-robe, où l'on savait qu'il avait toujours plusieurs arquebuses toutes prêtes à tirer.

« ... Le prince s'abandonna au désespoir et à la fureur. Comme il avait peu de gardes, il alluma un très grand feu, sous prétexte du froid rigoureux de l'hiver, et il se jeta dedans : son habit et sa chemise furent brûlés.

« ... Ayant passé deux jours sans boire ni manger, il but le troisième jour une si grande quantité d'eau froide, qu'il s'en fallût peu qu'il ne mourût. Une autre fois, ayant fait diète pendant quelques jours, il mangea tant de pâté farci de viandes difficiles à digérer, qu'il pensa étouffer. Voilà ce que de Foix m'en a appris... »

De Thou ajoute que Philippe, ayant conféré avec le saint-office, fit donner à son fils un bouillon empoisonné dont il mourut quelques heures après.

(*Histoire générale*, t. V, p. 433 et suiv.)

III

EXTRAITS DE LA RELATION DES DOCTEURS CHACON ET OLIVARÉS
SUR LA MALADIE DE DON CARLOS

En la villa de Alcalá de Henares, domingo á los 19 de abril de 1562 años, habiendo cincuenta dias justos que le faltaba la cuartana, de la cual se habia estado curando en la dicha villa, este dia el príncipe nuestro señor, despues de haber comido á hora de las doce y media, bajando Su Alteza por una escalera muy oscura y de muy ruines pasos y cinco escalones antes que acabase de bajar, echó el pié derecho en vacio, y dió una vuelta sobre todo el cuerpo, y cayó, y dió con la cabeza un gran golpe en una puerta cerrada, quedando la cabeza abajo, y los piés arriba. Descalabróse en la parte postrera de la cabeza á la parte izquierda junto á la comisura que se llama lamdoides... Llamáronme y descubrí la herida, presentes don Garcia de Toledo, su ayo y su mayordomo mayor, y Luis Quijada, caballerizo mayor de Su Alteza, y los doctores Vega y Olivarés, médicos de cámara, y vi una herida del tamaño de una uña del dedo pulgar y la circunferencia bien contusa; y descubierto el pericráneo, se vió que estaba algo contuso. Hecho, y aparejado lo que convenia, comencé á formar la herida, y Su Alteza se quejaba y sentia demasiado; y visto esto Luis Quijada me dijo (pensando que yo por no dar dolor á Su Alteza, no hiciera lo que convenia) : No cureis á Su Alteza como príncipe, sino como á un hombre particular. Los doctores respondieron que así se hacia...

Comenzó á sudar y sudó pasado de hora y media, y esto fué causa que se difiriese la sangría... se sangró del brazo derecho... y se sacaron ocho onzas de sangre y luego comenzó á tener un poco de calentura. Acabada la cura, don Garcia de Toledo despachó á don Diego de Acuña, gentilhombre de cámara de Su Alteza, para que diese cuenta á Su Majestad de lo que pasaba, el cual mandó al doctor J. Gutierrez, su médico de cámara, y su protomédico general, se partiese luego para Alcalá y llevase consigo á los doctores portugués y Pedro de Torres, cirujano de Su Majestad, los cuales llegaron á Alcalá lunes siguiente al amanecer, y queriendo yo curar, me dijo Su Alteza : Licenciado, á mí me dará gusto de que me cure el doctor portugués, no recibais pesadumbre de ello. Yo viendo un complimiento de un tan gran príncipe, respondí que en ello recibiria grandísima merced, pues Su Alteza gustaba de ello... y así se curó Su Alteza en presencia de los dichos, y de los que en Alcalá estábamos á las ocho de la mañana.

. . . .

Acordamos que, etc... y que había veinte meses que Su Alteza tenia la cuartana... pareció necessario de reiterar la sangría, y asi se hizo... sacándole unas ocho onzas de sangre. Este dia comió Su Alteza unas ciruelas pasas, un poco de caldo, y unas piernas de pollo, y acabó de comer con un poco de mermelada... cenó unas ciruelas pasas y el caldo y un poco de conserva. Esta órden se tuvo hasta pasado el seteno... En el quarto creció la calentura alguna cosa, aunque poco, y vimos en la parte izquierda del pescuezo unas sequillas con un poco de dolor. Tambien tuvo un entomecimiento en la pierna derecha, el cual solia sentir Su Alteza en la cuartana algunas veces... El seteno, la herida iba de bien en mejor... Al deceno dia de la caida, á la hora de la cura, la herida no estaba tan buena como de antes, porque la hallamos algo sucia y no de tan buen color... Pasada la mitad del onceno... sintió Su Alteza un poco de frio, y pensando que seria del tiempo porque aquellos dias hacia muy fresco, no llamó á ningun médico, antes procuró de dormir, mas no pudé : por lo cual don Garcia de Toledo mandó llamar al doctor Olivarés á las dos de la noche, el cual vió luego á Su Alteza, y le halló con buena calentura, aunque por no ponerle temor, le dijo que era nada, que solo era un poco de alteracion... La calentura al onceno en herida de cabeza mala señales. La calentura era tan crecida que convino no le dejar dormir hasta el amanecer. Entónces llamaron todos los médicos y cirujanos los cuales vinieron jueves último de abril... Pareció á todos que aquello podria venir por una de dos cosas, ó por lesion interior, ó por haberse podrecido el pericráneo y haber quedado alguna materia encerrada, que no pudo salir afuera... Vistos estos accidentes, yo propusé en la consulta que pues era negocio tan de duda que trajesen al bachiller Torres, cirujano y maestro mio, que residia en la villa de Valladolid, hombre de muchas letras, y gran experiencia y á todos les pareció muy bien, y don Garcia de Toledo mandó luego despachar un correo, el cual dió tan diligencia que á los seis de mayo ya estaba el bachiller Torres con nosotros.

. . . .

Se hizo la manifestacion hasta descubrir el casco y hízose la abertura en forma de Tao, y apartóse con gran facilidad el pericráneo, porque estaba ya podrecido, lo uno por la contusion que tuvo, lo otro por la cantidad de materia que se embebió en él, sin tener lugar por donde salir, cuando al nono, sin formar la herida, se tapó el orificio (par le docteur portugais). Hecha la abertura, no se pudo ver si habia daño en el casco por el gran flujo de sangre que hubo, y así no se hizo mas desistir el flujo y curarle.

Luego se despachó un correo á Su Majestad, dando cuenta de lo pasado, que por el peligro que á todos pareció que podria haber en la dilacion, se hizo la abertura sin avisar á Su Majestad. El cual, sabida esta nueva, el viernes primero de mayo partió de Madrid antes de amanecer, y llegó á Alcalá antes que curásemos á Su Alteza, el cual luego se curó presente Su Majestad, y el doctor Andrés Vesalio, hombre doctísimo.

. . . .

Desde el viernes se le comenzó á apostemar la cabeza con una gran erisipela, mezclada con sangre gruesa; la cual fué entendiéndose primero por la parte izquierda, oreja y ojo, y despues por la derecha : por manera que se apostemó toda la cara, y fué bajando hasta la garganta, pecho, y brazos.

. . . .

Fué tan grande el calor de esta erisipela y la fiebre estaba tan intensa que... sobrevino un delirio con el cual estuvo Su Alteza quinto dias y noches. Esto nos puso en gran cuidado.

. . . .

El doctor Vesalio y el doctor portugués fueron de parecer que el daño era interior, y que no tenia otro remedio, sino penetrar el casco hasta las telas... (Les autres sont d'un avis contraire.)
No dejó de tener Vesalio muchos fundamentos para su opinion...
Miércoles á 6 de mayo vino el bachiller Torres, el cual fué de parecer que se debia de legrar el casco... Sábado á las cuatro de la mañana que era á la fin del vijésimo, estando todavia en la duda de la lesion del casco, se nos tomó á proponer el legrarle, y viendo el poco inconveniente que se seguia por estar Su Alteza tan desacordado que no podia entender lo que se hacia y que no se le habia de dar ningun género de dolor; visto tambien que los mas eran de aquel parecer y la inclinacion que Su Majestad y los grandes que estaban presentes, tenian á que de hiciese; y visto tambien el peligro en que Su Alteza estaba, y la

poca esperanza que las señales que veiamos que daban de su salud, acordamos que se legrase. Esto fué sábado á las nueve de la mañana, tres horas antes que entrase en el veintiuno; comenzó el doctor portugués á echar la legra y á pocos lances me mandó el duque de Alva que la tomase yo, y fuí legrando, y á poco rato hallé el casco blanco y sólido, y comenzaron á salir de la porosidad del hueso unas gotillas de sangre muy colorada, y con esto paré la legra. Vióse por vista de ojos no haber daño en el casco, ni en la parte interna que correspondiese á aquel lugar.

. . . .

Tambien los ojos se fueron apostemando de manera que se entendió que se vendrian á supurar. Visto cuán mal iba la herida, habíasenos propuesto muchas veces que curásemos á Su Alteza con los ungüentos del Pinterete, moro del reino de Valencia, los cuales son dos : uno blanco que se tiene por repercusivo; otro negro, el cual es caliente, que es necesario templarlo con el blanco. Habíamoslo contradicho lo mas que no se usase de estos ungüentos, lo uno por no saber la composicion de ellos, y no ser razon que en un tan gran príncipe y en tan grave caso se usase de remedios, sin saber y entender lo que llevaban. Lo otro, porque no nos pareció conforme á razon usar siempre de unos mismos medicamentos en todos tiempos, edades y complexiones. Mas viendo la fé que muchos tenian con estos ungüentos y la opinion general del vulgo que á todos nos ponian culpa porque no usábamos de ellos... el moro vino sábado á la noche á 9 de mayo. El domingo siguiente vió curar á Su Alteza con sus ungüentos... la herida iba de mal en peor... Acordemos dar con los ungüentos y con el morillo al través, y él se fué á Madrid á curar á Hernando de Vegaz, al cual con sus ungüentos envió al cielo.....

. . . .

El sábado 21 de la caida y 9 de mayo, estuvo S. A. que

ninguna señal tuvo que no fuese mortal. Solo nuestra confianza era en la misericordia de Dios, y estar Su Alteza en la edad, que no pasaba de diez y siete años. Tambien teniamos entendido que su pulso natural no era muy fuerte. Este sábado en la tarde vino á palacio en procesion la villa, y trajeron el cuerpo del bienaventurado san Diego, cuya vida y milagros es tan notoria; metéronle en el aposento del príncipe, y llegáronsele lo mas que fué posible, aunque aquel dia estaba tan fuera de sí Su Alteza, y los ojos estaban tan apostemados y cerrados que daria muy poca razon de lo que acaeció. Su Majestad, visto esto, y porque el doctor Mena, médico de su cámara, le dijo que Su Alteza sin duda moriria, se partió de Alcalá entre diez y once de la noche con una oscuridad y tempestad grandísima, y fuese á San Gerónimo de Madrid con la pena que todos podemos entender y á nosotros nos dejó en el mayor cuidado y trabajo del mundo...

. . . .

Este mismo sábado se tornaron á poner seis ventosas secas en las espaldas, y despues á la noche se sangró con lanceta de las narices, y á las diez de la noche se le tornaron á poner cinco ventosas. Fué Dios servido que con estos beneficios Su Alteza durmió esta noche en veces cinco horas. A la mañana el pulso estaba con mas vigor y el delirio no tan grande. Con esta mejoría domingo al amanecer el duque de Alba despachó á Su Majestad el alguacil Malaguilla, el cual llegó á Madrid á tiempo que habian sacado á Nuestra Señora de Atocha en procesion, en la cual iban la majestad de la reyna nuestra señora, y la serenísima doña Juana y allí les dió la buena nueva...

. . . .

Domingo á la noche durmió otro tanto y así el lunes y martes. La llaga, como ya está dicho, con todas estas mejorías iba de mal en peor con los ungüentos del moro...

. . . .

Este dia (miércoles á los 13 de mayo) tornó Su Majestad á Alcalá, estando Su Alteza ya en todo su juicio, teniendo mediano sueño... se curó con unas hilas secas junto al casco y en los lábios de la herida se puso un poco de manteca de vacas, lavada con agua rosada, y encima el emplastro de betónica.

. . . .

Jueves á 14 de mayo á la tarde se curó la herida de la misma manera que el dia antes y hallóse con alguna materia y mejor... Viernes siguiente á las dos y media la herida estaba con harta materia, los lábios medianamente colorados, gruesos, y mas juntos. Desde este dia adelante, se curó Su Alteza con los polvos de yreos á raiz del casco, y en los lábios con su digestivo, y encima el emplastro de betónica...

. . . .

Depuis il va mieux : les yeux se dégagent, la fièvre diminue, et bientôt elle disparaît. — Miércoles á 20 de mayo, la calentura era poca, por manera que cada dia se veia la mejoría á la clara...

. . . .

Sábado á los 30 de mayo tornó Su Majestad á Alcalá y partióse el domingo siguiente para Aranjuez despues de comer.

Martes á 16 de junio, cerca de media noche, tornó Su Majestad á Alcalá. Miércoles siguiente á las ocho de la mañana se levantó el príncipe, y pasó el aposento de su padre, el cual le recibió y abrazó con grande alegría, y luego se vinieron juntos al aposento del príncipe...

. . . .

Lunés, dia de San Pedro, salió el príncipe á la misa á San Juan Francisco á la capilla del bienaventurado san Diego, y entónces le mostraron su cuerpo, el cual habia estado fuera de su sepulcro desde el dia que le llevaron á palacio hasta et último del mes de Junio. De ahí adelante todas las mas tardes salia Su Alteza á espaciarse al campo, caido el sol.

. . . .

Domingo á 5 de julio salió á oir misa á San Bernardo; dijo misa nueva su maestro Onorato Juan, siendo padrino don Pedro Ponce de Leon, obispo de Placencia.

. . . .

Jueves á 9 de julio se partieron los médicos y cirujanos y quedamos los dos médicos de cámara Vega y Olivarés, y yo.

. . . .

Viernes á 17 de julio, estando la herida toda encerrada, partió Su Alteza de Alcalá, y fué á dormir á Barajas, donde estuvo todo el sábado hasta poco antes de anochecer que partió y entró en Madrid cerca de las diez de la noche.....
Desde la hora de la caida hasta el fin de la cura que fué cuando se quitó el parche, pasaron noventa y tres dias menos tres horas.
En esta dolencia, mostró el príncipe gran devocion y cristiandad, porque allende que como cristianísimo príncipe confesó y recibió el santísimo sacramento en todas las ocasiones que tocaron á su ánima; á la honra y servicio de Dios tuvo tanta cuenta, que ni la enfermedad, por récia que fué, ni otra cosa le estorbó para que de esto se descuidase : todo lo mas del dia, entendia en rezar y hacer oracion á Dios y á nuestra Señora, y en adorar las reliquias que Su Majestad mandó allí traer, prometiendo de ir á visitar personalmente, dándola nuestro Señor salud, muchos lugares á donde su divina Majestad y la sacratísima Reyna de cielo suelen mostrar sus maravillas como á Nuestra Señora de Monserrate, de Guadalupe, y al crucifijo de Burgos y otras casas de devocion. Ofreció cuatro pesos de oro y siete de plata. La primera cosa que Su Alteza vió en

abriendo los ojos fué una imágen de nuestra Señora que
estaba en un altar frontero de su cama, á la cual devotisi-
mamente hizo oracion. Estuvo tanto en las cosas de Dios,
que hablando un dia (de los de mayor trabajo) con su confesor, le pidió el santo sacramento, y respondiéndole que
Su Alteza le habia recibido, dijo : Eso ha ocho dias, y era
así puntualmente. Fué tanta su devocion que segun Su Alteza cuenta, el sábado de la noche á 9 de mayo se le apa-
reció el bienaventurado santo Fr. Diego, con sus hábitos de
san Francisco y una cruz de caña en las manos, atada con
una cinta verde, y pensando el príncipe que era san Francisco, le dijo : ¿Cómo no traeis las llagas? No se acuerda de
lo que respondió, mas sí de que lo consoló, y dijo que no
moriria de este mal.

. . . .

El duque de Alba, que allí estuvo por mandado de Su
Majestad, ninguna hora ni momento en tiempo de la necesidad faltó, viendo siempre lo que se hacia..... porque cierto
todas las noches estaba velando vestido sentado en una
silla.

. . . .

Tuviéronse en esta enfermedad del príncipe nuestro
señor pasadas de cincuenta juntas, y las catorce de ellas
en presencia de Su Majestad. Y estas fueron de manera
que ninguna duró menos de dos horas y algunas duraron
mas de cuatro. Y Su Majestad estuvo á ellas con una hu-
manidad y atencion notable, y preguntando á cada uno
que decia que le declarase los términos de la facultad que
no entendia. Hacianse las juntas de esta manera. Su Majestad se sentaba en una silla, y á las veces rasa, y todos los
grandes y caballeros detras; el duque de Alva y don Garcia
de Toledo á los lados; los médicos cirujanos estabamos en
forma de media luna, don Garcia nombraba al que habia
de decir y el mandado decia su parecer, fundándose con
las autoridades y razones que sabia.

. . . .

Esta caida de Su Alteza estaba pronosticada muchos años habia en esta manera : el príncipe de España Cárlos correrá peligro de una caida de grados, ó de alto ó de caballo, pero de caballo menos.

. . . .

Acabóse esta relacion en esta corte y villa de Madrid dia del santa Santiago á veinte y cinco de julio de mil quinientos sesenta y dos años.

(La relation de Chacon se trouve dans le livre de Morejon, *Hist. de la Medicina espagñola;* celle d'Olivarés, qui n'en diffère que peu, dans les *Documentos inéditos*, XV, 553.)

FIN DES PIÈCES ET DOCUMENTS

TABLE DES MATIÈRES

Préface de la première édition (1862).................... v
Préface de la troisième édition (1887).................... xi
Chap. Ier. Naissance de don Carlos. — Son éducation. — Ses maîtres. — Sa première enfance. — L'auto-da-fé du 21 mai 1559 à Valladolid................................. 1
— II. Retour de Philippe II. — Son mariage. — Isabelle de Valois. — Le serment de Tolède............... 42
— III. Séjour de don Carlos à Alcala. — Sa chute et sa maladie. — Son retour à Madrid................. 59
— IV. Portrait et caractère de don Carlos............. 80
— V. Négociations pour le mariage de don Carlos..... 140
— VI. Détails sur les sentiments de l'infant envers Philippe II et les ministres. — Affaires des Flandres. — Les députés flamands à Madrid. — Projet de voyage de Philippe II en Flandre. — Tentative de l'infant contre le duc d'Albe. — Départ du duc d'Albe............. 186
Chap. VII. Considérations sur l'état physique et moral de don Carlos. — Mission d'Osorio. — Rôle de don Juan d'Autriche en cette circonstance. — Inquiétudes de Philippe II. — Découverte des plans du prince............. 224

Chap. VIII. Tentative de l'infant contre don Juan d'Autriche. — Arrestation de don Carlos.................... 246
— IX. Émotion générale à la nouvelle de l'arrestation du prince. — Les papiers saisis dans sa cassette. — Dépêches de Philippe II aux souverains de l'Europe, aux villes d'Espagne, au duc d'Albe et à divers seigneurs...... 256
— X. Don Carlos au secret. — Ordre de son service. — Récits divers. — Sa maladie. — Sa mort. — Ses funérailles.......... 304

Pièces et Documents.................................... 351

FIN DE LA TABLE DES MATIÈRES

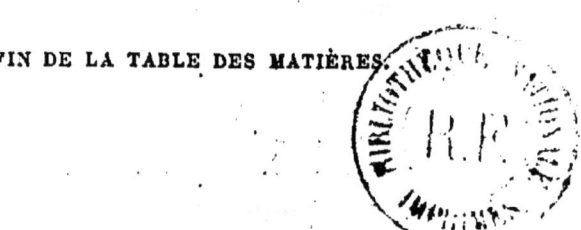

2591.— Poitiers, Imprimerie Blais, Roy et Cie, rue Victor-Hugo, 7.

www.ingramcontent.com/pod-product-compliance
Lightning Source LLC
Chambersburg PA
CBHW060551170426
43201CB00009B/742